Adolf Brüggemann

Als Offizier der Bundeswehr im Auswärtigen Dienst

Meine Erinnerungen als
Militärattaché in Seoul
(Republik Korea)
1978-83

und in Prag
(Tschechoslowakei / Tschechien)
1988-93

Als Offizier der Bundeswehr im Auswärtigen Dienst

Meine Erinnerungen als Militärattaché in Seoul (Republik Korea) 1978-83

und in Prag (Tschechoslowakei / Tschechien) 1988-93

Adolf Brüggemann

CIP-Kurztitelaufnahme der Deutschen Nationalbibliothek:

Adolf Brüggemann: Als Offizier der Bundeswehr im Auswärtigen Dienst. Meine Erinnerungen als Militärattaché in Seoul (Republik Korea) 1978-83 und in Prag (Tschechoslowakei/ Tschechien) 1988-93, Berlin 2015.

Carola Hartmann Miles-Verlag, Berlin 2015

ISBN 978-3-945861-13-4

George-Caylay-Str. 38, 14089 Berlin
(email: Miles-Verlag@t-online.de;
www.miles-verlag.jimdo.com)

Titelbilder: Autor
Herstellung: Books on Demand, Norderstedt

Inhalt

Vorwort

Grundlage meiner Erinnerungen und Erfahrungen als Militärattaché in der Republik Korea (Südkorea) und in der Tschechoslowakei/ Tschechische Republik ist in erster Linie meine Berichterstattung an das Bundesministerium der Verteidigung (BMVg). Trotz noch geltender Sperrfristen für einen Teil meiner Berichte konnte ich diese aufgrund einer Sondergenehmigung des BMVg im Bundesarchiv / Militärarchiv auswerten. Ferner habe ich für meine Aufzeichnungen über meine Zeit in Ostasien die politische Berichterstattung der Botschaft im Politischen Archiv des Auswärtigen Amts ausgewertet. Dem BMVg, dem Bundesarchiv / Militärarchiv und dem Auswärtigen Amt danke ich für ihre Kooperation sehr herzlich.

Durch ihre mehrmalige großzügige Gastfreundschaft in ihrem Hause in Freiburg erleichterten mir mein Kamerad und Freund Oberst a.D. Axel Jürries und seine Frau Helga die Recherchen im Bundesarchiv / Militärarchiv in besonderem Maße.

Besonderen Dank schulde ich auch Herrn Botschafter Wolfgang Eger, dass er mir bereits 1981 die Kopie eines an ihn gerichteten privat-dienstlichen Schreibens des Referatsleiters 314 (Ostasien), das zum Teil mich betrifft, zur ggf. weiteren Verwendung zur Verfügung stellte.

Für die meinen Aufzeichnungen als Anlage beigefügten Unterlagen, die meine Verabschiedung in Prag betreffen und die mir durch Herrn Botschafter a.D. Dr. Rolf Hofstetter überlassen wurden, danke ich ihm sehr herzlich.

Ausgewertet und verarbeitet habe ich ebenfalls verschiedene Presseveröffentlichungen und Fotos meiner Gastländer sowie der Bundesrepublik Deutschland, soweit sie mich oder meine Arbeit betreffen.

Grundlage meiner Erinnerungen sind aber auch meine persönlichen Aufzeichnungen und die meiner Frau sowie durch uns gemachte Fotos, und nicht zuletzt mein immer noch gutes Gedächtnis.

Der Entwurf meines Manuskripts wurde dem Bundesministerium der Verteidigung (BMVg) vorgelegt. Lt. Email-Mitteilung des BMVg, Referat FüS SK II4, vom 05.01.2015, stehen nach Prüfung durch die zuständigen Fachreferate einer Veröffentlichung des Manuskripts keine Hinderungsgründe entgegen.

Der Teil meiner Ausführungen, der die Zufluchtssuche der DDR-Flüchtlinge in der Botschaft Prag betrifft, wurde bereits im „Deutschlandarchiv“, Nr. 5 / 2008, der Bundeszentrale für politische Bildung unter dem Titel „Als Militärattaché aktiver Zeitzeuge in Prag 1989“ veröffentlicht.

I. Militärattaché in Seoul (Republik Korea / Südkorea) 1978 bis 1983

Prolog

Seit Mai 1953 war ich Angehöriger der kasernierten Bereitschaftspolizei des Bundeslandes Nordrhein-Westfalen. Am 12. Dezember 1955 stand ich in der Offiziersbewerberprüfzentrale der neuen deutschen Streitkräfte in Köln am Ende meiner Aufnahmeprüfung für die Offizierslaufbahn einem Prüfungsgremium gegenüber, das aus zwei Stabsoffizieren in Zivil, ehemalige Angehörige der Deutschen Wehrmacht und Teilnehmer des II. Weltkrieges, und einem zivilen Psychologen bestand. In diesem Schlussgespräch wurde ich gefragt, warum ich denn eigentlich Offizier werden wolle. Ich antwortete "aus Berufung", und dass ich lange überlegt hätte, Jesuit – und das am liebsten als Missionar – oder Offizier zu werden. Das führte zu weiteren nachhaltigen Fragen, und ich kam nicht umhin, den Hintergrund zu erläutern.

Geboren am 29. November 1934 als achtes von vierzehn Kindern im Münsterland, in Greven an der Ems, Ortsteil Reckenfeld, wuchs ich in einem streng katholischen Elternhaus auf. Meine Eltern hätten es gerne gesehen, wenn ich später einmal Theologie studiert hätte, zumal der Ortspfarrer anbot, als ich im Sommer 1943 im Alter von acht Jahren Ministrant geworden war, wenn die Zeit für den Wechsel aufs Gymnasium gekommen wäre, mich auf Kosten der Kirche in einem entsprechenden Internat unterzubringen. Sehr umsichtig und zielstrebig wurde ich fortan im Elternhaus und durch den Pfarrer mit entsprechender Literatur versorgt und immer wieder auf das Besondere des sogenannten geistlichen Berufs aufmerksam gemacht. Ignatius von Loyola wurde mir als besonderes Vorbild genannt. Obwohl mir der Gedanke, das Elternhaus für den Internatsbesuch ggf. bald verlassen zu müssen, total zuwider war, freundete ich mich durch die zeitweise sehr intensive Einwirkung von Seiten der Eltern und durch den Pfarrer dennoch mehr und mehr mit dem Gedanken an, einmal die geistliche Laufbahn einzuschlagen und Jesuit zu werden. Meine Kenntnisse über den Jesuitenorden waren damals zwar relativ begrenzt, aber mir gefiel die straffe Hierarchie des Ordens und auch, dass sich die Ordensregeln an militärischen Disziplinarvorstellungen orientierten.

Nach meiner Erinnerung geht mein Wunsch, anstatt Jesuit lieber Offizier zu werden, aber etwa in die gleiche Zeit zurück. Deutschland befand sich im II. Weltkrieg; die Militarisierung des gesamten Lebens und die durch das NS-Regime geprägte Schulerziehung hinterließen natürlich auch bei mir Spuren und prägten mein Denken, Verhalten und meine Interessen. Vier meiner acht Brüder waren schon Soldat der Wehrmacht, zwei waren bereits Offiziere. Der Wunsch, nun selbst einmal Offizier zu werden, verdrängte dann schließlich völlig den Gedanken an eine kirchliche Berufsperspektive. Selbst die Kapitulation der Wehrmacht 1945 und die nachfolgende Besatzungszeit änderten an meiner Einstellung grundsätzlich nichts mehr.

Zu meinen liebsten Büchern gehörte etwa ab 1943 "Dierckes Großer Weltatlas". Ich studierte anhand dieses Atlasses mit besonderem Interesse die täglichen Wehrmachtsberichte über das Kriegsgeschehen, verfolgte die Meldungen auf der Karte nach und fertigte manchmal sogar eigene Kartenskizzen aufgrund dieser Meldungen an. Nach Ausbruch des Korea-Krieges im Juni 1950 griff ich diese Idee wieder auf und informierte während meiner Gymnasialzeit so meine Mitschüler, nicht nur während der Geschichtsstunden, sondern manchmal sogar während der Pausen auf dem Schulhof über den Kriegsverlauf.

Auch das Interesse, Militärattaché zu werden, wuchs bei mir sehr früh. Es war etwa um das Jahr 1950, als mir ein Exemplar der Erinnerungen des Oberst i.G. und späteren Generals der Panzertruppen Leo Freiherr Geyr von Schweppenburg, von 1933-1937 Militärattaché bei der Deutschen Botschaft in London, in die Hände fiel. Von diesem Tag an begann ich, mich mehr und mehr für dieses Tätigkeitsfeld zu interessieren. Doch zunächst schien dieses Interesse und der Wunsch überhaupt, einmal Offizier einer neuen deutschen Armee zu werden, eher ein Traum zu bleiben, da es fünf Jahre nach dem Ende des II. Weltkrieges und der bedingungslosen Kapitulation Deutschlands zumindest für mich damals noch nicht so klar war, dass die

Bundesrepublik Deutschland in absehbarer Zeit wieder über eigene Streitkräfte verfügen würde.

Inzwischen war ich seit Ende November 1956 Offizier der am 12. November 1955 gegründeten Bundeswehr. Am 06. Februar war ich von der Bereitschaftspolizei Nordrhein-Westfalen zur Bundeswehr übergetreten und wurde am 30. November desselben Jahres einen Tag nach meinem 22. Geburtstag nach Abschluss des 1. Offiziersanwärterlehrganges an der Heeresoffiziersschule I in Hannover durch den damaligen Bundesminister der Verteidigung, Franz-Josef Strauß, persönlich zum Leutnant ernannt (Bild 1).

Die erste persönliche Erfahrung mit dem Militärattachédienst machte ich dann am 22. März 1961 und zwar unmittelbar nach meiner kirchlichen Trauung mit Irene, meiner Frau, in der deutschen Nationalkirche in Rom, der katholischen Kirche Santa Maria dell' Anima, unweit der Piazza Navona. Ich hatte meine Frau 1959 im Mai auf einer Reise nach Rom kennen gelernt. Aus verschiedenen Gründen, hauptsächlich aber wegen der Probleme aufgrund der verschiedenen Konfessionen in den Familien – Irene stammte aus einer protestantischen und eher antiklerikalen Familie –, hatten wir uns entschieden, dort zu heiraten, wo wir uns kennen gelernt hatten. Vor dem Kirchenportal meldete sich nach der Trauung zu meiner großen Überraschung bei mir der Büroleiter des Militärattachéstabes Rom und überreichte uns im Auftrag des Verteidigungsattachés einen alten Kupferstich der Engelsburg.

Der Hintergrund war folgender: Ich hatte von Anfang an die feste Absicht gehabt, in Uniform zu heiraten. Anfang Januar 1961 stellte ich deshalb auf dem Dienstwege einen Antrag auf Uniformtrageerlaubnis für unsere in Rom geplante Trauung. Viele Wochen hörte ich überhaupt nichts mehr von meinem Antrag und hatte eigentlich schon die Hoffnung aufgegeben, dass ich noch zeitgerecht eine Antwort bekommen würde. Doch dann traf wenige Tage vor der Abreise nach Rom ein Fernschreiben des Führungsstabes der Bundeswehr, so hieß damals der spätere Führungsstab der Streitkräfte, mit der gewünschten Uniformtrageerlaubnis ein. Ich erfuhr zusätzlich, Verteidigungsminister Strauß habe sich persönlich dafür eingesetzt, dass die italienische Seite diese Erlaubnis erteilen solle. Mir war damals natürlich überhaupt noch nicht bekannt, dass diese Erlaubnis auf diplomatischem Wege beim Gastland, also Italien, eingeholt werden musste.

Wo immer ich dann später im Laufe der Zeit Informationen oder Literatur über den Militärattachédienst habhaft werden konnte, nutzte ich die Gelegenheit, mich mit diesem Thema zu befassen. Besonders nachhaltigen Eindruck auf mich machten die Memoiren des Generalmajors Ernst Köstring, des ersten deutschen Militärattachés in der Sowjetunion, die mir der Chef des Stabes der 1. Luftlandedivision, der damalige Oberstleutnant i.G. und spätere Generalmajor Dr. Hans Spiegel, während meiner Verwendung im Divisionsstab im Namen der Offiziere des Stabes zu meinem Geburtstag 1967 überreichte.

Während meiner ersten Auslandsverwendung von 1971 bis 1973 im Situation Center des NATO-Hauptquartiers in Brüssel schrieb mir der Deutsche Militärische Vertreter im Militärausschuss der NATO, Generalleutnant Peter von Butler, in die Beurteilung: „... *man soll ihm seinen Wunsch, Militärattaché zu werden, erfüllen; er wird sich bewähren*".

Von der belgischen Hauptstadt und dem NATO-Hauptquartier ging es dann aber zunächst erst einmal zurück nach Deutschland. Zum 01. Oktober 1973 wurde ich in Hessisch Lichtenau, unweit der innerdeutschen Grenze und des Hohen Meißners, Kommandeur des Panzeraufklärungsbataillons 2.

Als Kommandeur eines starken, gemischten Kampfverbandes von über 800 Soldaten und ca. 150 gepanzerten Fahrzeugen, der bei einem möglichen Angriff der Streitkräfte des Warschauer Paktes als erster Verband der 2. Jägerdivision bereits bei der NATO-Alarmstufe Military Vigilance ausgerückt wäre, um bei einer Verschärfung der Bedrohungslage den Aufmarsch der Division zu sichern, lagen jetzt natürlich erst einmal ganz andere Aufgaben vor mir, an denen ich gemessen werden würde. Offensichtlich war meine Zeit als Bataillonskommandeur nicht ohne Erfolg. Ich stellte es nicht nur an den sehr guten Beurteilungen meiner Vorgesetzten fest, sondern auch daran, dass meine unmittelbaren Disziplinarvorgesetzten, der Kommandeur der Divisionstruppen und Stellvertretende Divisionskommandeur, Brigadegeneral Karl-Heinz Jörgens, vor allem aber der Divisionskommandeur, Generalmajor Carl-Gero von Ilsemann, meinen Wunsch unterstützten, nach der Kommandeurzeit Militärattaché zu werden. Erste Erfahrungen auf diesem Verwendungsgebiet konnte ich – dank der positiven politischen Entwicklung in Europa – sogar schon während meiner Zeit als Bataillonskommandeur machen.

Im Herbst 1975 lud die Bundesregierung aufgrund der Abmachungen der am 01. August des gleichen Jahres in Genf unterzeichneten Schlussakte der Konferenz für Sicherheit und Zusammenarbeit in Europa (KSZE) zum ersten Mal ausländische Diplomaten als Manöverbeobachter ein; sie sollten die Deutsch-US Großgefechtsübung „Certain Treck" (15.–22.10.1975) in Süddeutschland beobachten. Diesen Manöverbeobachtern, in Deutschland akkreditierte ausländische Militärattachés, aber auch zivile Diplomaten des Auswärtigen Dienstes verschiedener Staaten, wurden Begleitoffiziere zugeteilt. Die Mehrzahl der Begleitoffiziere waren Angehörige der US Streitkräfte, die Bundeswehr sollte mit zwei Stabsoffizieren vertreten sein. Einer kam aus dem Bundesministerium der Verteidigung (BMVg), ein Referent und Oberstleutnant aus der Stabsabteilung II (Militärisches Nachrichtenwesen) des Führungsstabes Heer, und die 2. Jägerdivision wurde aufgefordert, den zweiten Offizier abzustellen. Hierfür wurde ich ausgewählt. Aufgrund meines großen Eigeninteresses und des intensiven Studiums entsprechender Literatur und Abhandlungen war ich inzwischen mit dem Auftrag und der Arbeitsweise von Militärattachés zumindest theoretisch gut vertraut. So beobachtete ich aufmerksam, wie sich die Diplomaten, Zivil und Militär, während der Übung verhielten, und vor allem registrierte ich sehr aufmerksam all das, was sie untereinander im Gespräch austauschten oder besonders abends mit durch vom Alkohol gelöster Zunge von sich gaben. Ich brachte noch vor dem Schlafengehen jeden Abend alles sorgfältig zu Papier. Und eines Nachts verbrachte ich sogar mehrere Stunden damit, einen ausführlichen handschriftlichen Bericht zu verfassen, weil der spanische Militärattaché im Kreis einiger seiner Kameraden freimütig seine Auffassung über die mögliche politische Entwicklung nach Francos vermutlich baldigem Tod äußerte. Am anderen Tag ergab sich Gelegenheit, diesen Bericht per Hubschrauber nach Bonn bringen zu lassen. Einige Wochen nach Beendigung meiner Mission erhielt ich auf dem Dienstwege über Korps und Division ein hohes Lob aus dem BMVg für meine Arbeit. Dies trug dann auch wohl mit dazu bei, dass die Abteilung Personal des BMVg jetzt konkret meinen Wunsch aufgriff, Militärattaché zu werden.

Wunschverwendung in Aussicht

Am Gründonnerstag, dem 07. April 1977, morgens gegen 10.00 Uhr, klingelte bei mir zu Hause das Telefon. Die gesamte Familie, meine Frau Irene, unsere drei Kinder, Ulf (15), Axel (12), Kerstin (8) und ich, saßen zu einem späten Frühstück zusammen; die Kinder hatten Schulferien und ich sogenannte „Osterdienstbefreiung". Ohne große Umschweife sagte der für mich zuständige Referent in der Abteilung Personal (P) des BMVg: *„Es ist beabsichtigt, Sie zum Herbst 1978 zum Auswärtigen Amt abzuordnen, das Sie dann für etwa vier Jahre als Verteidigungsattaché unserer Botschaft in Seoul in Südkorea zuteilen würde. Sind Sie damit einverstanden?"* Ich antwortete: „Jawohl, ich bin damit einverstanden." *„Ihre Frau auch?"*, hakte er nach. Ich antwortete: „Natürlich, meine Frau auch." *„Gut"*, sagte er, *„Sie müssen dann allerdings vorher auch noch Koreanisch lernen. Können Sie das, wollen Sie das?"* Ich antwortete: „Ich bin bereit, jede Sprache dieser Welt zu lernen, wenn es sein muss." So endete dann das kurze Gespräch. Ich ging zurück ins Esszimmer und sagte meiner Familie, die das Telefongespräch mitverfolgt hatte: „Wir werden wahrscheinlich im nächsten Jahr nach Korea umziehen. Ich habe gesagt, ihr seid alle einverstanden."

Bis zu ihrem Tode wurde mir allerdings von meiner Frau noch manchmal vorgehalten, dass ich überhaupt nicht gefragt hätte, ob sie wirklich einverstanden gewesen sei, für einige Jahre nach Ostasien zu gehen. Nun, sie mag ja grundsätzlich damit Recht gehabt haben, dass ich sie – zumindest der Form halber – hätte fragen sollen, aber ich war natürlich von dem Gedanken so angetan, als Militärattaché in die ostasiatische Region zu gehen, dass ich daran gar nicht gedacht habe und offensichtlich wohl meinen Wunsch und den Auftrag vor das Familienwohl gestellt hatte. Aber dass es nicht zum Schaden der Familie war, zeigte sich später.

Monate vergingen dann aber noch, ehe ich endgültig Gewissheit hatte, dass ich unter den Kandidaten, es wurden immer mehrere für einen solchen Dienstposten benannt, ausgewählt worden war und tatsächlich zum Herbst 1978 nach Seoul als Verteidigungsattaché gehen würde.

Nachdem im Bundeswehrkrankenhaus in Gießen im Dezember 1977 nicht nur die Auslands- sondern auch die Tropentauglichkeit der gesamten Familie festgestellt worden war, gab ich am 18. Januar 1978 das Kommando über mein Bataillon ab und begann am 01. Februar 1978 eine koreanische Sprachausbildung. Da am Bundessprachenamt damals noch keine koreanische Sprachausbildung durchgeführt wurde, hatte mir die Abteilung P des BMVg bereits im Herbst 1977 den Auftrag gegeben, herauszufinden, wo zweckmäßigerweise dieser Unterricht durchgeführt werden könnte und gleichzeitig Kostenvoranschläge einzuholen. Die Universität Bochum und die Berlitz-School in Wiesbaden boten mir eine Einzelsprachausbildung von 180 Stunden in einem Intensivkursus an. Ich entschied mich für Wiesbaden, weil es mir aufgrund eigener Erfahrungen als ein wesentlich angenehmerer Aufenthaltsort erschien als Bochum, das ich zur Genüge kannte. Nach einer harten fünfmonatigen Grundausbildung in Münster war ich dort nämlich von Oktober 1953 bis zum Übertritt zur Bundeswehr Anfang Februar 1956 in Bochum als Angehöriger der 5. Hundertschaft der Bereitschaftspolizeiabteilung II des Landes Nordrhein-Westfalen stationiert. Hinzu kam, dass ich in Wiesbaden in einem Hotel der US Streitkräfte wohnen konnte, und die Stadt kulturell und ihre Umgebung landschaftlich sehr reizvoll waren.

Mein Sprachlehrer in Wiesbaden war ein 30-jähriger Südkoreaner, der bereits seit einigen Jahren in der Bundesrepublik Deutschland lebte und fließend Deutsch sprach. Er hatte sich der allgemeinen Wehrpflicht in seinem Heimatland entzogen. Er litt unter großem Heimweh, aber wagte es aufgrund der zu erwartenden Strafverfolgung nicht, nach Hause zurückzukehren. Mein Koreanischlehrer bemühte sich von Anfang an, mir die Sprachkenntnisse direkt auf Koreanisch beizubringen und vermied es grundsätzlich, mir etwas auf Deutsch zu erklären, was die gesamte Ausbildung für mich zunächst sehr schwierig gestaltete.

In Wiesbaden nutzte ich auch die Gelegenheit, dreimal in der Woche Golfunterricht zu nehmen. Mein Vorgänger in Seoul, Oberstleutnant i.G. Hannes Grünwald, hatte mir dringend geraten, das Golfspiel zu erlernen, da sowohl die meisten höheren südkoreanischen Offiziere als auch viele US Offiziere Golf spielten und sich besonders das Golfspiel zum ungestörten Informationsaustausch bzw. zur Informationsgewinnung eigne; nicht zuletzt deswegen, weil solche Gespräche auf dem Golfplatz im Normalfall abhörsicher waren.

Koreanisch, das sogenannte Hangeul, gehört nicht zu den leicht erlernbaren Sprachen dieser Erde. Es ist auch keine sehr alte Sprache; sie wurde erst Mitte des fünfzehnten Jahrhunderts im Auftrag des koreanischen König Sejong entwickelt, der sich zum Ziel gesetzt hatte, dass auch das einfache, weniger gebildete Volk lesen und schreiben können sollte. Bis dahin konnten nur die gebildeten Schichten lesen und schreiben, und das nur auf Chinesisch. Gelehrte entwickelten diese Sprache als Buchstabenschrift zunächst mit 17 Konsonanten und 11 Vokalen, die im Gebrauch zu Silben zusammengesetzt werden. Seit seiner Entstehung, mit nur geringen Änderungen im Laufe der Zeit, ist Hangeul die offizielle Schrift für das Koreanische in Süd- und Nordkorea und in China und hat heute 24 Buchstaben. In Südkorea und in China wird die koreanische Schrift manchmal zusammen mit chinesischen Schriftzeichen verwendet. Interessant war später in Korea festzustellen, dass der Koreaner, der sich für gebildet hielt, zumindest seine Visitenkarte zweisprachig drucken ließ, nicht nur in Koreanisch, sondern auch in Chinesisch. Ich habe viele Koreaner getroffen, die die chinesische Sprache gut beherrschten.

Die Prüfung am Ende der Sprachausbildung zeigte, dass die Bemühungen meines Lehrers nicht vergeblich gewesen waren. Ich beherrschte nicht nur das koreanische Alphabet, sondern auch die wesentlichen Grundelemente der Umgangssprache und zwar in der höflichsten Form und konnte, in begrenztem Rahmen zwar, auch Koreanisch lesen und schreiben, so dass ich später außerhalb der Hauptstadt Seoul nicht verloren ging. Nur im Zentrum der Hauptstadt gab es nämlich damals z.B. Straßenschilder und Verkehrszeichen in der sogenannten romanisierten Schreibweise.

Die koreanische Sprache hat sechs Sprechstufen. So spricht z.B. die Mutter mit ihrem Kind in einer anderen Sprechstufe als mit ihrem Mann. Die höflichste Form der koreanischen Sprache ist die sechste

Sprechstufe, in der auch ich unterrichtet wurde. Die verschiedenen Sprechstufen erleichterten im täglichen Leben nicht gerade den Umgang mit der Bevölkerung. Ein Beispiel: *„es ist kein Geld vorhanden"* heißt in der sechsten Sprechstufe *„don eopseumnida"*, der normale Bürger auf der Straße sagte *„don eop-seo-yo"* und eine Marktfrau einfach *„don eop-seo"*.

Obwohl meine Sprachkenntnisse aufgrund der zwar intensiven, aber eigentlich doch zu kurzen Ausbildung sehr begrenzt waren, habe ich dennoch selbst durch diese geringen Kenntnisse der Landessprache große Vorteile gehabt, denn sie waren für mich ein wesentlicher Schlüssel zur Kultur und Geschichte meines Gastlandes. Und dies merkten auch sehr bald meine koreanischen Gesprächspartner und honorierten das. Offizielle Umgangssprache des Diplomatischen Korps mit allen Regierungsdienststellen im Gastland war Englisch.

Ausreise nach Ostasien

Im August 1978 war es dann soweit. Wir gaben unser in Hessisch Lichtenau-Fürstenhagen gemietetes Haus auf, und das gesamte Haushaltsgut einschließlich umfangreicher Vorräte an Lebensmitteln und sonstiger Dinge des täglichen Bedarfs – mit Genehmigung des Bundeswehrverwaltungsamtes – wurde in zwei 40 Fuß Container der Hapag-Lloyd verladen. Durch Sprach- und Militärattachéausbildung (ein 8-wöchiger Lehrgang an der Schule für Militärisches Nachrichtenwesen in Bad Ems, an dem für eine Woche auch die Ehefrauen teilnahmen, eine je einwöchige Ausbildungsreise zu den drei Teilstreitkräften sowie Informationsaufenthalte im BMVg, beim Auswärtigen Amt und dem BND) und nicht zuletzt durch ein intensives Selbststudium koreanischer Geschichte, Literatur und der Sicherheits- und Militärpolitik der ostasiatischen Region, fühlte ich mich auf die neue Verwendung gut vorbereitet. Am 21. August verließen wir Deutschland. Im Rahmen des mir noch zustehenden jährlichen Erholungsurlaubs flogen wir über Bangkok, Hongkong und Tokyo nach Seoul. Damals durfte bei solch weiten Strecken auf Dienstreisen noch in der 1. Klasse geflogen werden. Selbst bezahlen mussten wir aber den über 3.000 DM teueren Lufttransport unseres altdeutschen Schäferhundes Argo, auf den wir nicht verzichten wollten. Leider starb Argo Ende Januar

1982 im Alter von nur sieben Jahren im Veterinärhospital der US Streitkräfte Korea an einer vermutlichen Infektion des Gehirns, deren Ursache nicht festgestellt werden konnte.

Für die gesamte Familie war der Flug in der 1. Klasse wegen der komfortablen Sitze, der hervorragenden Bordverpflegung und des insgesamt sehr guten Service der Lufthansa-Crew ein überaus angenehmes Erlebnis. Besonders die Kinder genossen das Erlebnis, auf Einladung des Flugkapitäns auf dem Flug nach Bangkok eine Zeitlang im Cockpit zu verbringen.

Unseren Bangkok-Aufenthalt hatten unser damaliger Verteidigungsattaché bei der dortigen Botschaft der Bundesrepublik Deutschland, Oberstleutnant i. G. Gero Koch und seine Frau organisiert. Gero Koch und ich kannten uns schon aus unserer Leutnantszeit. Er war damals in Fritzlar Leutnant im Panzergrenadierbataillon 22 und ich im Panzeraufklärungsbataillon 5. Gero war stolz darauf Infanterieoffizier zu sein und lästerte oft im Spaß darüber, dass ich Offizier der Panzeraufklärungstruppe sei, die sich in der Tradition der Kavallerie fühle, obwohl ich doch weder adelig sei noch zumindest einen Doppelnamen hätte, und er meinte, das müsse geändert, ich müsse nobilitiert werden. Gero vergaß seine Idee nicht; kurze Zeit später verband er bei einem Ball des Panzergrenadierbataillons 22 meinen Namen mit dem meines Heimatortes und kündigte mich als Leutnant Brüggemann von Reckenfeld an. Die Folge war, dass Gäste, die mich bisher noch nicht kannten, als Herr von Reckenfeld anredeten.

Bangkok war für uns ein schönes Erlebnis. Vor allem die klassischen buddhistischen Bauten und Tempel machten auf uns großen Eindruck, aber niemand von uns hätte für längere Zeit in Bangkok leben wollen. Zu schaffen machte uns insbesondere die Hitze mit Temperaturen über 30 Grad Celsius und hoher Luftfeuchtigkeit.

In besonderer Erinnerung aus diesem Aufenthalt ist mir ein Nachmittag, an dem wir, d.h. Gero Koch und ich, Golf auf einem Golfplatz der thailändischen Luftwaffe spielten. Unsere Frauen begleiteten uns als Spaziergänger. Als einmal ein Ball von mir ins Raue flog und ich ihn schließlich wieder fand, wollte ich ihn mit der Hand herausholen. Im selben Moment zog mich Gero Koch abrupt zurück und sagte: *„Um Gottes Willen, pass auf, hier gibt es viele giftige Schlangen."*

Kurze Zeit später fand ich auf diesem Golfplatz ein großes Stück Schlangenhaut, welches ich bis heute noch besitze. Laut Expertise eines Wissenschaftlers des Naturkundemuseums in Berlin handelt es sich um die Haut einer Rattennatter, die zwar ungiftig, aber sehr aggressiv sei, und sofort zubeiße, wenn ihr ein anderes Lebewesen zu nahe käme.

Während unseres Bangkok-Aufenthalts stellte Gero Koch Kontakt zum israelischen Militärattaché, Oberst i.G. Haim Sella, her. Haim Sella war für sein Land für den gesamten Bereich Ost-/Südostasien zuständig. Er sprach fließend Deutsch und hatte keinerlei Berührungsängste. Man merkte es z.B. daran, dass ihm mein Vorname Adolf problemlos über die Lippen kam. Oft sahen wir uns später in Seoul, wo er nebennotifiziert war. Während jeden Aufenthalts dort war er Gast in unserem Hause. Unser gegenseitiger Informationsaustausch war für beide Seiten stets besonders hilfreich. Haim Sella interessierten aber nur Informationen über Rüstungsentwicklungen und Rüstungsgeschäfte Südkoreas. Bevor er 1981 nach Israel zurückkehrte und aus dem aktiven Dienst ausschied, um einen Posten in der Wirtschaft seines Landes anzutreten, machte er mich nicht nur mit seinem Nachfolger bekannt, sondern auch mit dem Residenten des Mossad in Seoul. Die Verbindung zu Haim Sella dauerte bis zu seinem tragischen Tode im Juni 1982 an. Während einer Wehrübung geriet er zusammen mit dem Stellvertretenden Befehlshaber des israelischen Heeres während des Libanonkrieges in einen feindlichen Hinterhalt und fiel.

So lernten wir später auch nicht, wie eigentlich bereits fest geplant, Israel kennen, das wir im Sommer 1982 auf Einladung von Haim Sella in Verbindung mit einer Kairo-Reise auf der Rückreise von unserem zweiten Heimaturlaub in Deutschland besuchen wollten. Nur Kairo besuchten wir damals.

Nach fünf Tagen Aufenthalt in Bangkok ging es weiter nach Hongkong. Bei unserer Ankunft erlebten wir den ersten Taifun während unseres Ost-Asien-Aufenthalts. Die Lufthansa hatte für uns Zimmer im Hongkong-Hotel reservieren lassen, das im Stadtteil Kowloon im sogenannten Ocean Center integriert war. Kaum im Hotel angekommen, wurden hinter uns alle Eingangstüren verriegelt und niemand durfte aus Sicherheitsgründen das Hotel verlassen. Am nächsten Morgen war der Tropensturm abgeklungen, und wir genossen zum ersten Mal in unserem Leben im Ocean Center ein so großes Einkaufs- und Geschäftszentrum, wie wir es zuvor noch niemals gesehen und erlebt hatten. In den uns supermodern anmutenden Geschäften wurden Waren aus aller Welt zollfrei zum Kauf angeboten. Wir nutzten natürlich die Gelegenheit, uns hier mit etlichen Sachen zu versorgen, ich vor allem mit einer kompletten Golfausrüstung. Mehr noch als Irene und ich, genossen unsere Kinder dieses große Shopping-Center nach dem jahrelangen Leben in der hessischen Provinz. Aber wir genossen nicht nur diese Möglichkeiten, sondern nutzten die sechs Tage unseres ersten Hongkong-Aufenthalts für zahlreiche Ausflüge bis in die sogenannten New Territories, um von dort einen Blick über die Grenze in die Volksrepublik China zu werfen.

Am Freitag, den 01. September, ging es weiter nach Tokyo. Da wir dort nur einen Kurzaufenthalt eingeplant hatten, reservierten wir uns gleich am Flughafen Narita, ca. 60 km von Tokyo entfernt, für zwei Nächte Zimmer im Holiday Inn. Am nächsten Morgen fuhren wir mit der S-Bahn nach Tokyo hinein und verbrachten dort den ganzen Tag. Die Stadt beeindruckte uns zwar, blieb uns auf der anderen Seite aber zugleich völlig fremd. Dank der Hilfe eines jungen Paares, er war Japaner, sie Amerikanerin, das wir in einem der großen Kaufhäuser eher durch Zufall kennenlernten, wurde es aber ein interessanter und erlebnisreicher Aufenthalt. Dieses japanisch / amerikanische Paar hatte uns seine Hilfe angeboten, als wir im Restaurant eines der großen Tokyoer Kaufhäuser zu Mittag essen wollten und etwas ratlos die Speisekarte studierten. Während eines mehrtägigen dienstlichen Tokyo-Aufenthalts im Sommer 1979 traf ich beide noch einmal wieder. Bei diesem Treffen schenkten sie mir ein hölzernes Amulett mit japanischen Schriftzeichen und einem aufgemalten weißen Ziegenbock, der ein rot-goldenes Seil mit einer goldenen Glocke im Maul trägt. Diese Amulette hängen die Japaner mit ihren Wünschen in bestimmte Bäume; angeblich sollen diese dann meistens in Erfüllung gehen.

Ankunft in Korea

Am Sonntagmittag, dem 03. September, flogen wir dann das letzte Stück meiner Dienstantrittsreise mit Korean Airline von Tokyo nach Seoul, wo wir auf dem damaligen internationalen Flughafen Kimpo von meinem Vorgänger, Oberstleutnant i.G. Grünewald, und zahlreichen weiteren Botschaftsangehörigen begrüßt wurden.

Die fast euphorische Stimmung, mit der wir von Deutschland ausgereist waren, hielt nach Ankunft in Korea erst einmal weiter an. Dazu trug gewiss auch bei, dass wir alle zunächst im Seoul Hyatt Hotel, von dem wir einen herrlichen Blick über die Stadt hatten, in zwei großen zusammenhängenden Räumen komfortabel untergebracht wurden, da unser Umzugsgut noch auf einem Hapag-Lloyd-Schiff irgendwo auf dem Pazifischen Ozean unterwegs war, und wir uns auch erst noch ein geeignetes Haus mieten mussten. Ulf, Axel und Kerstin wurden bereits wenige Tage nach unserer Ankunft in Seoul in die Seoul Foreign High School aufgenommen. Die internationale Seoul Foreign High School war eine ehemalige amerikanische Missionarsschule, an der Ganztagesunterricht in englischer Sprache durchgeführt wurde und die sich in Unterrichtsgestaltung und Gemeinschaftsbildung nach meiner Beurteilung mehr auf die Kinder einstellte als wir von deutschen Schulen gewohnt waren. Unsere Kinder hatten dort eine sehr glückliche Schulzeit.

Mitte September fanden wir das richtige Haus; es war das achtzehnte Objekt, das wir besichtigt hatten. Das im westlichen Stil erst kurz zuvor erbaute geräumige Haus mit einem großen Garten – für meine japanischen Kameraden war er ein kleiner Park – mit zahlreichen Pinien und einem riesigen Findlingsstein – lag im Norden Seouls im hügeligen, ja fast gebirgigem Stadtteil Sung Buk Dong mit Blick über große Teile der Stadt (Bild 2).

Zunächst mussten wir aber weiterhin im Hotel wohnen, denn wir benötigten noch die Genehmigung aus Deutschland, dieses Haus endgültig mieten zu können. Der Botschafter befürwortete die Anmietung, aber wegen der Höhe des Mietpreises musste die Genehmigung nicht nur des Auswärtigen Amtes und des BMVg, sondern auch des Bundesministeriums der Finanzen eingeholt werden. Die Monatsmiete für dieses Haus betrug nämlich 3.000 US Dollar bei einem damaligen Kurs von etwa 2,50 DM zu einem US Dollar und musste für die vierjährige Mietzeit im Voraus bezahlt werden. Man sagte mir in der Botschaft, dass im Vergleich zu Tokyo und Hongkong diese Miete noch relativ moderat sei. Es dauerte dann noch bis Anfang Oktober, ehe wir die endgültige Genehmigung aus Bonn hatten, das Haus anzumieten und ich dem Vermieter einen Verrechnungsscheck der Botschaft über 144.000 US Dollar aushändigte. Wie ich später erfuhr, hat er angeblich mit diesem Geld umgehend wieder ein Haus bauen lassen und an einen zahlungskräftigen Ausländer vermietet.

Nach fünf Wochen Hotelaufenthalt hatten wir das Hotelleben satt und zogen deshalb unverzüglich in dieses Haus, zunächst aber nur provisorisch mit Ausstattungshilfe durch die Kollegen, da unsere Möbel immer noch nicht eingetroffen waren.

Etwa eine Woche später war es dann aber doch so weit. Plötzlich waren die beiden großen Container in Seoul, doch dann sah die koreanische Speditionsfirma, die die Container im Hafen von Pusan übernommen hatte, Probleme bei der Entladung. Wir hatten bei der Besichtigung und Anmietung des Hauses zwar Schwierigkeiten vorausgeahnt, aber negiert, weil uns das Haus von allen anderen besichtigten Objekten am besten zusagte. Die Straße, die zu unserem Haus von der Hauptstraße führte, war nämlich nicht nur relativ steil, sondern auch so schmal und eng, dass nur ein Kraftfahrzeug bis zur Größe eines kleinen LKW sie befahren konnte. Hinzu kam, dass unmittelbar vor dem Haus mitten auf der Straße eine alte Pinie stand, die nicht beseitigt werden durfte; ein PKW kam gerade noch daran vorbei. Die Folge war, dass das gesamte Umzugsgut unten auf der Hauptstraße aus den Containern, die den Verkehr erheblich blockierten, umgeladen werden musste und in sehr, sehr vielen Fahrten auf unser Grundstück gebracht wurde. Da alles schon alleine aus verkehrstechnischen Gründen schnell gehen musste, war die Folge, dass zunächst nur die Möbelstücke ins Haus kamen und alle Umzugskartons im Garten gelagert wurden, und da blieben sie dann auch erst einmal. Zum Glück hatten wir seit Wochen stabiles trockenes und zumeist sonniges Wetter. Um einen Diebstahl zu verhindern, wurden die Umzugskartons in der folgenden Nacht von zwei Polizisten bewacht. Ich erinnere mich noch gut daran, dass einer oben auf dem großen Haufen Kartons saß und der andere es sich in einem Polstersessel unter den Bäumen bequem gemacht hatte.

Unsere Botschaft

Botschafter unseres Landes in Südkorea war bei meinem Dienstantritt bereits seit einigen Jahren Botschafter Dr. Karl Leuteritz, der dem Land und seinen Bewohnern so sehr zugetan war, dass er nach meiner Beurteilung besonders die innenpolitische Lage und Entwicklung nicht sachlich genug und frei von Gefühlen sah. Dies führte bald zu gewissen Differenzen wegen unserer daraus resultierenden manchmal unterschiedlichen Berichterstattung, da in dem vom Militär in allen Bereichen beeinflussten, in vielen Bereichen sogar beherrschten Staat, auch die eindeutige Trennung von der Innenpolitik, die die Domäne des zivilen Teils der Botschaft war, und der Sicherheits- und Militärpolitik nicht immer einzuhalten war. War doch auch die Aufrechterhaltung der Inneren Sicherheit aufgrund der permanenten Bedrohung durch das aggressive kommunistische Nordkorea in der Hand des Militärs.

Der Militärattachédienst

Im allgemeinen Sprachgebrauch werden Offiziere im Militärattachédienst als Militärattachés bezeichnet. Die Entsendung, die Vorrechte und Immunitäten sowie die Aufgaben des Militärattachés werden nach letztem Stand im Wiener Übereinkommen über diplomatische Beziehungen vom 18. April 1961 (WÜD) geregelt. Ausdrücklich erwähnt wird der Militärattaché im WÜD aber nur einmal; im Artikel 7, Satz 2 heißt es: *„Bei Militär-, Marine- und Luftwaffenattaché kann der Empfangsstaat verlangen, dass ihm ihre Namen vorher zwecks Zustimmung mitgeteilt werden“*. Von besonderer Bedeutung für die Aufgaben des Militärattaché, wie sie in den Dienstanweisungen festgehalten sind, ist aber auch der Artikel 3, e des Wiener Übereinkommens über diplomatische Beziehungen (WÜD): *„die Aufgabe, sich mit allen rechtmäßigen Mitteln über Verhältnisse und Entwicklungen im Empfangsstaat zu unterrichten und darüber an die Regierung des Entsendestaates zu berichten“*.

Der Militärattachéstab bei einer deutschen Botschaft wird von einem Verteidigungsattaché, so die offizielle Bezeichnung, geleitet. Je nach Bedeutung des Gastlandes für die Bundesrepublik Deutschland sind die Militärattachéstäbe von unterschiedlicher Größe und personeller Ausstattung.

In manchen Ländern waren damals – und sind auch noch heute – zahlreiche Verteidigungsattachés zusätzlich nebennotifiziert und erfüllten dort nur zeitweise ihren Auftrag. Aus meiner Sicht keine glückliche Lösung, da dabei sowohl die Auftragserfüllung als auch das Gastland, in dem der Verteidigungsattaché nebennotifiziert war, zu kurz kamen. Als Leiter des Militärattachéstabes und Verteidigungsattaché bei unserer Botschaft in Seoul war ich glücklicherweise nur für die Republik Korea zuständig. In meinem Stabe hatte ich keinen weiteren Offizier und übte – als Offizier des Heeres – gleichzeitig die Funktion des Luftwaffen-, des Marine- und des Wehrtechnischen Attachés aus. Gemäß Dienstanweisung des BMVg führte ich die Bezeichnung

Botschaft der Bundesrepublik Deutschland Seoul
Der Verteidigungsattaché

Ein Portepeeunteroffizier im Dienstgrad Hauptfeldwebel, der mir truppendienstlich unterstand, sowie ein Fremdsprachensekretär unterstützten mich in meiner Tätigkeit. Da ich in Seoul ja über keinen weiteren Offizier in meinem Stabe verfügte, war mein Vertreter im Falle meiner Abwesenheit durch Dienstreisen außerhalb des Gastlandes, während Urlaub oder bei Krankheit der Ständige Vertreter des Botschafters, ein Botschaftsrat I. Kl., der zugleich Leiter der Politischen Abteilung war. Diese Konstruktion hat während meiner Verwendung in Seoul zu keiner Zeit zu irgendwelchen Unstimmigkeiten oder gar zu Problemen geführt, da wir uns ständig gegenseitig über alle wesentlichen Fragen und Probleme, die das Gastland betrafen, unterrichteten.

Als Leiter des Militärattachéstabes und Verteidigungsattaché hatte ich zwei Dienstherren. In allgemein dienstlicher Hinsicht unterstand ich dem Botschafter, also dem Auswärtigen Amt. Ich hatte diplomatischen Status und Immunität und war beim Außenministerium des Gastlandes zur Diplomatenliste angemeldet; dies alles galt ebenso für meine Familie. Im Protokoll der Botschaft rangierte ich an dritter Stelle und wurde so auch in der vom Außenministerium des Gastlandes jährlich herausgegeben Diplomatenliste geführt. Truppendienstlich unterstand ich dem Stellvertreter des Generalinspekteurs der Bundeswehr, der auch mein unmittelbarer Disziplinarvorgesetzter war.

Laut Dienstanweisung gehörten zu meinen Hauptaufgaben die militärpolitische und militärische Beratung des Botschafters und die Berichterstattung über die Militärpolitik des Gastlandes, die Verteidigungsplanungen und alle sonstigen Maßnahmen, die die Streitkräfte in ihrer Gesamtheit betrafen.

Der wesentliche Unterschied in meiner Verwendung bei der Botschaft, wohlgemerkt nicht an der Botschaft, lag aber in der Berichterstattung, in der ich völlig selbstständig und unabhängig war. Gemäß Dienstanweisung hatte aber vor Abgang eines von mir verfassten und unterschriebenen Berichts der Botschafter oder bei dessen Abwesenheit sein Ständiger Vertreter den Bericht mit einem Sichtvermerk *„Gesehen"* gegenzuzeichnen. Falls er mit dem Bericht nicht einverstanden war, durfte er ihn nicht abändern, hatte aber das Recht, seine ggf. abweichende Auffassung in einer Stellungnahme zum Ausdruck zu bringen bzw. meine Beurteilung durch einen zusätzlichen Kommentar zu unterstreichen.

Ab und zu kam es im Laufe meiner insgesamt zehneinhalb Jahren als Verteidigungsattaché, erst Seoul, später in Prag, jedoch schon mal zu einer Diskussion, bei der von Seiten des einen oder anderen Botschafters Bemerkungen fielen wie: *„Warum müssen Sie die Dinge immer so klar ansprechen, wir (vom Auswärtigen Amt) wischen dagegen über manches eher so drüber."* Oder: *„Muss denn Ihre Aussage so stehen bleiben, hängt Ihr Herz wirklich an diesem Halbsatz?"* Wenn ich verneinte und sagte: „Ändern Sie es bitte, wenn es aus Ihrer Sicht und nach Ihrer Erfahrung hilfreich sein könnte; streichen Sie diesen Halbsatz ruhig", erhielt ich zur Antwort: *„Sie wissen, das darf ich nicht, Sie müssen es schon selber machen."* Auf einen besonderen Bericht vom März 1979 komme ich später in diesem Zusammenhang noch einmal zurück. Einen Satz von Botschafter Eger, der im Frühjahr 1980 Botschafter Dr. Leuteritz ablöste, aber vergesse ich nicht und beherzige ihn bis heute: *„Denken Sie immer daran, was will ich mit meinem Bericht erreichen.“*

Der erste Empfänger meiner Berichte, Schriftberichte, Fernschreiben oder auch telefonisch, war das BMVg und zwar damals das Lagereferat West in der Stabsabteilung II (Militärisches Nachrichtenwesen) des Führungsstabes der Streitkräfte (FüS). Fast alle Berichte gingen aber gleichzeitig als Nebenabdruck an das betreffende Lagereferat des Auswärtigen Amtes, für Korea war das Referat 341, das Ostasienreferat, zuständig. Immer beteiligt wurde der BND, falls notwendig auch die ein oder andere Botschaft unseres Landes, meistens waren das in meinem Fall Washington, Tokyo oder Peking, ab und zu auch Moskau.

Die Sicherheits- und Militärpolitik Südkoreas

Staatspräsident Südkoreas, offiziell Republik Korea, war bei meinem Dienstantritt Staatspräsident Park Chung-hee, ein ehemaliger General, der 1962 durch einen Militärputsch an die Macht gekommen war. Er regierte einerseits das Land mit harter Hand, hatte es andererseits aber wirtschaftlich so weit nach vorne gebracht, dass es 1978 fast schon zu den fortgeschrittenen Schwellenländern gerechnet werden konnte. Seit 1972 galt in Südkorea die sog. Yushin-Verfassung, die Park Chung-hee eine Amtszeit auf Lebenszeit garantierte und ihm gleichzeitig das Recht gab, das Land durch Notverordnungen zu regieren.

Zwischen China, Sibirien und dem Inselbogen von Kamtschatka bis Taiwan gelegen, nimmt die zu 70 % gebirgige koreanische Halbinsel in der Region Ostasien eine geostrategisch wichtige Brückenstellung ein. Aufgrund ihrer geostrategischen Lage ist die koreanische Halbinsel das ideale Sprungbrett in die Mandschurei und nach Sibirien. Gleichermaßen aber ist Korea mit seinen zahlreichen stets eisfreien Häfen, besonders im Südteil des Landes, eine hervorragende Ausgangsbasis für ein Vordringen in den offenen Pazifik und nach Südostasien. Die strategische Bedeutung der koreanischen Halbinsel hatten besonders Japan und Russland, jeder nur mit anderer Zielrichtung, bereits Ende des 19. / Anfang des 20. Jahrhunderts erkannt. Nachdem Chinas Einfluss in Korea durch den Vertrag von Chimonoseki (1895) ausgeschaltet worden war, wurde Korea bis 1905 Spielball

Japans und Russlands. Am koreanischen Kaiserhof in Seoul dominierte um die Jahrhundertwende der russische Einfluss. Im Hafen von Chimulpo am Gelben Meer, dem heutigen Inchon, 40 km westlich der Hauptstadt Seoul, unterstrich bis 1905 die ständige Anwesenheit russischer Kanonenboote mit Seesoldaten an Bord drohend die Absicht, ganz Korea zum Einflussgebiet russischer Machtpolitik zu machen. Die Häfen Chinhae, sowie Masan und Mokpo an der Südspitze Koreas wurden regelmäßig – nicht nur im Winter – von der russischen Fernostflotte zur Versorgung angelaufen.

Während zunächst der politische Einfluss Russlands in Seoul vorherrschte, baute Japan durch langsamen Kräfteaufwuchs militärisch wie politisch seine Stellung in Korea aus. 1898 scheiterte der russische Versuch, das kleine Deer Island (35° 04‘ 27“ N / 129° 04‘ 05“ E) vor dem Hafen Pusan als Stützpunkt zu erwerben am Widerstand nicht nur des damals einflussreichen koreanischen Independence Club, sondern auch Englands und Japans. Und als im Jahre 1900 Zar Nikolaus II. die Häfen Chinhae und Masan pachten wollte, wurde er kurz vor Vertragsabschluss dadurch überrascht, dass Japan ihm zuvorgekommen war und beide Häfen von Korea gekauft hatte, um sich vor einer Ausdehnung des russischen Machtbereichs nach Süden zu schützen. Die kaiserliche russische Flotte, die zu Beginn des 20. Jahrhunderts zur Verstärkung der russischen Pazifikflotte entsandt wurde, benutzte übrigens die Bucht von Cam Ranh im heutigen Vietnam als Aufmarschgebiet und Versorgungsstützpunkt. Die Seeschlacht von Tsushima (1905) beendete dann aber zunächst den russischen Traum von stets eisfreien Häfen im Pazifik und einer Vormachtstellung in Ostasien.

Die Beurteilung dieser historischen Fakten zeigte manche Parallele zur Lage in der Region bei meiner Ankunft. 1979 pachtete die sowjetische Regierung nämlich Cam Ranh als Basis für die sowjetische Pazifikflotte und als Stützpunkt für nachrichtendienstliche Zwecke. Klar erkennbar war auch, dass sich die machtpolitischen Ziele der Sowjetunion in Ostasien nicht wesentlich von denen des zaristischen Russlands unterschieden.

Südkoreas Sicherheits- und Militärpolitik wurde während meiner Verwendungszeit in Seoul bestimmt durch die Teilung der zum geopolitischen Kräftefeld der pazifischen Mächte (USA, Japan, Volksrepublik China und Sowjetunion) gehörenden Halbinsel, vor allem aber natürlich durch die anhaltende militärische Bedrohung von Seiten Nordkoreas. Südkorea lag, wie Japan, jetzt der Sowjetunion bei ihrem Vorstoß nach Südostasien und in den Persischen Golf im Weg. Der sowjetische Kräfteaufwuchs in Ost-/Südostasien, vor allem die vergrößerte sowjetische Flottenpräsenz auch im Pazifik, machten Südkorea seine geostrategische Lage wesentlich bewusster und auch klarer, welche Rolle es im globalen Strategiekonzept der USA zu übernehmen hatte. Eine sowjetische Bedrohung Südkoreas wurde in Seoul bis etwa Ende 1980 allerdings nur mittelbar gesehen. Südkoreas verteidigungspolitische Überlegungen waren bis dahin ausschließlich auf Nordkorea als unmittelbaren Feind ausgerichtet. Dazu trug nicht zuletzt die Beurteilung bei, dass Nordkorea eine möglicherweise destabilisierte innere Lage in Südkorea für eine gewaltsame Wiedervereinigung der Halbinsel auch ohne Billigung und Unterstützung durch die Sowjetunion und die Volksrepublik China ausnutzen könnte.

Nach meinen Informationen gingen die US und die südkoreanische Lagebeurteilungen aus:

- von der weiter andauernden Aggressivität und Aufrüstung Nordkoreas mit dem Ziel einer gewaltsamen Wiedervereinigung beider Staaten und
- von der Möglichkeit, durch einen militärischen Konflikt zwischen den USA und der Sowjetunion an anderer Stelle in einen Krieg mit Nordkorea und auch direkt mit der Sowjetunion zu geraten.

Nach meinem Wissensstand waren die Sowjetunion und die Volksrepublik China zu jener Zeit aber eher an der Aufrechterhaltung des Status Quo auf der koreanischen Halbinsel interessiert, als einen nordkoreanischen Angriff zu begünstigen, da dieser leicht zu einer Destabilisierung ganz Ost-/Südostasiens oder gar zu einem weltweiten Konflikt hätte führen können. Alle engagierten Beobachter in Seoul waren sich aber darin einig, dass eine Destabilisierung der latent labilen innenpolitischen Verhältnisse in Südkorea oder nicht auszuschließende unberechenbare Änderungen in der Machtstruktur Nordkoreas schnell zu erhöhter Spannung mit Kriegsgefahr führen könnten. Ein ggf. gleichzeitiges militärisches Engagement der USA durch einen militärischen Konflikt an anderer Stelle, in dem auch die Sowjetunion involviert wäre, und zudem dort US Verstärkungskräfte gebunden hätte, die auch für einen Einsatz in Korea vorgesehen waren, hätten dann einen nordkoreanischen Angriff – möglicherweise sogar mit sowjetischer Billigung und Unterstützung – durchaus begünstigt. Eine konkrete Angriffsabsicht Nordkoreas war aber während meiner Anwesenheit in Südkorea zu keiner Zeit offensichtlich.

Südkorea hatte die allgemeine Wehrpflicht: Heer und Marine Corps 30 Monate, Luftwaffe und Marine 36 Monate.

Auftrag der Streitkräfte war es:

- durch starke aktive Verbände in unmittelbarer Nähe des 38. Breitengrades, der Demarkationslinie, Nordkorea vor einem Angriff abzuschrecken
- durch ständige hohe Alarm- und Einsatzbereitschaft jeglichen nordkoreanischen Überraschungsangriff zu verhindern, besonders Anlandungen von See und feindliche Luftlandungen im Rückwärtigen Gebiet
- die innere Sicherheit durch Abwehr aller offenen und subversiven Aktionen des Feindes aufrechtzuerhalten
- bei Ausbruch eines allgemeinen Krieges die nordkoreanischen Truppen zunächst an einem Durchbruch nach Süden noch nördlich der Hauptstadt Seoul zu hindern und sie umgehend durch eine Gegenoffensive über die Grenze zurückzuwerfen
- bei Verwicklung in einem militärischen Konflikt zwischen den USA und der Sowjetunion in Zusammenarbeit mit den USA und Japan, die Koreastraße, auch als Tshushimastraße bekannt, zwischen dem Ostchinesischen Meer und dem Japan Meer zu blockieren.

Die Grundlage der südkoreanischen Militärpolitik war der gegenseitige Beistandsvertrag mit den USA von 1954.

Die hervorstechendsten Merkmale der gespannten sicherheitspolitischen Lage auf der koreanischen Halbinsel waren 1978, dem Jahr meiner Ankunft:

- drei Seezwischenfälle zwischen den Seestreitkräften Südkoreas und nordkoreanischer Guerillas
- im Oktober die Entdeckung eines dritten großen, durch Felsgestein auf südkoreanisches Gebiet vorgetriebenen nordkoreanischen Infiltrationstunnels in der entmilitarisierten Zone in der Nähe von Panmunjom
- verstärkte Tätigkeit nordkoreanischer Agenten und Guerillas im südkoreanischen Hinterland. Ein von See her eingedrungener nordkoreanischer Kommandotrupp, der im Oktober / November das Land durch Überfälle und Morde in Atem gehalten hatte, konnte trotz einer groß angelegten Jagd durch die südkoreanischen Streitkräfte wieder nach Nordkorea entkommen
- das ungleiche Kräfteverhältnis zwischen den Streitkräften Süd- und Nordkoreas zu Ungunsten Südkoreas
- die weiterhin unversöhnliche Haltung Nordkoreas gegenüber allen Vorschlägen des Südens zu einer friedlichen politischen Lösung der Korea-Frage
- die zunächst noch mangelnde Bereitschaft der Volksrepublik China im Zuge der Entwicklung der neuen Machtverhältnisse in Ostasien auch für eine friedliche Lösung der Konfrontation zwischen Süd- und Nordkorea aktiv einzutreten und
- die weiterhin negativen Beziehungen zu Japan. So wurde im Dezember 1978 ein für Anfang 1979 vereinbartes Treffen zwischen Staatspräsident Park Chung-hee und dem japanischen Ministerpräsidenten Fukuda durch dessen Nachfolger Ohira unhöflich und abrupt abgesagt.

Auf der Positivseite dagegen konnten für Südkorea vermerkt werden:

- die leichte Verbesserung der über längere Zeit frostigen Beziehungen zu den USA
- die weiterhin dynamische, noch positive wirtschaftliche Entwicklung, obwohl sich auf einigen Gebieten, z.B. in der Schifffahrts- und Textilindustrie, Absatzschwierigkeiten aufzeigten

- die erfolgreichen Anstrengungen, um nach dem von US Präsident Carter bei Amtsantritt (19.01.1978) angekündigten Abzug der US Bodentruppen die Verteidigung des Landes im Wesentlichen selbst in die Hand nehmen zu können. Die Absicht, die US Bodentruppen aus Südkorea zurückzuziehen, hatte bereits Carters Vorgänger, Präsident Nixon, entwickelt.
- anhaltend gute Beziehungen mit der Bundesrepublik Deutschland als bevorzugter Partner, wobei das gemeinsame Schicksal der Teilung des Vaterlandes eine gewichtige Rolle spielte. Die z.T. massive deutsche Kritik an der südkoreanischen Menschenrechtspolitik wurde in Seoul nicht überbewertet.

Besonders zur Verbesserung des Verhältnisses zwischen den USA und Südkorea trugen die Modifizierung des für 1978/79 geltenden Teils des Truppenabzugsplanes im März 1978 und das im September des gleichen Jahres durch den Kongress verabschiedete Gesetz "International Security Assistance Act 1978" bei. Auch die fast völlige Ausräumung der durch den Park Tong-sun-Bestechungsskandal – auch unter der Bezeichnung Koreagate bekannt – verursachten Missverständnisse begünstigte die positive Entwicklung der Beziehungen zwischen den USA und Südkorea.

Koreagate war ein politischer Skandal zwischen 1976 und 1978, bei dem südkoreanische Politiker mit Unterstützung der Korean Intelligence Agency (KCIA) durch Bestechung Einfluss auf Abgeordnete des US Kongresses gewinnen wollten, um eine Rücknahme der Entscheidung Präsident Nixons zu erreichen, Truppen aus Südkorea abzuziehen.

Das von Präsident Carter am 26. September 1978 unterzeichnete Gesetz "International Security Assistance Act 1978" sah bis zum 31.12.1982 1.167 Milliarden US $ als Ausgleich für den Abzug der US-Bodentruppen für die Verbesserung der Verteidigung Südkoreas vor. Dieses Programm setzte sich wie folgt zusammen:

- Übergabe von Waffen, Munition und sonstiger Ausrüstung an die südkoreanischen Streitkräfte im Wert von 800 Millionen US $

- ein Kredit zum Kauf von Waffen und Munition in Höhe von 275 Millionen US $
- Ausbildungsunterstützung im Wert von 2 Millionen US $
- Aufstockung des Kriegsvorrats an Munition und Ersatzteilen im Wert von 90 Millionen US $ zwischen 1.10.1978 und 1.10.1979.

Während die US Luftstreitkräfte Anfang November 1978 in Südkorea durch 12 zusätzliche Kampfflugzeuge F 4/D verstärkt wurden, verringerten sich die US Landstreitkräfte im Laufe des Jahres um ca. 3400 Mann durch den geschlossenen Abzug eines Infanteriebataillons und von Verbänden der Kampfunterstützungs- und der Unterstützungstruppen; ferner durch Nichtbesetzung freigewordener Planstellen. Die personelle Stärke der US Forces Korea (USFK) setzte sich Ende 1978 wie folgt zusammen:

- Landstreitkräfte: ca. 28.000 Soldaten
- Luftstreitkräfte: ca. 8.000 Soldaten
- Seestreitkräfte: ca. 500 Soldaten
- Insgesamt: ca. 36.500 Soldaten.

Die Masse der in Südkorea stationierten Atomwaffen – bisher ca. 600 – war angeblich bereits abgezogen.

Für 1979 war der Abzug von weiteren 3.000 Mann der US Landstreitkräfte vorgesehen.

Sowohl die USA als auch Südkorea bemühten sich, aus dem beiderseitigen Verhältnis das Beste zu machen. Von südkoreanischer Seite erfolgte dies allerdings ohne Erwartungen auf eine Änderung der Politik Carters gegenüber Südkorea, insbesondere was den geplanten Abzug der US Landstreitkräfte betraf. Im Gegenteil, das Misstrauen gegenüber seiner Korea-Politik war nach der Aufnahme diplomatischer Beziehungen der USA zur Volksrepublik China zum 01. Januar 1979 und dem Abbruch der diplomatischen Beziehungen der USA zu Taiwan und Kündigung des Beistandsvertrages der USA-Taiwan sogar noch gewachsen.

Die südkoreanischen Streitkräfte erhöhten 1978 ihren Umfang. Danach hatte jetzt:

- das Heer: ca. 548.800 Soldaten
- die Luftwaffe: ca. 33.400 Soldaten
- die Marine, einschl. Marine-Infanterie: ca. 50.800 Soldaten
- insgesamt ca. 633.000 Soldaten.

Neben dem rasch voranschreitenden Aufbau der südkoreanischen Rüstungsindustrie war besonders die Erhöhung der Quantität und Qualität der Waffen und des sonstigen Großgeräts festzuhalten. Durch den erfolgreichen Abschluss der Entwicklung / Weiterentwicklung von Raketen und Lenkwaffen, die inzwischen in die Serienproduktion gegangen waren, zeichnete sich bereits Ende 1978 eine erhebliche Steigerung der Kampfkraft des Heeres ab.

Zwischen dem 01. Oktober 1977 und dem 30. September 1978 kaufte Südkorea ferner alleine in den USA Waffen und Großgerät im Wert von 391 Millionen US $ und zwar vor allem:

- Kampfflugzeuge F4 und F5
- Hubschrauber UH 1 B
- TOW-Pz Abwehrraketen
- "HARPUN“-Raketen Schiff-Schiff
- "MAVERICK"-Raketen Boden-Luft und
- "SPARROW"-Raketen Luft-Luft
- und den Zerstörer „William Rush“ - DD 714.

Von den US Streitkräften wurden im Rahmen des Ausgleichsprogramms außerdem im Zusammenhang mit dem Abzug der Bodentruppen 2 NIKE HERKULES-Batterien an die südkoreanischen Streitkräfte übergeben. Für 1979 war die Übereignung der Waffen / des Großgeräts von:

- 1 "HONEST JOHN"-Bataillon
- 3 TOW Pz Abwehrkompanien und
- 1 Pionierbataillon

vorgesehen.

Der FORCES IMPROVEMENT PLAN (FIP) zur Erhöhung der Kampfkraft und Einsatzbereitschaft der südkoreanischen Streitkräfte – festgelegt waren 5 Mrd. US $ – war laut Angaben der Regierung zum Jahresende 1978 zu 65 % erfüllt. Durch die Gründung des US/ROK-COMBINED FORCES COMMAND (CFC) im Jahr 1978 erhielt Südkorea mehr Mitwirkungsmöglichkeit bei der Planung und Durchführung der Verteidigung des Landes.

Durch qualitative und quantitative Verbesserungen konnten so die südkoreanischen Streitkräfte 1978 die Unterlegenheit gegenüber den Streitkräften Nordkoreas verringern. Einem nordkoreanischen Überraschungsangriff hätten aber die südkoreanischen Streitkräfte selbst mit Unterstützung der noch im Lande stationierten US Streitkräfte noch nicht standhalten können. Selbst unter Annahme günstiger Bedingungen wäre im Falle eines nordkoreanischen Überraschungsangriffs auch zumindest die zeitgerechte Zuführung der US Reserven PAZIFIK

- See- und Luftstreitkräfte der 7. US Flotte
- 2 Brigaden der 3. Marine Amphibious Force einschl. der integrierten Luftwaffenteile
- 6 zusätzliche Staffeln Kampfflugzeuge (figther-attack aircrafts) "landbased" im Pazifischen Raum
- 25. InfDiv. Hawaii

in den vermutlich entscheidenden ersten 36 Stunden fraglich gewesen. Alleine schon Zeit und Raumgründe und ggf. ungünstige Wetterverhältnisse ließen dieses Wunschdenken – das von führenden US Generälen, die in Südkorea auf Posten waren, übrigens nicht geteilt wurde – in der amerikanischen Bündnispolitik gegenüber Südkorea mehr als unrealistisch erscheinen. Nicht zuletzt auch aus dem daraus resultierenden besonderen Sicherheitsbedürfnis heraus, bemühte sich Südkorea um eine schnellere Annäherung an die VR China. Dies erfolgte in der Hoffnung, durch einen möglichen positiven Einfluss der VR China auf die unberechenbare Politik Nordkoreas einen neuen Krieg auf der koreanischen Halbinsel zu vermeiden. Doch die Unberechenbarkeit Kim Il-sungs und die unveränderte Haltung der Sowjetunion gegenüber Südkorea, die sogar zu einer Unterstützung nordkoreanischer Angriffspläne hätte führen können, um die sich neu entwickelnden sicherheitspolitischen Verhältnisse in Ostasien zu destabilisieren, waren nicht dazu angetan, die Lage auf der koreanischen Halbinsel zu entspannen.

Eine Neubeurteilung der Stärke und Kampfbereitschaft der nordkoreanischen Landstreitkräfte durch das PENTAGON um die Jahreswende 1978/79 ließ eine weitaus größere Überlegenheit des Nordens gegenüber dem Süden als bisher angenommen erkennen. Das Ergebnis der Studie, ein Kräfteverhältnis von z.B. 1 : 1,2 in der Truppenstärke, von 1 : 2,1 bei den Kampfpanzern, von 1 : 1,5 bei den Schützenpanzern, gar 1 : 2,3 bei der Artillerie, und die daraus resultierende hohe Mobilität und Feuerkraft des nordkoreanischen Heeres führten dann im Februar 1979 dazu, dass US Präsident Carter den geplanten Abzug der US Bodentruppen aus Südkorea zunächst aussetzte.

Nach seinem Staatsbesuch in Seoul (30.06. – 02.07.1979) gab dann Präsident Carter am 20. Juli bekannt, dass:

- ein weiterer Abzug der Kampftruppen der 2. US InfDiv aus Südkorea zunächst verschoben würde. Organisation und Funktion des ROK/US Combined Forces Command sollten, wie 1978 aufgebaut, beibehalten werden
- zwischen Juli 1979 und Ende 1980 aber eine weitere Verringerung des Personals in den Versorgungs- und Kampfunterstützungseinheiten erfolgen solle, darin eingeschlossen ein Hawk-Flugabwehrbataillon, dessen Material an die südkoreanischen Streitkräfte übergeben werden sollte
- darüber hinaus Zeitpunkt und Tempo des Truppenabzugs 1981 erneut überprüft werden sollte. Bei der endgültigen Entscheidung werde besonders berücksichtigt, inwieweit dann ein Gleichgewicht der Kräfte zwischen Nord- und Südkorea erreicht sein würde und ob sich die Spannungen auf der koreanischen Halbinsel insgesamt vermindert haben würden.

Beim Staatsbesuch Präsident Carters in Seoul und anlässlich der gemeinsamen ROK/US Sicherheitskonferenz am 18./19.10.1979 versicherten die USA zugleich erneut, dass die Republik Korea weiterhin unter dem nuklearen Schutzschirm der USA für die Region Ostasien stünde. Wenngleich die USA während der Sicherheitskonferenz nicht bereit waren, diese erneute Versicherung durch ein Zusatzprotokoll zum Bestandteil des gegenseitigen Beistandspaktes von 1954 zu machen, war die Wiederholung der Garantie durch die USA für Südkorea doch von besonderer Bedeutung. Hatte doch kurz zuvor am 09. Oktober der US Botschafter in Japan, Mike Mansfield, öffentlich zum Ausdruck gebracht, dass nach seiner Auffassung Südkorea nicht zum Verteidigungsbereich der USA gehöre. Diese Bemerkung, die an die 1950 vor dem Korea-Krieg durch US Außenminister John Foster Dulles in ähnlicher Art und Weise zum Ausdruck gebrachte US Politik gegenüber Südkorea erinnerte, hatte zu einer erheblichen Beunruhigung in Südkorea und einer Minderung des Vertrauens in den amerikanische Bündnispartner geführt. Zusätzliche Diskussionen in den USA, in Japan und Südkorea zur gleichen Zeit über angebliche Pläne der USA für eine sogenannte Swinging Strategy, d.h. Abzug eines Teils der sowieso schon geringen US Streitkräfte aus dem Pazifischen Raum zugunsten eines europäischen Kriegsschauplatzes, über die, soweit mir bekannt wurde, die südkoreanische Regierung nicht informiert war, verstärkten das Unbehagen über den Bündnispartner USA noch zusätzlich.

Hatte doch die Aufkündigung der diplomatischen Beziehungen und des Beistandsvertrages Anfang 1979 mit Taiwan durch die USA nicht nur der südkoreanischen Regierung, sondern auch der Bevölkerung bereits einen Schock versetzt, dessen Wirkung noch immer anhielt.

Der Schwerpunkt bei der jährlichen gemeinsamen Großübung "Team Spirit" im März 1979, der auf amerikanischer Seite eindeutig bei der Luftwaffe lag, hatte damals außerdem den Südkoreanern deutlich gemacht, mit welcher Unterstützung sie im Falle eines Konfliktes mit dem Norden hauptsächlich würden rechnen können.

Die USA forderten 1979 verschiedentlich, dass Südkorea als Gegenleistung für den weiteren Verbleib der US Kampftruppen ab sofort und bis auf weiteres einen größeren, jährlich sich steigernden Anteil des Bruttosozialprodukts (BSP) für die Verteidigung des Landes aufwenden müsse. Dieser Forderung wurde dann im Verteidigungshaushalt für 1980, der mit 4,345 Mrd. US $ (= 36,7 % des Gesamthaushaltes) gegenüber dem Vorjahr eine Steigerung von 37,6 % erfuhr, nachgekommen. Nach damaligem Sachstand bedeutete das eine reale Steigerung der Verteidigungsausgaben um 21,2 % (1978 nur 3,6 % Steigerung) und 6 % (1979 nur 5,4 %) des BSP.

Im Jahre 1979 unterstützten die USA die Bemühungen Südkoreas um seine Verteidigung durch Foreign Military Cash Sales / Foreign Military Sales Credits in Höhe von 225 Mio. US $ und einer zusätzlichen militärischen Ausbildungshilfe von 1,8 Mio. US $.

Der Forces Improvement Plan I (1976-81) der südkoreanischen Regierung wurde 1979 modifiziert und der zunächst auf ca. 5 Milliarden US $ festgelegte Betrag auf 7,6 Milliarden US $ erhöht. Grund war die ständig steigende Inflationsrate, aber auch eine Erhöhung der Anzahl der festgelegten Projekte. Unter Berücksichtigung dieser o.g. Kriterien wurden bis zum Jahresende 1979 4,88 Milliarden US $ im Rahmen des 6-Jahres-Plans festgelegt und ca. 55 % der 142 Projekte abgeschlossen. Der Schwerpunkt im Rahmen des Forces Improvement Plans I lag 1979:

- im weiteren Auf-/Ausbau der Rüstungsindustrie (Munitionsfabriken, Produktionsanlagen für Waffen, insbesondere Artillerie 105-175 mm, einer Fabrik für Lenkwaffen)
- im beschleunigten Bau raketenbestückter Schnellboote, in der Beschaffung moderner Panzer- und Luftabwehr-Raketensysteme, Kampfhubschrauber und Kampfflugzeuge und der Kampfwertsteigerung der in der Truppe befindlichen Kampfpanzer M48.

Die sich seit Jahresbeginn 1979 langsam aber stetig verschlechternde wirtschaftliche Lage hatte mit höheren Kosten wesentlichen Einfluss auch auf die Rüstungsindustrie. Projekte, wie z.B. die Entwicklung eines eigenen südkoreanischen Kampfpanzers und auch die Entwicklung und Produktion eigener Lenkwaffen, stagnierten. Ein Großteil des dafür zunächst vorgesehenen Kapitals wurde dagegen zugunsten der notwendigen Erhöhung des Kriegsvorrats an Artilleriemunition und Betriebsstoff benutzt. Die weltweite Verknappung und Verteuerung des Rohöls führte bei allen Teilstreitkräften zu einer wesentlichen Herabsetzung der Übungstätigkeit.

Trotz aktiver Mithilfe und Drängens der USA zu verstärkter militär- und sicherheitspolitischer Zusammenarbeit zwischen Südkorea und Japan kamen auch 1979 diese Bemühungen nicht über Ansätze hinaus. Beide Seiten betonten zwar bei gegenseitigen Besuchen, z.B. des Chairman Joint Chiefs of Staff Republik Korea im April in Japan und des Chefs des japanischen Verteidigungsamtes im August in Korea, die Notwendigkeit einer verstärkten Zusammenarbeit auf diesem Gebiet. Außer der bereits seit längerer Zeit jährlich stattfindenden gemeinsamen Intelligence Conference blieb es ansonsten bei Absichtserklärungen. Die japanische Seite erklärte sogar noch im Dezember deutlich, dass sie gemeinsame japanisch-südkoreanische Übungen – hier war vor allem an Übungen der Seestreitkräfte gedacht –, die eine nordkoreanische Aggression als Übungsgrundlage annahmen, nicht nur aus verfassungsmäßigen, sondern auch aus politischen Gründen für undurchführbar hielte. Unter dem besonderen Gesichtspunkt des damals verstärkten Aufbaus der sowjetischen Pazifikflotte konferierte man zwar auf amerikanischen Druck über eine mögliche Teilung von Aufgaben im Rahmen der U-Boot-Abwehr und der Luftverteidigung, jedoch wurden auch hier keinerlei praktische Ergebnisse sichtbar. Der Wille und die Einsicht in die Notwendigkeit auch einer verstärkten militärischen Zusammenarbeit waren nach meiner Beurteilung auf südkoreanischer Seite wesentlich größer als auf der japanischen.

Die im IV. Quartal 1979 publik gewordenen Lieferungen z.B. von elektronischer Ausrüstung, Schiffen und Lastkraftwagen durch Japan an Nordkorea seit bereits 1975 führten in Südkorea zu der Frage, ob Japan überhaupt noch als ein befreundetes Land zu betrachten sei.

Nicht zuletzt die Probleme in der Rohölversorgung des Landes und damit auch die entsprechende Auswirkung auf die Streitkräfte führten 1979 zu verstärkten Bemühungen Südkoreas um die arabischen Staaten und auch um die Palästinensische Befreiungsfront / Palestine Liberation Organisation (PLO).

Die Masse der südkoreanischen Streitkräfte stand unter US Operational Control. Der Oberbefehlshaber der US Forces Korea war in Personalunion nicht nur Oberbefehlshaber des zu Beginn des Korea Krieges (1950 – 1953) geschaffenen United Nations Command, sondern auch des 1978 gebildeten Republic of Korea/US Combined Forces Command. Zweck dieses Combined Forces Command war es, den Südkoreanern mehr Mitwirkungsmöglichkeiten in allen militärischen Fragen zu geben. Gleichzeitig sollte aber dadurch auch nach dem 1978 noch geplanten Abzug der US Landstreitkräfte Operational Control der südkoreanischen Streitkräfte durch die USA sichergestellt bleiben. Südkorea war dadurch in seiner Militärpolitik nicht unabhängig.

Auswirkungen der Guam-Doktrin

Am 25.Juli 1969 hatte der damalige US Präsident Nixon nach einer Reise durch verschiedene Pazifikstaaten auf einer Pressekonferenz in Guam eine neue strategische Doktrin der USA verkündet. Teil dieser Doktrin war u.a. die Absicht der USA, auf weitere Sicht ihre Landstreitkräfte aus den mit ihnen verbündeten asiatischen Staaten zurückzuziehen. Gleichzeitig sollten diese Staaten mit US Hilfe die Landesverteidigung in ihre eigenen Hände nehmen.

Von diesem Zeitpunkt an stellte sich auf weite Sicht Südkorea darauf ein, sich in seiner Militärpolitik weitgehend aus der Abhängigkeit von den USA zu lösen und die Verteidigung des Landes Schritt für Schritt in die eigenen Hände zu nehmen. Seoul hatte auch den Rückzug der USA aus Vietnam (1973) nicht vergessen und, wie bereits erwähnt, den Abbruch der diplomatischen Beziehungen mit Taiwan (1979) zugunsten der Volksrepublik China noch nicht verarbeitet.

Die Voraussetzungen für eine unabhängige Militärpolitik wollte Südkorea durch den Aufbau einer "Self Reliance Defense Capability" und das Erreichen eines Kräftegleichgewichts mit Nordkorea schaffen. Dieses bereits für 1980 gesetzte Ziel war aber auch bis zu meinem Weggang aus Korea im September 1983 nicht erreicht. Die Gründe dafür lagen in den innenpolitischen Wirren 1979 /1980, auf die ich im Folgenden noch näher eingehen werde, und in der wirtschaftlichen Rezession 1980 bis 1982; nicht zuletzt aber auch in der weiter andauernden Aufrüstung Nordkoreas. Während Seoul durchschnittlich jährlich 6 % seines BSP für den Wehrhaushalt (offene Ausgaben) aufwendete, dürften die Gesamtausgaben Pyongyangs für militärische Zwecke ca. 24 % seines BSP ausgemacht haben. Die verdeckten Wehrausgaben Südkoreas können allerdings mit weiteren 4 % seines BSP angesetzt werden.

Der Vorteil, den Südkorea als Verteidiger mit seinem starken Gelände im Falle einer nordkoreanischen Offensive – damals wie heute – zunächst grundsätzlich hat, wurde aus folgenden Gründen fast aufgehoben: Die Masse der nordkoreanischen Landstreitkräfte ist bereits nah an der Grenze disloziert. Starke mechanisierte Verbände sogar der 2. Staffel liegen bereits in Verfügungsräumen in der Forward Area. Die langen Küsten begünstigen ebenfalls den Angreifer. Besonders in der Vorhand wäre Nordkorea aber durch die Bestimmung der Angriffszeit und des Schwerpunkts mit dem daraus resultierenden Überraschungsmoment.

Wechsel vom Konzept FORWARD DEFENCE zu DYNAMIC DEFENCE

Das Republic of Korea / US Combined Forces Command ging deshalb im Herbst 1982 von dem bisherigen Konzept der FORWARD DEFENCE zu dem offensiv orientierten Konzept einer DYNAMIC DEFENCE über. Das Ziel der bisher praktizierten FORWARD DEFENSE war es, mit Hilfe starker, tief gestaffelter Grenzbefestigungen den nordkoreanischen Feind nördlich der Linie Seoul und Kangnung / Ostküste aufzuhalten, seine Angriffsverbände zu zerschlagen, ihn über die Grenze zurückzuwerfen und die Unversehrtheit des südkoreanischen Territoriums wiederherzustellen. Das Konzept der DYNAMIC DEFENSE sah dagegen vor, im Falle eines nordkoreanischen Angriffs umgehend, spätestens nach dem dritten Tag, selbst die Initiative zu ergreifen. Durch eine massive Gegenoffensive sollte der Krieg schnell und tief nach Nordkorea hineingetragen und dort auch die 3. Staffel des Feindes vernichtet werden. Weitere Absicht war es dann, spätestens nach X + 9 Tagen die allgemeine Linie Pyöngyang-Wonsan zu gewinnen und zunächst zu halten.

Weitergehende südkoreanische Pläne, ggf. einen solchen militärischen Erfolg auszunutzen und durch ein Vordringen bis an den Jalu, dem Grenzfluss zur Mandschurei, die Halbinsel gewaltsam wiederzuvereinigen, stießen auf energischen US Widerstand. Die USA sahen durch derartige südkoreanische Planungen die Gefahr einer unmittelbaren militärischen Konfrontation mit der VR China und der Sowjetunion. Auch die Chancen, einen bewusst begrenzt gehaltenen militärischen Erfolg in eine erfolgreiche politische Lösung der Korea-Frage umzumünzen, wären dann mit Sicherheit vertan worden. Die FORWARD DEFENSE war durch die Überschätzung der Wirksamkeit der tiefgestaffelten Befestigungsanlagen und dem daraus resultierenden Maginot-Denken der militärischen Führung zu einer im Grunde starren und linearen Verteidigung geworden. Für eine beweglich geführte Verteidigung, bei der aber Raum hätte aufgegeben werden müssen, fehlten wegen der Nähe der damals 9,3-Millionen-Hauptstadt Seoul – Lebensnerv Südkoreas – zur nordkoreanischen Grenze (40 km) die geographischen Voraussetzungen. Die offensive DYNAMIC DEFENSE nach den Grundsätzen des Air-Land-Battle-Konzepts, die die Entscheidung in Nordkorea suchte, versprach dagegen eher Erfolg.

Das Air-Land-Battle-Concept ist eine operativ-taktische Konzeption der US Streitkräfte für die Gefechtsführung bis zur Ebene des Korps, formuliert in der seit 1982 gültigen Führungsvorschrift Field Manuel 100/5. Grundgedanke der Konzeption ist, im Verteidigungsfall so früh wie möglich mit Luft- und Landstreitkräften zu koordinierten Gefechtshandlungen überzugehen, um so die Initiative zu gewinnen. Grundgedanke und die Gefechtsführungsgrundsätze des Air-Land-Battle-Concept waren in Erwartung künftiger militärtechnischer und militärtaktischer Entwicklungen erarbeitet worden.

Dem Konzept der DYNAMIC DEFENSE sollte auch die südkoreanische Streitkräftereform Rechnung tragen, die schrittweise 1982 begann und bis 1987 beendet werden sollte. Durch Straffung der gesamten Kommandostruktur und der Logistik sollte u.a. Führungspersonal für die Neuaufstellung mechanisierter und luftbeweglicher Verbände freigemacht werden. Der richtige und schnelle Einsatz mechanisierter Verbände wurde aber nach meiner Beurteilung bis 1983 noch nicht beherrscht. Auf taktischem Gebiet stach bei Führern aller Grade starres Festhalten am Befehlsdenken ins Auge. Versuche, mehr Auftragstaktik im Sinne deutscher Ausbildung zu wagen, steckten noch in den Kinderschuhen. Aufgrund der vorherrschenden konfuzianischen Erziehung waren Offiziere und Unteroffiziere mit ihrem ausgeprägten vertikalen Denken wenig flexibel und warteten auf Befehle von oben. Somit hätten aber zunächst dem Konzept der DYNAMIC DEFENSE für einen notwendigen Erfolg auch noch die geistigen Grundlagen gefehlt.

Unter der Berücksichtigung, dass die nordkoreanischen Landstreitkräfte über eine Vielzahl mechanisierter Großverbände verfügten und angeblich gelernt hatten, sie nach sowjetischem Vorbild schnell, geschlossen und aus der Tiefe des Raumes einzusetzen, kamen bei mir erhebliche Zweifel auf, ob die südkoreanischen Landstreitkräfte in einem möglichen Krieg Nordkorea ohne massive amerikanische Luft- und Seeunterstützung gewachsen sein würden.

Bei einer für sich negativen Lageentwicklung rechnete Südkorea deshalb fest mit dem Einsatz taktischer Nuklearwaffen durch die USA. Es verwies u.a. auf folgenden Passus im Abschlusskommunique der 14. südkoreanischen / US Sicherheitskonferenz vom März 1983:

"... He (US-Secretary of Defence Caspar Weinberger), also confirmed that the United States nuclear umbrella will continue to provide additional security to the Republic of KOREA..."

Nach meinen Informationen und meiner Beurteilung hätten die USA aber auf keinen Fall Nuklearwaffen eingesetzt, solange ein Konflikt auf die koreanische Halbinsel hätte beschränkt werden können.

Die wiederholten Beteuerungen Washingtons, dass die USA fest zu ihren Bündnisverpflichtungen in Südkorea stehen würden, täuschten Seoul aber nicht über seinen damals dritten Platz – hinter Europa und dem Mittleren Osten – in der sicherheitspolitischen Wertskala der USA hinweg. Die Masse der an der jährlichen südkoreanischen / US Großübung TEAM SPIRIT beteiligten US Verstärkungskräfte wären ggf. in Korea im Kriegsfall nicht zum Einsatz gekommen. Die 25. US InfDiv, HAWAII, und die 7. US InfDiv, Kalifornien, waren für einen Einsatz auf der koreanischen Halbinsel aber auch im Mittleren Osten eingeplant. Südkorea wollte deshalb seine konsequente Militärpolitik / Rüstungspolitik verstärkt in den kommenden Jahren fortsetzen, um der nordkoreanisch-sowjetischen Bedrohung wenigstens begrenzt auch alleine begegnen zu können.

Am 33. Tag der Streitkräfte, 01.10.1981, äußerte sich Staatspräsident CHUN Doo-hwan wie folgt: *"The genuine subject of our national security is none other than we ourselves. Under this strategic idea we have to reinforce our military strength and gradually to form and develop our own self-reliant deterrent fighting power. This is our basic position."*

Und in seiner Neujahrsansprache 1983 betonte er u.a. besonders die Notwendigkeit *"for development of weapons suitable for conditions prevalent in Korea"*. Nicht nur ich, sondern auch andere Beobachter in Seoul, sahen in solchen Äußerungen des Staatspräsidenten Anzeichen für ein mögliches Wiederaufleben der Ambitionen Südkoreas, ggf. auch Nuklearwaffen zu entwickeln und zu produzieren, trotz der 1975 geleisteten Unterschrift unter den Vertrag über die Nichtverbreitung von Nuklearwaffen. Die engen sicherheitspolitischen und militärischen Bindungen zu den USA wären dann aber mit Sicherheit zerbrochen.

Die südkoreanischen Rüstungsbeziehungen

Der Schwerpunkt der südkoreanischen Rüstungsbeziehungen lag zwischen 1978 und 1983 eindeutig bei den USA. Der Grund lag nur zum geringsten Teil in den Foreign Military Sales Krediten (1982: 166 Mio. US $, 1983: ca. 170 Mio. US $), für die Seoul natürlich auch in den USA kaufen musste. Die Hauptgründe waren, dass die Masse der Waffen und Ausrüstung US Ursprungs oder Lizenzprodukte bzw. durch Südkorea weiterentwickeltes US Großgerät waren. Besonders bei elektronischem Gerät kam der meiste Nachschub noch aus den USA. Die US Botschaft in Seoul versuchte sogar, z.T. durch massiven politischen Druck, Rüstungsgeschäfte Südkoreas mit anderen Staaten zu vereiteln, wie ich vom Leiter der Niederlassung einer großen deutschen Firma erfuhr, die seit Jahren die südkoreanische Marine mit

Schiffsantrieben versorgte, die von weitaus besserer Qualität waren als die entsprechenden US Produkte.

In seinem Bemühen um größere Unabhängigkeit von den USA strebte Südkorea eine Intensivierung der Rüstungsbeziehungen mit Europa, vor allem auch mit der Bundesrepublik Deutschland, an.

Das südkoreanische Argument war nicht von der Hand zu weisen, dass deutsche Unterstützung, z.B. beim Aufbau einer U-Bootwaffe zum verbesserten Schutz der Seeverbindungslinien in Ostasien gegen Nordkoreaner und Sowjets auch im Interesse des NATO-Bündnisses sei. Diesem Argument trug die Bundesregierung dann auch schon bald bei ihren Entscheidungen Rechnung.

Südkorea war besonders wegen des Fehlens genügend eigener Rohstoffquellen z.B. fast total von Rohöleinfuhren (62 % der Energieversorgung) über verwundbare Seeverbindungslinien abhängig. Schutz konnte ihm auch die 7. US Flotte nur bedingt geben. Das langfristig angelegt Flottenbauprogramm (Fregatten, Korvetten, U-Boote) sah ab 1986 begrenzte, ab ca. 1990 positivere Auswirkungen vor. Anfang der 80er-Jahre waren die südkoreanischen Seestreitkräfte noch eher eine Küstenmarine.

Militärpolitische Beziehungen und militärische Kontakte Südkorea - Japan

Besonderes Gewicht hatte in der südkoreanischen Militärpolitik seit dem Amtsantritt Nakasones (Dezember 1982) und seinem Besuch in Seoul (Januar 1983) der Ausbau der bisher sehr losen und unverbindlichen militärischen Kontakte (Intelligence Exchange, Besucheraustausch zwischen den verschiedenen Militärakademien) mit Japan bekommen. Trotz der noch starken, gegenseitigen Ressentiments aufgrund der brutalen japanischen Kolonialherrschaft in Korea (1910-45) wollte Seoul – mit den USA als Mittler und Angelpunkt – wenigstens in Teilbereichen, z.B. Verteidigung / Blockade der Koreastraße im Verteidigungsfall, eine wenn auch vielleicht nur lose militärische Zusammenarbeit mit Japan. Ein Dreierbündnis im klassischen Sinn war nach meinem Informationsstand aber damals auch auf sehr weite Sicht nicht zu erwarten. Nakasone führte zwar Anfang 1983 mit US

Präsident Reagan Gespräche über die Sicherheit in Fernost, aber da sein Verteidigungsminister Yuko Kurihara in dieser Frage weniger pragmatisch dachte, war zumindest bis zum Herbst 1983 großer militärpolitischer Fortschritt zwischen Japan und Korea nicht zu erkennen. Dennoch blieb aber die Bildung einer militärisch gleichberechtigten Partnerschaft zwischen Japan, USA und Südkorea, die in der Region anteilig Aufgaben übernehmen sollte, das Fernziel der südkoreanischen Politik.

Südkoreas militärpolitische Absichten für die 80er Jahre

Der Beistandsvertrag zwischen USA und Südkorea von 1954 gewann 1982/83 wieder an Bedeutung. Die USA erkannten die entscheidende Rolle Südkoreas als Vorfeld der Verteidigung Japans und des westpazifischen Raumes wesentlich mehr an als früher und waren bereit, Südkorea bei einem Angriff von Außen gegebenenfalls zum Beispiel amerikanischer Standfestigkeit und Bündnistreue zu machen. Südkorea andererseits war sich seit 1980 seiner geostrategischen Lage bewusster geworden und hatte klar erkannt, dass es eine wichtige Rolle im globalen Strategiekonzept der USA zu übernehmen hatte. Seit dem endgültigen Widerruf (1980) durch Präsident Reagan des vom Präsident Carter geplanten Abzuges der US Landstreitkräfte aus Südkorea, verbesserten sich die militärpolitischen Beziehungen zwischen beiden Staaten wieder zusehends. Zweifel an der Bündnistreue der USA waren aufgrund der eindeutigen und konsequenten Sicherheitspolitik Präsident Reagans geringer geworden. Washington nannte Südkorea damals sogar seinen zurzeit treuesten Verbündeten in der Welt. Diese Beurteilung dürfte grundsätzlich zutreffen; wiederholt wurde mir diese Beurteilung von US Generälen, zuletzt noch im September 1983 unter anderem auch vom damaligen Oberbefehlshaber der US Forces Korea, General Robert W. Sennewald, unter Hinweis auf die wehrfeindlichen und zum Teil US feindlichen Aktionen der sogenannten Friedensbewegung in der Bundesrepublik vor Augen gehalten. Südkorea war im Gegenzug für die geänderte Koreapolitik Washingtons offiziell wieder ein relativ kritikloser Verbündeter der USA geworden. Dennoch vergaß es nicht, von Zeit zu Zeit darauf hinzuweisen, dass es bei allen militärischen Maßnahmen der USA, die Einwirkung auf seine Sicherheit haben könnten, vorher konsultiert werden wollte. Sehr deutlich wurde dies Anfang 1983, als die Öffentlichkeit aus den Medien erfuhr, dass mögliche amerikanische Vergeltungsschläge gegen Sibirien, Vietnam und Nordkorea im Falle einer sowjetischen Invasion im Mittleren Osten nicht ausgeschlossen würden.

Anfang 1983 wurden aber auch Bestrebungen Südkoreas bekannt, auf weitere Sicht alle seine Streitkräfte aus dem US Operational Control zu lösen und die weitere, notwendige Präsenz der US Forces Korea nach philippinischem Vorbild in Form von Stützpunktabkommen zu regeln. Seoul hielt den bisherigen Zustand mit seinen nationalen Interessen und seinem Nationalstolz für unvereinbar. Zum 01.07.1983 traten dann auch bereits im Zusammenhang mit dem US Operational Control bedeutsame Veränderungen in der Kräfteordnung des südkoreanischen Heeres in Kraft. Gekaderte Großverbände, aber vor allem auch die voll einsatzbereite 20. Mechanisierte Division – alle im Raum um Seoul –, wurden aus dem US Operational Control entlassen und traten unter den direkten Führungsvorbehalt des Staatspräsidenten. Die Entlassung der 20. Mechanisierten Division aus dem US Operational Control im Sommer 1983 war vom Staatspräsidenten mit der ausdrücklichen Begründung verlangt worden, es müssten der Regierung genügend starke Kräfte für einen sofortigen Einsatz im Innern zur Verfügung stehen, ohne erst die Amerikaner um Erlaubnis fragen zu müssen. Im HQ US Forces Korea gewann ich den nachhaltigen Eindruck, dass man dort über diese neue Lösung nicht unfroh war. Im krassen Gegensatz dazu standen aber Reaktionen, die ich in der Militärpolitischen Abteilung der US Botschaft erfuhr. Angeblich waren die Änderungen im Operational Control nicht zwischen Pentagon und State Department abgesprochen worden.

Innenpolitische Lage vor Staatsbesuch von US Präsident Carter 1979

Im Frühjahr 1979 geriet vor dem Staatsbesuch US Präsident Carters in Südkorea die innere Lage des Landes in Bewegung. Carter setzte Seoul mit seiner Menschenrechtspolitik unter Druck und verwob sie mit seiner Sicherheitspolitik. Dadurch spürte die vom Staatspräsident

Generalmajor a. D. Park Chung-hee unterdrückte Opposition Aufwind. Ferner war offensichtlich die Periode des großen Wirtschaftsaufschwungs zunächst zu Ende, in der Südkorea in kurzer Zeit seit 1962 vom unterentwickelten Land zu einem fortgeschrittenen Schwellenland aufgestiegen war. Unter den Arbeitern und Bauern, die am wirtschaftlichen Aufschwung eher weniger teilgenommen hatten, wuchs die Unzufriedenheit über ihre schlechte soziale Lage. In immer größerem Maße rebellierten vor allem die Studenten und verlangten nach Meinungsfreiheit und nach einem Ende des autoritären Regimes. Dies wurde besonders am 01. März 1979, dem 60. Jahrestag der Erhebung gegen die japanische Besatzungsmacht, deutlich.

In diesem Zusammenhang sandte ich am 28. März 1979 einen ausführlichen Bericht an das Bundesministerium der Verteidigung unter der Überschrift "Innere Lage der Republik Korea vor einem möglichen Treffen zwischen US Präsident Carter und Staatspräsident Park Chung-hee". Nebenabdrucke gingen gleichzeitig an das Auswärtige Amt und unsere Militärattachéstäbe in Washington und Tokyo.

Unter Bezug auf und Angabe konkret aufgeführter Quellen (ein südkoreanischer Professor, der nicht nur engen Kontakt zum koreanischen Widerstand pflegte, sondern auch Zugang zum Büro des damaligen Premierministers Choi Kyu-ha hatte, südkoreanische Stabsoffiziere, die ihre Generalstabsausbildung in der Bundesrepublik erhalten hatten, hochrangige Angehörige der US CIA in Südkorea, der US Verteidigungsattaché und auch japanische Presse), berichtete ich, dass im Hinblick auf einen möglichen Staatsbesuch Carters in der Republik Korea mit einer Lockerung der sogenannten Notstandsmaßnahme Nr. 9 des südkoreanischen Staatspräsidenten Park Chung-hee zu rechnen sei.

Die Notstandsmaßnahme Nr. 9, im Mai 1975 durch Park Chung-hee zusammen mit einem Sicherheits- und einem Antikommunismusgesetz erlassen, schränkte nicht nur die Grundrechte der Südkoreaner signifikant ein, sondern behandelte jede regimekritische Aktivität als unzulässige und strafbare Sympathie für Nordkorea.

Zur Lockerung der Notstandsmaßnahme Nr. 9 sollten möglicherweise unter anderem gehören:

- freiere Betätigung der südkoreanischen Gewerkschaften

- Wiederzulassung der vor allem im Jahre 1978 während regierungsfeindlicher Demonstrationen und Äußerungen vom Studium ausgeschlossenen Studenten
- Lockerungen der Bestimmungen des sogenannten Anti-Kommunismus-Gesetzes
- und insgesamt größere Meinungs- und Pressefreiheit.

Unterstützt wurden diese Forderungen nach Lockerung der Notstandsmaßnahme Nr. 9 durch massives Drängen der USA, aber auch hoher südkoreanischer Offiziere, z.B. des neuen Oberbefehlshaber des Heeres, General Chung Seung-wa und des damaligen Kommandeurs des Combat Army Center in Kwangu, Generalleutnant Jung Hyung-jong. Beide Generäle, besonders General Jung, waren enge Freunde des ehemaligen Premierministers General a.D. Kim Jong-pil, der 1979 Abgeordneter der regierenden Demokratischen Republikanischen Partei in der Nationalversammlung war.

General Jung war als Brigadegeneral und Kommandeur des Counter Intelligence Command und Kim Jong-pil als Oberstleutnant Angehörige des damaligen südkoreanischen Geheimdienstes, dem Vorläufer der Korean Central Intelligence Agency, 1962 maßgeblich am Staatsstreich des früheres Generalmajors und 1979 noch regierenden Staatspräsidenten Park Chung-hee beteiligt. Beide Generäle waren die Sprecher zahlreicher Generäle und Stabsoffiziere, die auf weite Sicht eine Änderung und Liberalisierung des derzeitigen Regimes favorisierten. Die Bestrebungen des Offizierkorps in Zusammenarbeit mit Kim Jong-pil sollten nicht zuletzt dazu beitragen, den vielen bisher nicht solidarischen Oppositionsgruppen den Wind aus den Segeln zu nehmen. Es solle auch keine neue Revolution stattfinden, sondern – und dies ging insbesondere von den zahlreichen im Ausland, vor allem in den USA und in der Bundesrepublik Deutschland, ausgebildeten Offizieren aus – langsam eine Änderung der innenpolitischen Lage durch Evolution erreicht werden.

Am 05. März 1979 erschien in der japanischen Zeitung "Daily Yomiuri" ein Artikel über die Bildung einer neuen politischen Gruppe durch politische Dissidenten in Südkorea. An der Spitze dieser Bewegung stand Kim Dae-jung, der seine politische Karriere 1954 als Gegenkandidat des damaligen Staatspräsidenten begonnen hatte. 1971 unterlag er bei der Präsidentenwahl nur knapp Park Chung-hee. Im Oktober 1972 war er nach Japan emigriert und organisierte von dort die südkoreanische Opposition gegen Parks Regime. Im August 1973 wurde Kim Dae-jung durch Agenten der KCIA aus Japan entführt und entging nur durch Eingreifen der US CIA dem Tode. In Südkorea stand er zunächst unter Hausarrest, um dann 1976 wegen angeblicher regierungsfeindlicher Aktivitäten zu fünf Jahren Gefängnis und Aberkennung der Bürgerrechte verurteilt zu werden. Im Rahmen der Amnestie anlässlich der erneuten Amtseinführung Park Chung-hees im Dezember 1978 wurde er vorzeitig aus der Haft entlassen, stand aber weiter unter Hausarrest.

Die Oppositionsgruppe unter Kim Dae-jung wurde aber von der Armeeführung nicht als eine starke und ernst zu nehmende Opposition angesehen, die etwa in der Lage gewesen wäre, das derzeitige Regime erfolgreich zu ändern. Kim Dae-jung hatte zudem keinerlei Rückhalt in den Streitkräften. Seit seiner Haftentlassung hatte er angeblich zwar mit ca. dreitausend Personen des öffentlichen Lebens gesprochen, war dabei aber auf wenig Widerhall für seine Pläne gestoßen. So sollte auch der Dachverband der Studenten bereits im Februar Kim Dae-jungs Forderung abgelehnt haben, am 01. März 1979 anlässlich des 60. Sam-Il-Tages (Aufstand gegen Japan 1919) zusammen mit ihm und seinen Gefolgsleuten massiv gegen das Park-Regime zu demonstrieren, mit der Begründung, dass die Zeit hierfür noch nicht reif sei. Vielleicht sei man dazu gegebenenfalls am 19. April bereit, dem Jahrestag des Studentenaufstandes 1960 gegen den ehemaligen Präsidenten Rhee Syng-man.

Ich erfuhr ferner in der Zeit zwischen 21. und 27. März 1979, dass noch vor einem Besuch Präsident Carters der Schriftsteller und Dichter Kim Chi-ha, dessen lebenslange Haftstrafe im Dezember 1978 auch im Rahmen einer Amnestie reduziert worden war, möglicherweise aus dem Gefängnis entlassen werden sollte. Gespräche darüber waren nach meinen Informationen bei dem kurz zuvor stattgefundenen Besuch des US Assistent Secretary of State for East Asian and Pacific Affairs, Richard Holbrooke, in Seoul geführt worden.

Kim Chi-ha, geboren in der Hafenstadt Mokpo / Südwestkorea am 04. Februar 1941 hieß mit eigentlichem Namen Kim Yong-il. Den Namen Chi-ha, er bedeutet Untergrund, nahm er 1960 an, als er kurz nach Aufnahme des Studiums der Ästhetik an der Seoul National Universität seinen Widerstand gegen das diktatorischen Regime des Staatspräsidenten Rhee Syng-man begann. 1970 erschien seine Gesellschaftssatire „Die fünf Banditen", in der er die Rhythmen der traditionellen koreanischen Volksepik Pansori als Form einer Widerstandspoesie aufgriff und sie um Themen und Motive erweiterte, die das alltägliche Leben von Bauern, Fischern und Arbeitern widerspiegelten.

Pansori ist ein langer epischer Gesang, bei dem ein einzelner Sänger mit lebhafter Gestik und Mimik durch einen zweiten Musiker, der sich ebenfalls lebhaft gebärdet, auf einer Trommel begleitet wird. Koreanischen Forschungen zufolge geht Pansori bis ins 10. Jahrhundert zurück.

1971 konvertierte Kim Chi-ha zum Katholizismus. Aufgrund seines Engagements gegen das autoritäre Regime von Präsident Park Chung-hee wurde er wiederholt verhaftet und 1974 zum Tode verurteilt, jedoch kurz darauf zu lebenslanger Haft begnadigt. Starke Proteste des Auslands, an denen sich u.a. Jean-Paul Sartre und Heinrich Böll beteiligten, kam Kim Chi-ha 1975 für kurze Zeit frei, wurde aber bald wieder eingekerkert. Erst 1980 kam er dann tatsächlich endgültig frei.

Ich erfuhr am 25. März auch noch, dass Informationen und Hinweise vorlagen, wonach selbst bei einer Lockerung der Notstandsmaßnahme Nr. 9 und einer möglichen Entlassung des Dichters Kim Chi-ha während eines Besuchs von Präsident Carter mit massiven Demonstrationen nicht nur von Studenten gerechnet werde. Diese Möglichkeit sei selbst Carter äußert unbequem. Außerdem fürchtete die US Regierung, dass in einem solchen Fall nach dem Besuch Carters die Daumenschrauben dann erneut fester gedreht würden.

Meine Informationen beurteilte ich am Schluss des Berichts u.a. wie folgt (Zitat Anfang):

"Bei genauem Studium der Notstandsmaßnahme Nr. 9 komme ich zu der Ansicht, dass Lockerungen schwer durchführbar sind und deshalb die Maßnahmen eigentlich nur insgesamt aufgehoben werden können. Auf welche Weise sie man lockern will, ist mir deshalb im Augenblick nicht ganz begreiflich. Durchaus vorstellbar ist aber die Haftentlassung des Dichters Kim Chi-ha durch einen Gnadenerlass des Staatspräsidenten.

Es verwundert hier außerdem in Korea nicht nur viele Ausländer, sondern vor allem z.Z. die Koreaner selbst, dass Kim Dae-jung nach seiner Haftentlassung doch relativ offen weiterhin gegen die derzeitige Regierung polemisiert und arbeitet. Kim Dae-jung hat sogar öffentlich erklärt, dass bei einem Besuch US Präsident Carters in Seoul er sich nicht einschüchtern lassen und sich nicht nur mit wenigen Worten gegen das Regime zufrieden geben werde. Eine erneute Inhaftierung Kim Dae-jungs vor dem Besuch Carters erscheint wohl nicht opportun.

Wie ich aus Gesprächen mit mehreren südkoreanischen Stabsoffizieren weiß, wird der Unmut über die Überwachung des Offizierkorps durch das Defense Security Command und den KCIA in und außer Dienst ständig größer. Die daraus resultierende Gefahr ist vor allem von den führenden Generälen erkannt worden und auch dem Staatspräsidenten bekannt. Es ist so auch ein Zusammenhang zu sehen und herzustellen zwischen dem Druck von Außen und den Forderungen politischer und militärischer Kreise im Innern, eine Änderung und Liberalisierung des Regimes auf weite Sicht herbeizuführen. In den Streitkräften denkt aber wohl niemand daran, den Staatspräsidenten, nicht zuletzt wegen seiner unumstrittenen Erfolge auf dem Wirtschaftssektor und bei der Erhöhung der Schlagkraft der Streitkräfte, von seinem Posten zu entfernen. Durchaus vorstellbar ist aber eine elegantere Lösung, und zwar dass Präsident Park Chung-hee irgendwann auf weite Sicht den Platz für einen jüngeren Staatsmann freimacht.

Nach meinen Aufklärungsergebnissen befinden sich übrigens nicht, wie Premierminister Choi erklärt hatte, ca. 200, sondern ca. 700 Personen wegen Verstößen gegen die Notstandsmaßnahme Nr. 9 in Haft." (Ende des Zitats / Auszug aus meinem Bericht)

Ich führte ferner aus, dass bei der Auffassung und Menschenrechtspolitik Carters schwer vorstellbar sei, dass bei einem Besuch in der Republik Korea hier in der Menschenrechtssituation vorher keine positive Änderung eintreten werde.

Seit Monaten gab es übrigens auch Gerüchte, wonach Präsident Parks Gesundheit aufgrund eines erheblichen Leberschadens und einer ständigen Entzündung in Stirnhöhle und Nase – es wurde sogar von Krebs gesprochen – und vor allem wegen seiner enormen Beanspruchung durch sein Amt gelitten hatte.

Reise in die Volksrepublik China

Unmittelbar nach Abgang dieses Berichts unternahm ich eine zweiwöchige Privatreise – mit dem Umweg über Tokyo – in die Volksrepublik China mit Genehmigung des BMVg, das sein dienstliches Interesse an meiner Reise bekundet hatte. Die Genehmigung des BMVg war aufgrund des damals geltenden Erlasses „Reisen in den kommunistischen Machtbereich“ notwendig. Und der Umweg über Tokyo war erforderlich, weil Südkorea bislang weder diplomatische Beziehungen mit der Volksrepublik China unterhielt, noch gab es zwischen beiden Staaten irgendwelche offiziellen Verkehrsverbindungen.

Die südkoreanische Defence Intelligence Agency zeigte großes Interesse an meiner Chinareise. Sogar noch am Morgen meiner Abreise aus Seoul wurde ich telefonisch gebeten, mich doch in Peking um ein Exemplar der taktischen Vorschrift der nordkoreanischen Special Forces zu bemühen. In den Besitz einer solchen Vorschrift zu gelangen, klappte aber leider nicht. Auf Bitte des Directors Intelligence Agency führte ich nach meiner Rückkehr aber ihm und einem kleinen Kreis von Offizieren meine 8mm-Filme vor, die ich in China gemacht hatte und überließ sie ihnen sogar zum Kopieren.

Eine Woche war ich zunächst in Peking Gast in der Wohnung unseres dortigen Verteidigungsattachés, Oberst i.G. Helmut Schoffer, und seiner Frau. Stundenlang erkundete ich zu Fuß ohne jede Behinderung und ohne durch mich erkennbare Überwachung die chinesische Hauptstadt, nicht nur öfter die sog. Verbotene Stadt, sondern auch abgelegene Straßen und Stadtviertel. Dort wurde ich allerdings meistens mit Erstaunen und Neugierde, ja sogar mit einer nicht zu übersehenden Fremdenfeindlichkeit betrachtet. Wenige Monate nach Aufnahme von diplomatischen Beziehungen zwischen der Volksrepublik China und den USA erlebte ich eine Hauptstadt, die sehr lebendig und quirlig war – nicht zuletzt aufgrund tausender Radfahrer, dafür aber kaum Kraftfahrzeuge –, und die auf mich einen noch sehr natürlichen Eindruck machte. In Peking war zudem das „amerikanische Fieber" ausgebrochen. Unzählige Schaufenster der verschiedensten Geschäfte waren mit zu Pyramiden aufgebauten Coca-Cola-Dosen geschmückt und sehr viele, meistens junge Menschen, sah ich Englisch lernen.

Dank meiner stets sehr aufmerksamen und fürsorglichen Gastgeber lernte ich auf einem Ausflug mit ihnen auch die Große Mauer und auf dem Rückweg nach Peking die Ming-Gräber kennen.

In einer fast 20-stündigen Zugfahrt gelangte ich nach meinem Peking-Aufenthalt nach Shanghai. Wie ich bei einem Rundgang feststellte, war ich offensichtlich der einzige westliche Ausländer im Zug. In meinem 1.-Klasse-Schlafwagenabteil fuhr ich zusammen mit einem älteren chinesischen Ehepaar, das Verwandte in Peking besucht hatte und auf der Rückfahrt nach Hongkong war. Der Mann, der fließend Englisch sprach und in Hongkong lt. seiner Visitenkarte Direktor bei der US 20th Century Fox-Filmgesellschaft war, trug bei der Abfahrt eine Mao-Mütze mit rotem Stern. Kaum war der Zug in Peking abgefahren, riss er sich die Mütze vom Kopf und verstaute sie in einer Reisetasche. Nach seinen Worten hatte seine Verwandtschaft erwartet, die er angeblich reich beschenkt und auch mit vielen US Dollar versorgt hatte, dass er während seines Besuchs ständig diese Mütze trug. Kaum saß ich in meinem Abteil trat eine alte Frau ein, die mir eine große Tasse heißen grünen Tee einschenkte. Kaum hatte ich die Tasse leer getrunken, war diese Frau wieder da, als wenn sie darauf gewartet hätte und goss mir erneut Tee ein. So ging es die gesamte Fahrt bis Shanghai trotz Widerrede und abwehrenden Gesten. Monatelang war mir dadurch der Genuss von grünem Tee zuwider. Gegen Abend fragte mich ein Eisenbahnbediensteter, ob ich zu Abend essen wolle. Als ich bejahte, bedeutete er mir, ich würde später abgeholt und in den Speisewagen gebracht werden. Als ich ca. eine halbe Stunde später in den Speisewagen begleitet wurde, war ich dort der einzige Gast. Offensichtlich wollte man vermeiden, dass ich zu engen Kontakt zu den übrigen chinesischen Mitreisenden bekam. Dafür war aber das chinesische Abendessen nicht nur reichhaltig, sondern auch sehr gut und geschmackvoll. Während des Abendessens trat ein Mann in ziemlich verwegener und nicht ganz sauberer Kleidung in den Speisewagen, den ich zunächst deshalb für einen Heizer der Lokomotive hielt. Es war aber einer der Köche, der mir in gebrochenem Englisch erklärte, am nächsten Morgen könne ich ein American Breakfast bekommen. Offensichtlich hatte man sich damit am nächsten Morgen auch große Mühe gemacht; leider war aber das Omelett so hart, dass man es als Wurfscheibe hätte gebrauchen können.

Für einige Tage erlebte ich dann mit Shanghai eine damals schon geschäftige Weltstadt und in Gesprächen mit dem dortigen japanischen Generalkonsul bekam ich einen ersten Eindruck von der aufstrebenden Macht China.

Während ich mich in Peking alleine und völlig ungehindert bewegen konnte, erwartete mich bei der Ankunft in Shanghai beim Verlassen des Zuges bereits auf dem Bahnsteig direkt vor meiner Abteiltür ein junger, fließend Deutsch sprechender Chinese mit einem modernen amerikanischen PKW, dessen Fahrerin ebenfalls gut Deutsch sprach. Bis zum Weiterflug nach Kanton drei Tage später waren sie meine ständigen Begleiter, ob ich wollte oder nicht, die mich dafür aber die Stadt gut kennen lernen ließen.

Weiterentwicklung der innenpolitischen Lage Südkoreas 1979

Bei meiner Rückkehr nach Seoul aus der Volksrepublik China und einigen Tagen in Hongkong erlebte ich in der Botschaft eine interessante Überraschung. Botschafter Dr. Leuteritz, der Ende März nicht im Lande gewesen war, hatte zwischenzeitlich meinen Bericht vom 28. März auch zur Kenntnis genommen und einen Gegenbericht verfasst, in dem er sehr krass zum Ausdruck brachte, ich hätte alle umlaufenden Gerüchte zusammengefasst und diese als eine feststehende Tatsache bzw. als mögliche Entwicklung berichtet.

Bei einer relativ lautstarken Unterhaltung zwischen ihm und mir warf der Botschafter mir unter anderem vor, ich hätte mich außerdem unberechtigterweise in die innenpolitische Berichterstattung der Botschaft eingemischt und zeichne ein Bild, das nicht den Tatsachen entspräche.

Dass ich mit meinem Bericht auch zum Teil innenpolitische Berichterstattung gemacht hatte, traf zu. Aber in einem Staat, in dem das Militär das Sagen hatte und alle Felder, alle Gebiete durch das Militär nicht nur beeinflusst, sondern in vielen Fällen auch beherrscht wurden, waren Ereignisse und Informationen weder klar zu trennen, noch wäre das zweckmäßig gewesen, zumal Botschafter Leuteritz aus meiner Sicht alles eher durch eine koreanisch gefärbte Brille sah. Einen Fehler hatte ich in meinem Bericht allerdings gemacht, Ich hätte statt "Innere Lage" unter Betreff schreiben sollen: "Innere Sicherheit". So verfuhr ich in der Zukunft auch. Ich ließ in dieser Art Berichterstattung nicht nach, denn die Innere Lage des Landes war untrennbar mit den Streitkräften verbunden.

Die Ereignisse der folgenden Monate 1979/1980 zeigten aber deutlich, dass ich mit meiner Berichterstattung richtig lag.

Den ganzen Sommer 1979 über herrschte in Seoul eine krisenhafte Stimmung. Gerüchte, oft nicht verifizierbar, lösten sich in schneller Folge ab. Trotz mancher Studentendemonstrationen gegen das herrschende Regime geschah aber sonst weiter nichts. Am frühen Morgen des 21. September 1979 erfuhr ich dann in der US Botschaft, dass seit dem Nachmittag des vorangegangenen Tages das Capital Security Command in erhöhter Alarmbereitschaft war. Als Grund wurde angegeben, Verschärfung der innenpolitischen Lage; die Regierung befürchtete Unruhen durch Studenten und Arbeiter. Von einem mir gut bekannten südkoreanischen Stabsoffizier aus dem Hauptquartier des Heeres erfuhr ich zusätzlich, dass seit Tagen Putschgerüchte umliefen, ohne dass diese genau präzisiert wurden und ohne dass überhaupt gesagt wurde, wer gegebenenfalls gegen den Staatspräsidenten, gegen die Regierung putschen wolle.

Das Capital Security Command war ein gemischter Großverband in Stärke von ca. 6000 Soldaten und bestand aus Einheiten und Verbänden aller Truppengattungen. Es war mit den modernsten Waffen des südkoreanischen Heeres ausgerüstet und unterstand nicht dem Kommando des Oberbefehlshabers US/ROK Combined Forces

Command. Ohne dass die südkoreanische Öffentlichkeit davon erfuhr, wurden die Alarmmaßnahmen bis Anfang Oktober auf weitere Verbände des Heeres ausgedehnt. Dazu gehörten unter anderem die sieben Special Forces Brigaden, die zwischen der Demarkationslinie zu Nordkorea und der Koreastraße stationiert waren. Nach außen fiel das alles nicht auf; mit Ausnahme von Teileinheiten des Capital Security Command, die zeitweise wichtigen Punkte der Hauptstadt sicherten, versahen die Verbände und Einheiten in ihren Unterkünften weiter normalen Dienst. Eine Ausnahme bildeten die dem Capital Security Command unterstellten Verbände und Einheiten der Flugabwehr. Vier Flugabwehrbataillone waren im sogenannten Inneren Ring der Hauptstadt Seoul in ihren Stellungen in erhöhter Alarmbereitschaft. Auch rund um die Hauptstadt stationierte Großverbände der Dritten Armee waren in einem von der Regierung besonders befohlenen Bereitschaftszustand, angeblich eine rein nationale Maßnahme außerhalb des Einflussbereichs des US/ROK Combined Forces Command. Die Alarm- und Bereitschaftsmaßnahmen der Streitkräfte, über welche die Öffentlichkeit nur unzureichend informiert worden war, hatten offensichtlich alleine ihren Grund in der verschärften innenpolitischen Lage, denn Anzeichen für bewaffnete Aktionen seitens Nordkoreas gab es nicht.

Ein weiteres Indiz für meine Auffassung sah ich darin, dass die Verbände der Ersten und Zweiten Armee, die im Raum um Wonju und Taegu relativ weit von Seoul entfernt disloziert waren, von den Alarm- und Bereitschaftsmaßnahmen überhaupt nicht betroffen waren. Bemerkenswert waren die Alarmmaßnahmen für die Flugabwehreinheiten und -verbände im Bereich der Hauptstadt. Dies ließ darauf schließen, dass die Regierung gegebenenfalls Aktionen der eigenen Luftwaffe bei einem möglichen Umsturzversuch nicht ausschloss. Ende August kam es in Seoul und in den Universitäten der Provinzstädte zu zahlreichen Demonstrationen durch die Studenten, die nachhaltiger als in den früheren Demonstrationen offen den Rücktritt Staatspräsident Parks forderten und für die Solidarität aller oppositionellen Gruppen eintraten. Durch massiven Einsatz von Polizei und auch Einheiten des Capital Security Command konnten die Demonstrationen, mit Ausnahme von Taegu und Chunchon, auf das

Universitätsgelände begrenzt werden. Bei den Studentendemonstrationen in Taegu und Chunchon trug eine Großzahl der Teilnehmer sogar die Tarnanzuguniform des Student Defense Corps. Die innenpolitische Lage verschärfte sich Ende September/Anfang Oktober weiter, weil von der regierenden Democratic Republican Party (DRP) der Ausschluss des durch Gerichtsurteil (08.09.1979) abgesetzten Vorsitzenden der oppositionellen New Democratic Party (NDP), Kim Young-sam) aus dem Parlament betrieben wurde. Letzter Anlass für diese Maßnahme waren die von Kim Young-sam gemachten Äußerungen, in einem von der New York Times am 15.09.1979 veröffentlichten Interview. Die Regierungspartei warf ihm vor, dass er durch seine Äußerungen, wie z.B.:

- die USA sollten dem regierenden Regime ihre Unterstützung versagen und
- die Anwesenheit der US Truppen bedeute ja auch eine Einmischung in die inneren Angelegenheiten der Republik Korea,

zu einer Gefahr für die Sicherheit des Landes geworden sei.

Bereits im Juni 1979 hatte Kim Young-sam großes Aufsehen dadurch erregt und sich den Zorn der regierenden Partei zugezogen, dass er sich zu einem Treffen und Gesprächen mit dem nordkoreanischen Staatspräsidenten Kim Il-sung bereit erklärte.

Eine starke inflationäre Entwicklung und die sich verschlechternde wirtschaftliche Lage, die Unterdrückung elementarster Grundrechte, das verstärkte Aufbegehren der Studenten und Arbeiter, sowie sich inzwischen deutlich zeigender Unmut in den Streitkräften, rundete das Bild einer sich zuspitzenden innenpolitischen Entwicklung ab. Zwei Tage nach seiner durch Gerichtsbeschluss verfügten Absetzung als Parteivorsitzender der New Democratic Party (NDP) gab Kim Jung-sam am 10.09.1979 in seinem Partei-Hauptquartier eine vorbereitete Pressekonferenz, in deren Verlauf er im Zusammenhang mit der innenpolitischen Lage auch die Streitkräfte ins Spiel brachte. Er appellierte an die Streitkräfte, nicht für die Interessen einer politischen Macht, sondern nur dem Wohle des Landes und dem Volke zu dienen. Diese Äußerungen Kim Jung-sams und auch die Antwort des Ministers für Kultur und Information, Kim Seong-chin, wurden in der südkoreanischen Presse nicht wiedergegeben. Der Informationsminister warnte den Vorsitzenden der NDP davor, Einfluss auf die Streitkräfte zu suchen und sagte wörtlich: *"Das Militär hat dem Staatsoberhaupt, der gleich bedeutend ist mit der Nation, treu ergeben zu sein."* Für wen noch, außer für den NDP-Vorsitzenden, diese Warnung zusätzlich bestimmt gewesen sein könnte, kam nicht zum Ausdruck. Aus Hinweisen zahlreicher mir bekannter südkoreanischer Offiziere und vor allem aus Äußerungen des Chefs des Stabes des Defence Security Command mir gegenüber zeichnete sich ab, dass die Unzufriedenheit mit dem herrschenden System und die Unruhe in den Streitkräften schnell wuchsen. Auf dem Empfang des Verteidigungsministers anlässlich des 31. Armed Forces Day am 01.10.1979 erklärte mir der Chef des Stabes wörtlich: *"Wir haben das Militär noch unter Kontrolle; ich werde aber auch dafür sorgen und bin dafür bekannt, dass es unter Kontrolle bleibt."*

In den Verbänden und Einheiten wagten es nicht nur die Offiziere, sondern inzwischen auch ältere Unteroffiziere, offen über die derzeitige innenpolitische Entwicklung zu sprechen und ihre Unzufriedenheit zu äußern. Unteroffiziere im Hauptquartier des Heeres sprachen sogar mit einem gewissen Stolz von *"The present democratic movement"*. Nach Aussagen mehrerer Stabsoffiziere, unter anderem eines mir seit langem bekannten Bataillonskommandeurs, war man im Offizierskorps, und zwar auf der Ebene Oberst und der jüngeren Generalität der Auffassung, dass es dringend notwendig sei, eine Änderung des derzeitigen politischen Systems herbeizuführen. Sonst könne das Land gegenüber dem verfeindeten Nordkorea aufgrund möglicher innenpolitischer Unruhe in eine nachteilige und verderbliche Situation geraten.

Nach Bonn berichtete ich am 04. Oktober 1979, dass ich der Meinung sei, ohne die Informationen, Hinweise und umlaufenden Gerüchte über zu bewerten, bei einer weiteren Verschärfung der innenpolitischen Lage in der Republik Korea werde wahrscheinlich in Kürze ein Zustand erreicht werden, bei dem mit einer explosionsartigen Lösung gerechnet werden müsse. Selbst wenn die Regierung durch Maßnahmen verschiedenster Art die innenpolitische Lage wieder in einen "normalen" Zustand versetzen könne, sei die derzeitige Entwicklung, die von der breiten Masse des Volkes getragen und eine

Änderung des derzeitigen politischen Regimes zum Ziele habe, nicht mehr aufzuhalten. Die Streitkräfte würden so und so dabei eine wesentliche Rolle spielen, sei es auch nur, dass sie durch Inaktivität oder gar Versagen der Gefolgschaft der derzeitigen Regierung ihre Unterstützung verweigerten. Ich betonte ferner, es sei nicht auszuschließen, dass Nordkorea bei einer eventuellen bürgerkriegsähnlichen Situation in Südkorea unter dem Vorwand der Unterstützung des südkoreanischen Volkes im Kampf um Befreiung vom derzeitigen Regime offensiv gegen den Süden vorgehen würde. Der Oberbefehlshaber der United States Air Forces Korea sah dies sogar als wahrscheinlich an: *„denn falls Kim Il-sung seine Chance nicht nutzt und gar nicht angreift, wird er wohl überhaupt nicht mehr angreifen und damit seine beste Chance vertan haben"*.
Am 09. Oktober 1979 wurde ich durch einen Oppositionspolitiker einer im Untergrund arbeitenden sozialistischen aber total national und antikommunistisch denkenden, jedoch kleinen und einflusslosen Gruppierung, der mich in der Botschaft aufsuchte, darüber informiert, dass am vorangegangenen Wochenende im gesamten Lande eine Verhaftungswelle gegen oppositionelle Kräfte begonnen habe. Die Verhaftungswelle finde gleichzeitig statt mit einer gleichgeschalteten Aktion gegen angebliche subversive Kräfte, die angeblich den Sturz der Regierung betrieben. Dieser Sachverhalt wurde mir unmittelbar darauf bei Gesprächen in der US-Botschaft bestätigt. Nach US-Informationen waren ca. 70 Personen zu dem Zeitpunkt, meist Professoren, Lehrer und Studenten älteren Semesters nicht nur in Seoul, sondern auch in den Provinzen festgenommen worden. Am selben Tage, mittags, gab der Innenminister der Republik Korea, Ko Cha-chun, bekannt, dass es gelungen sei, eine weit verzweigte Untergrundorganisation von Rebellen, die mit Nordkorea sympathisiere und sich zum Ziel gesetzt hätte, die Regierung der Republik Korea zu stürzen, zu zerschlagen. Die Untergrundorganisation nenne sich "Vorbereitungskomitee der südkoreanischen Befreiungsfront". Ihre Absicht sei gewesen, eine sogenannte Volksbefreiungsarmee aufzubauen und durch Ausnutzen der Unzufriedenheit des Volkes und durch Verursachen von Unruhen einen sozialistischen Staat zu schaffen. In ihrer Taktik habe sie wie Stadtguerillas gearbeitet. Insgesamt 1374 Beweisstücke, unter anderem selbstgebastelte Bomben, Gewehre, Munition und Fernmeldegerät seien sichergestellt worden. 20 Per-

sonen seien festgenommen worden; nach 54 anderen werde landesweit gefahndet. Unter den Festgenommenen seien fünf ehemalige und derzeitige College-Professoren, Schullehrer, zwei ehemalige Journalisten und sieben ehemalige, vom Studium ausgeschlossene Studenten. Durch gemeldete Einbrüche bei wohlhabenden Bürgern und durch Flugblattverteilung auf den Universitätsgeländen sei man auf die Spur dieser subversiven Kräfte gestoßen. Der Innenminister erklärte aber, dass die sogenannte südkoreanische nationale Befreiungsfront nicht in direkte Verbindung mit gegen die Republik Korea gerichteten Aktionen Nordkoreas gebracht werden könne. Das Aufdecken einer Rebellen- und Guerillaorganisation – so die Formulierung des Innenministers – wurde wie eine von der Regierung beabsichtigte Schockbehandlung der Bevölkerung gesehen und verfehlte die gewünschte Wirkung kurzzeitig nicht. Die Regierung hatte es geschickt verstanden, im Zusammenhang mit gesuchten, tatsächlich im Untergrund gegen die Regierung arbeitenden Personen gleichzeitig eine große Anzahl oppositioneller Kräfte durch Festnahme zumindest für begrenzte Zeit auszuschalten. Der Führer der sogenannten Untergrundorganisation, Lee Chae-moon, ein ehemaliger Journalist, arbeitete seit 1974 im Untergrund und hatte sich bislang vor der Polizei verborgen halten können.

Am selben Tage erfuhr ich dann noch zusätzlich, dass es am Vortage einem Kommandotrupp der nordkoreanischen Special Forces in Stärke von sieben Mann gelungen war, in das südkoreanische Hinterland einzudringen. Ein ganzes Infanterieregiment jagte diese sieben Nordkoreaner – aber ohne Erfolg; sie konnten wieder nach Nordkorea entkommen. Das erneute erfolgreiche, bislang allerdings meistens geheim gehaltene Eindringen von Angehörigen nordkoreanischer Special Forces trug auch dazu bei, dem hiesigen Regime zu helfen und die Unruhe in den Streitkräften, die 100%ig gegen das kommunistische Regime Nordkoreas eingestellt waren, etwas zu dämpfen. Verschiedene südkoreanische Stabsoffiziere, die durchaus mit der Haltung Kim Jung-sams sympathisierten, verkannten nicht die Gefahr, dass die durch ihn in der Republik Korea noch mehr geschürte Unruhe vielleicht dazu beitragen könne, wie vor Jahren in Süd-Vietnam, den Feind ins Land zu rufen.

Der Vorsitzende der oppositionellen New Democratic Party (NDP), Kim Young-sam, war schließlich am 04. Oktober 1979 mit der Mehrheit der Regierungspartei, der Democratic Republican Party (DRP), und der ihr angeschlossenen Yujong-Hoe-Fraktion aus dem Parlament ausgeschlossen worden. Dieser Ausschluss wurde aktuell zunächst in den Medien und in der Bevölkerung nicht sehr wahrgenommen. Er fand nämlich am Vortage des Chussok Festes statt, des koreanischen Ernte-Dank-Festes, eines der höchsten Feiertage im Lande, das die Bevölkerung durch zahlreiche festliche Aktivitäten in Anspruch nimmt. Der Termin war somit auch gut gewählt.

Yujong-Hoe bedeutet – frei übersetzt – politische Bruderschaft zur Unterstützung der 1972 eingeführten Yushin-Verfassung (Yushin = Wiederbelebung).

Am 16. und 17. Oktober 1979 kam es in der Hafenstadt Pusan zu großen, gegen die Regierung gerichteten gewalttätigen Unruhen von über 3000 Personen, meistens Studenten. Im Verlaufe der zweitägigen Unruhen wurden zahlreiche Verwaltungsgebäude, eine Rundfunkstation und eine Zeitungsredaktion zerstört, 24 Polizeistationen in Brand gesetzt sowie eine große Anzahl Polizeifahrzeuge verbrannt oder beschädigt. 56 Polizisten und weit über 100 Studenten wurden zum Teil erheblich verletzt. Bei dem Sturm auf die Polizeistation hatten die Studenten angeblich zahlreiche Waffen erbeutet.

Mit Wirkung vom 18. Oktober 1979, 0.00 Uhr, verhängte die Regierung Südkoreas über die Hafenstadt Pusan den Ausnahmezustand und das Kriegsrecht. Die vollziehende Gewalt und die Gerichtsbarkeit wurden auf unbefristete Zeit dem Kommandeur des in Pusan stationierten Army Logistic Command, Generalleutnant Park Chung-gung, übertragen. Nach Informationen eines Angehörigen der US CIA standen die eingesetzten Polizeikräfte bereits am 17. Oktober 1979, vor der offiziellen Verhängung des Kriegsrechts, unter dem Kommando der Streitkräfte. Ferner waren nach Auffassung der US CIA die Unruhen sorgfältig geplant, organisiert und durchgeführt worden. Die über 3000 an den Unruhen beteiligten Personen handelten jeweils in Blöcken von 500 bis 600 Mann an verschiedenen Plätzen der Stadt und zersplitterten so die eingesetzten Polizeikräfte. Der US CIA schloss die Möglichkeit nicht aus, dass an der Planung, Organisation und Durchführung der Unruhen aus Nordkorea eingeschleuste subversive Kräfte beteiligt waren.

Pusan war mit damals 3 Millionen Einwohnern die zweitgrößte Stadt in der Republik Korea und besitzt den größten Hafen des Landes. Die Unruhen dort waren die seit 1960 größten Unruhen in der Republik Korea. In der jüngsten von steigender Spannung und Schärfe gekennzeichneten innenpolitischen Entwicklung war es allerdings das erste Mal, dass regierungsfeindliche Demonstrationen in gewalttätige Unruhen übergingen. Es hatte den Anschein, dass die Regierung der wachsenden regierungsfeindlichen Entwicklung im Lande nur durch verstärkte Anwendung von Gewalt und mehr Unterdrückung Herr zu werden in der Lage war. Dennoch hörten die Unruhen und Demonstrationen nicht auf. In der Hafenstadt Masan kam es vom 19. auf den 20. Oktober 1979 zu erneuten und diesmal größeren gewalttätigen Unruhen, an denen sich ca. 1800 Personen, davon etwa 70 % Dockarbeiter, beteiligten. Es wurden Polizeistationen und das Rathaus angegriffen, Polizei-Kfz zerstört. Zur selben Zeit griffen die Unruhen auf den Industrie-Komplex Changwon, nordwestlich Pusan, Hauptzentrum der südkoreanischen Rüstungsindustrie über. 1500 Studenten und Arbeiter waren daran beteiligt. In Chinhae, dem größten Marine-Stützpunkt der Republik Korea kam es vom 18. bis 20. Oktober 1979 zu mehreren größeren Demonstrationen von Highschool Schülern, die von der Polizei gewaltsam aufgelöst wurden. Über Masan und Ulsan wurde am 20.10.1979 das sogenannte "Garrison Degree", letzte Stufe vor dem Kriegsrecht, verhängt. Die Aufrechterhaltung der öffentlichen Ordnung und Sicherheit wurde dem Kommandeur der 39. Infanterie-Division übertragen. Die Division war eine gekaderte Division und hatte derzeit etwa 4500 Soldaten. Kleinere Studentendemonstrationen gab es am 19./20. Oktober 1979 auch in Seoul, Taegu und Chongju, die von der Polizei unter Einsatz von Tränengas aber schnell aufgelöst wurden. Im ganzen Land kam es außerdem zu großen Flugblattaktionen, die zum Sturz der Regierung aufriefen. In Seoul waren auch entsprechende Wandzeitungen in den Universitäten, an Autobussen und in der Eisenbahn zu sehen. Die Bevölkerung von Seoul war stark beunruhigt und begann mit Vorratskäufen. Um jede mögliche Einmischung und Gefahr von außen auszuschließen, wurden am 19. Oktober die Streitkräfte Südkoreas in erhöhte Alarmbereitschaft versetzt. Für die an der der Demarkationslinie dislozierten Verbände der 1. und 3. Armee bestand Urlaubs- und Ausgangssperre, für die im Rückwärtigen Gebiet dislozierten Verbände der 2. Armee, für die Luftwaffe und Marine Urlaubssperre. Auch die US Forces Korea wurden in erhöhte Bereitschaft versetzt.

Alle Maßnahmen zeigten, wie kritisch die Lage von der obersten südkoreanischen Führung beurteilt wurde. Aber eins war auch klar, im Augenblick hatte die Regierung durch massiven Einsatz der Polizei und teilweisen Einsatz von Verbänden des Heeres und Verhängung des Kriegsrechts im Raum um Pusan das Heft noch voll in der Hand.

Ermordung Staatspräsident Park Chung-hee

Am 26. Oktober 1979 wurde Staatspräsident Park Chung-hee durch den Direktor der Koren Central Intelligente Agency, General a. D. Kim Jae-kju, erschossen. Eine Aktion, die lt. dem späteren Untersuchungsbericht von Kim, Jae-kju von langer Hand vorbereitet worden war, aber von den Streitkräften weder mitgeplant worden war noch gebilligt wurde. Kim Jae-kju, nach meinen Informationen ein undurchsichtiger ehemaliger General, der einen eigenen Machtfaktor im politischen Gefüge Südkoreas darstellte, war für seine machtpolitischen Ambitionen bekannt.

Von der Ermordung des Staatspräsidenten erfuhr ich am frühen Morgen des 27. Oktober 1979, als mir gegen 05.00 Uhr eine stets gut informierte koreanische Quelle, deren Bruder Oberst beim KCIA war, telefonisch mitteilte, der Staatspräsident sei erschossen worden. Dies sei zwar noch nicht öffentlich bekanntgegeben worden, aber ich solle das Radio einschalten, man könne schon feststellen, dass etwas passiert sei. Weitere Einzelheiten oder gar Hintergründe der Tat wurden mir zunächst nicht bekannt.

Ich schaltete das Radio ein und hörte zwar südkoreanische Trauermusik, aber entsprechende aktuelle Nachrichten wurden nicht gebracht. Ich rief sofort Botschafter Dr. Leuteritz an und teilte ihm meine Informationen mit. Der Botschafter reagierte abweisend, ungläubig und meinte sogar zu meinem Erstaunen, er habe den Staatspräsidenten noch wenige Tage zuvor gesprochen, und er könne sich nicht vorstellen, dass so etwas passiert sei. Ich fuhr sofort in die Botschaft, wo der Kanzler der Botschaft inzwischen auch schon eingetroffen war.

Auf dem Weg zur Botschaft wurde mir in der US Botschaft die Ermordung des Staatspräsidenten nicht nur bestätigt, sondern ich erfuhr auch einige aufschlussreiche Details. Kim Jae-kyu habe sich am Abend des 26. Oktober 1979 mit Park Chung-hee in einem Kisäng-Haus* auf dem Gelände der KCIA in der Nähe des Blauen Hauses zum Abendessen getroffen. Angeblich habe er Staatspräsident Park Chung-hee zunächst überreden und überzeugen wollen, abzudanken und ehrenvoll ins Exil zu gehen, um dann selbst die Macht zu übernehmen. Als Park Chung-hee sich geweigert habe, habe Kim Jae-kju daraufhin eine Pistole gezogen und den ihm gegenüber nach koreanischer Sitte auf dem Boden sitzenden Präsidenten in die Brust geschossen. Als er festgestellt habe, dass dieser nicht sofort tot gewesen sei, sei er aufgestanden, um den Tisch herum gegangen und habe ihm einen Fangschuss hinter das linke Ohr gegeben. Gleichzeitig hätten die Leibwächter Kim Jae-kjus die vier Leibwächter des Präsidenten, mit denen sie gemeinsam in der Küche aßen, erschossen. In einem Nachbargebäude des Compounds, auf dem sich dieses Kisäng-Haus befand, habe der Oberbefehlshaber des Heeres, General Chung Seung-hwa, mit dem Vizepräsidenten der KCIA ebenfalls zu Abend gegessen – angeblich alles vorab durch Kim Yae-kyu arrangiert, um die Streitkräfte zu involvieren. Die Anwesenheit in der Nähe des Tatortes sollte dem Oberbefehlshaber des Heeres wenige Wochen später zum Verhängnis werden.

Alle Regierungsgebäude, sowie die wichtigsten Plätze und Verkehrsknotenpunkte waren durch starke Kräfte des südkoreanischen Heeres mit Panzern und Schützenpanzern gesichert. In einem kurzen Fernschreiben nach Bonn berichtete ich von der Ermordung Park Chung-hees. Sein gewaltsamer Tod wurde dann auch etwa gegen 7.00

---

* Eine Kisäng ist im Vergleich zur japanischen Geisha weniger gebildet, dafür aber lebenslustiger.

Uhr offiziell bekannt gegeben, gleichzeitig wurde das Kriegsrecht über das gesamte Land mit Ausnahme der Insel Cheju verhängt und die Streitkräfte in höchste Alarmbereitschaft versetzt. Alle Universitäten wurden bis auf weiteres geschlossen.

Für den ermordeten Park Chung-hee übernahm der bisherige Ministerpräsident Choi Kyu-ha gemäß der südkoreanischen Verfassung die Staatsgeschäfte als amtierender Präsident. Der Oberbefehlshaber des Heeres, General Chung Seung-hwa wurde zum Kriegsrechtsadministrator bestimmt. Laut der offiziellen Verlautbarung wurde der bisherige Direktor der KCIA, Kim Jae-kyu, als der Mörder Park Chung-hees verhaftet. Im Laufe des 27. Oktober wurden auch alle Abteilungsleiter des KCIA durch die Armee verhaftet.

Dass die Insel Cheju vom Kriegsrecht ausgenommen wurde, hatte einen besonderen Grund. Wäre nämlich das Kriegsrecht über das gesamte Land einschließlich Cheju verhängt worden, dann hätte die zivile Regierung die Kontrolle an eine Militärregierung abgeben müssen. Dies wurde so vermieden.

Sowohl von koreanischer als auch von US Seite wurde mir am 27. Oktober bestätigt, dass auch die nordkoreanischen Streitkräfte in Alarmbereitschaft versetzt worden waren. An der Demarkationslinie zwischen Süd- und Nordkorea blieb es aber ruhig; Hinweise über eine mögliche Intervention Nordkoreas gab es nicht.

Am selben Tag hatte die US Regierung nicht nur ihre in Südkorea stationierten Streitkräfte ebenfalls in höchste Alarmbereitschaft versetzt und durch eine Flugzeugträgergruppe im Japanischen Meer verstärkt, sondern auch ihre Beistandsverpflichtungen gegenüber der Republik Korea für den Fall einer ausländischen Intervention – hier gemünzt auf Nordkorea – bekräftigt. Ansonsten, so war von US Seite zu vernehmen, betrachte man die Vorgänge in der Republik Korea als eine innere Angelegenheit.

Am 03. November fand in Anwesenheit zahlreicher in- und ausländischer Ehrengäste die große Staatstrauerfeier für den ermordeten Staatspräsidenten statt. Neben den Botschaftern waren dazu auch die Militärattachés geladen. Auf einem großen Altar, zu dem Stufen hinaufführten, stand das Bild des ermordeten Präsidenten und als Teil der offiziellen Feier wurden die anwesenden Gäste aufgefordert, dem

Staatspräsidenten Park Chung-hee die letzte Ehre zu erweisen. Dazu schritt man die Stufen hoch, nahm etwas Weihrauch und streute ihn vor seinem Bild auf glühende Kohlen. Am folgenden Tag brachte die in Englisch gedruckte Tageszeitung THE KOREA HERALD auf der Frontseite darüber einen Bericht zusammen mit einem entsprechenden Foto, auf dem ich mich entdeckte, als ich nach der beschriebenen Zeremonie die Stufen vom Altar wieder herab schritt (Bild 3).

Auch in der US Seoul Foreign High School wurde natürlich die Ermordung des Staatspräsidenten behandelt. Tochter Kerstin, damals gerade zehn Jahre alt, hatte ihre Gedanken dazu auch zu Papier zu bringen; sie schrieb:

„News

President Park was killed and it was in the newspapers after a few days. A whole bunch of people come to pray and sing for President Park. Everyone was sad and was crying. No children's hour came this week. It was a sad week and nothing was on TV. I had to wait one week. One week later the whole thing was over and I was happy.

The End"

Mit der Untersuchung und Aufklärung der Ermordung Park Chung-hees war der Kommandeur des Defence Security Command, Generalmajor Chun Do-hwan, beauftragt worden (Bild 4). Chun Dohwan, Angehöriger der Klasse 11 der Korean Military Academy, hatte eine Zeitlang auch im Blauen Haus gedient und war ein enger Vertrauter des ermordeten Staatspräsidenten. Es gab Stimmen, die davon sprachen, dass zwischen beiden sogar Blutsbrüderschaft bestanden habe. Bereits zehn Tage nach der Ermordung Park Chung-hees gab Generalmajor Chun Do-hwan am 06. November 1989 im Army Club das offizielle Untersuchungsergebnis bekannt; veröffentlicht unter anderem in THE KOREAN HERALD von Mittwoch, dem 07. November 1979. Das offizielle Untersuchungsergebnis bestätigte die mir bereits bekannt gewordenen Einzelheiten der Ermordung Park Chung-hees im Wesentlichen, brachte jedoch zum Tathergang und den darauf folgenden Aktivitäten von Regierung und der Armeeführung zusätzliche aufschlussreiche Informationen:

Dem vor dem Staatspräsidenten eintreffenden Chef des Präsidialamtes, Generalsekretär Kim Kae-won, habe der Direktor des

KCIA, Kim Jae-kyu, angekündigt, er werde den – beiden verhassten – Sicherheitschef des Präsidialamtes, Cha Chi-chul „beseitigen", worauf Kim Kae-won zustimmend genickt habe. Seinen zögernden engsten Mitarbeitern und Helfern habe Kim Jae-kyu mit dem Hinweis, der Oberbefehlshaber des Heeres, Chung Seung-hwa sei auch da, Billigung seines Vorhabens durch die Armee suggeriert. In Wirklichkeit habe er General Chung zu genau diesem Zweck zusammen mit seinem eigenen zweiten Stellvertreter Kim Chong-sop in einen fünfzig Meter vom Tatort entfernten Raum zum Essen eingeladen. Im Tatraum selbst seien außer Staatspräsident Park Chung-hee, KCIA-Direktor Kim Jae-kyu, Generalsekretär Kim Kae-won und Sicherheitschef Cha Chi-chul noch zwei junge Frauen anwesend gewesen, die beim Essen bedient hätten. Auf die Feststellung, dass damit zwei unbeteiligte Zeugen zur Verfügung stünden, wird im Untersuchungsbericht besonderen Wert gelegt.

Mit den ersten beiden Schüssen, die Kim Jae-kyu aus einer deutschen WALTER-Pistole abgegeben habe und die gleichzeitig als Signal für seine Helfer dienten, Parks Sicherheitsbeamten und den Präsidentenfahrer zu erschießen, habe er Cha Chi-chul am Handgelenk und den Staatspräsidenten durch einen Brustdurchschuss verletzt. Wegen Ladehemmung habe Kim Jae-kyu den Raum verlassen, um sich eine neue Waffe zu beschaffen. Bei Rückkehr habe er dann zunächst den Staatspräsidenten, um den sich die beiden Frauen bemühten, durch einen Kopfschuss getötet und dann Cha Chi-chul, der sich zunächst in einem Waschraum in Sicherheit gebracht hatte und nun zu fliehen versuchte, einen Unterleibsschuss beigebracht. Sein Tod sei erst nach zwei weiteren, von einem Leibwächter Kim Jae-kyus abgegebenen Schüssen eingetreten.

KCIA-Direktor Kim Jae-kyu sei nun zu General Chung Seung-hwa geeilt und habe diesen mit den Worten *„Das Schlimmste ist geschehen"* vom Tod des Staatspräsidenten unterrichtet. Gleichzeitig habe er ihn gebeten mit ihm ins KCIA-Hauptquartier zu fahren, „um die Lage unter Kontrolle zu bekommen". General Chung Seung-hwa, unter dem Eindruck stehend, das Attentat, dem Kim Jae-kyu entkommen sei, habe im Präsidialamt selbst seinen Ursprung, habe den Wagen aber ins Hauptquartier des Heeres umdirigiert. Dort habe General

Chung die Alarmierung der in Seoul stationierten Truppenteile veranlasst und den Verteidigungsminister und die übrigen Stabschefs dorthin gebeten. In dieser Runde sei Kim Jae-kyu mit seinem Vorschlag, den Tod des Staatspräsidenten geheim zu halten, das Kriegsrecht zu verhängen und ihm selbst die Staatsführung zu übertragen, nicht durchgedrungen.

Mittlerweile sei der Chef des Präsidialamtes, Generalsekretär Kim Kae-won, der sich zunächst habe in Sicherheit bringen können, zum Tatort zurückgekehrt und habe den toten Staatspräsidenten mit Hilfe zweier Beamter des KCIA ins Militärhospital gebracht. Nachdem er das dortige Personal zum Schweigen verpflichtet habe, sei er ins Präsidialamt zurückgekehrt und habe dort den Ministerpräsidenten und den Außen-, den Innen- und den Justizminister zusammengerufen.

Nach telefonischer Kontaktaufnahme sei dann diese Gruppe zu der im Hauptquartier des Heeres gestoßen. Dorthin habe dann Ministerpräsident Choe Kyu-hah alle übrigen Minister zu einer Kabinettssitzung einberufen. In diesem Stadium habe dann Generalsekretär Kim Kae-won erkannt, dass die Stimmung der Runde den Putschplänen Kim Jae-kyus nicht günstig gewesen sei, den Verteidigungsminister und General Chung Seung-hwa informiert, dass Kim Jae-kyu selbst der Attentäter sei. Daraufhin hätten beide dessen Verhaftung veranlasst. Nun – bereits 27. Oktober 1979, 01.20 Uhr – habe sich Ministerpräsident Choi Kyu-hah mit vier weiteren Ministern ins Militärhospital begeben und sich von dessen Leiter den Tod des Präsidenten bestätigen lassen. Ins Hauptquartier des Heeres zurückgekehrt, habe man dann die Verhängung des Kriegsrechts beschlossen und General Chung Seung-hwa zum Administrator bestellt.

Zur Vorbereitung und zur Motivation der Tat sagte der Leiter der Untersuchungskommission, Generalmajor Chun Do-hwan, in seinem Bericht, dass Kim Jae-kyu die Tat seit Juni 1979 allein geplant und nur seine engsten Mitarbeiter ins Vertrauen gezogen habe. Mehrfache Kritik des Staatspräsidenten an seiner Amtsführung – zuletzt noch, weil der KCIA durch den Ausbruch der Unruhen in Pusan im Oktober 1979 überrascht worden sei – habe ihn um seinen Posten bangen lassen. Zudem habe Kim Jae-kyu sich berufen gefühlt, das

Land als neuer Präsident aus der innenpolitischen Sackgasse herauszuführen. Dabei habe er sich der Unterstützung der Armee sicher gefühlt. Die Untersuchung habe aber ergeben, dass keine Person oder Organisation außerhalb der KCIA an Vorbereitung und Durchführung des Attentats beteiligt oder darüber unterrichtet gewesen seien.

Am 04. Dezember 1979 begann dann vor dem Kriegsgericht im Hauptquartier des Heeres das Verfahren gegen den Attentäter Kim Jae-kyu und seine Mitangeklagten. Der ehemalige KCIA-Chef wurde allein von sieben prominenten Rechtsanwälten verteidigt. Diese Rechtsanwälte, die in früheren Prozessen auch den Oppositionspolitiker Kim Dae-jung verteidigt hatten, erreichten kurz nach Prozessbeginn zunächst eine Vertagung des Verfahrens auf unbestimmte Zeit. Sie zweifelten nämlich die Rechtmäßigkeit eines Kriegsgerichts an, da die Tat vor Verhängung des Kriegsrechts geschehen sei. Diese Frage wurde vom Obersten Gerichtshof aber gegenteilig entschieden und Kim Jae-kyu und seine Mitangeklagten wurden schließlich wegen Mordes und Hochverrat zum Tode verurteilt. Da sie alle aus der Armee ausgestoßen worden waren, wurde ihnen die Kugel versagt; am 24. Mai 1980 wurden sie durch den Strang hingerichtet.

Kim Jae-kyu hatte gleich zu Beginn des Prozesses die volle Verantwortung für seine Tat übernommen. Er betonte, die Tat nur für das Vaterland verübt zu haben, um einen Bürgerkrieg und Blutvergießen zu vermeiden.

Wie erwartet, wurde am 06. Dezember 1979 der bisherige Premierminister Choi Kju-ha aufgrund der Verfassung von der Conference for National Unification zum Staatspräsidenten gewählt. In der Bevölkerung waren nach dem Tode Präsident Parks große Hoffnungen auf eine bessere politische Zukunft geweckt worden. Sowohl die Führungsspitze der Streitkräfte als auch der neue Staatspräsident Choi Kju-ha wussten um diese Erwartung. Sie wussten aber auch, dass es im Lande nicht nur Unzufriedenheit, sondern vermutlich große Unruhen geben würde, falls nach einer bestimmten Zeit diese Hoffnungen und Erwartungen nicht erfüllt würden. Choi Kju-ha versprach deshalb eine baldige Liberalisierung und die Ausarbeitung einer demokratischen Verfassung. Auch der Kriegsrechtsadministrator und Oberbefehlshaber des Heeres, General Chung Seung-hwa, arbeitete auf eine Ablösung der bisherigen Verfassung hin, die dem Staatspräsidenten diktatorische Vollmachten gab.

Im Lande, vor allem in Seoul, blieb es im November nach der Beisetzung Park Chung-hees und nach Ende der offiziellen Trauerfeierlichkeiten zunächst nach außen ruhig. Doch der Eindruck täuschte. In den Abendstunden beherrschte das Militär an den Knoten- und Schlüsselpunkten der Hauptstadt das Straßenbild. Zahlreiche Soldaten in Gruppenstärke mit Sturmgewehren und aufgepflanztem Bajonett, die offensichtlich abschreckend gegen mögliche Demonstrationen und gegen möglichen Widerstand wirken sollten, beherrschten das Stadtbild.

Unter der Bevölkerung, besonders unter den Studenten und Intellektuellen der Opposition, die den Korea-Krieg nicht mehr miterlebt hatten und bei denen die amerikanische Unterstützung Südkoreas während und nach dem Korea-Krieg in Vergessenheit geraten war, machte sich eine langsam aufwachsende anti-amerikanische Stimmung breit. Sie behaupteten, dass die USA aus strategischen Gründen zunächst an stabilen politischen Verhältnissen und einer gesunden Wirtschaft in der Republik Korea und dann erst an einer schrittweisen Liberalisierung der innenpolitischen Verhältnisse interessiert seien. Diese Auffassung wurde mir nicht nur von Angehörigen anderer Missionen in Seoul bestätigt, sondern auch vom Chef des US CIA am 04. Dezember 1979. Während unseres Gesprächs sagte er ganz offen, dass insbesondere im Hinblick auf ein mögliches Eingreifen Nordkoreas die Schaffung stabiler politischer Verhältnisse in Südkorea aus amerikanischer Sicht zunächst Vorrang habe. Mit dieser Auffassung wurde er sogar von den älteren oppositionellen südkoreanischen Politikern unterstützt, die sich sehr besorgt über die radikale Haltung der jüngeren Generation unter den Oppositionellen äußerten. Ab 03. Dezember 1979 stand die US Botschaft in Seoul unter verstärktem Schutz von Polizei und Armee.

Trotz des über dem Land verhängten Kriegsrechts begann unter dem machtlosen zivilen Interimspräsidenten Choi Kju-ha tatsächlich eine schrittweise Demokratisierung. So kam in diesem Zusammenhang Anfang 1980 auch Kim Chi-ha frei. Gleichzeitig entstand aber ein Machtvakuum, da die Führungsspitze der Streitkräfte und die zivilen Politiker um den Interimspräsidenten Choi Kju-ha nicht zusammenarbeiteten, nicht zusammen harmonierten. Der Grund lag darin, dass ein Teil der Generalität, hauptsächlich jüngere Offiziere, die in der Vergangenheit vom ermordeten Staatspräsidenten Park Chung-hee besonders gefördert worden waren, an der alten Verfassung festhalten wollten.

Rebellion in den Streitkräften und Machtübernahme im Staat

Am 12. Dezember 1979 übernahm eine Gruppe entschlossener und ehrgeiziger Generäle zunächst die Macht in den Streitkräften. Angeführt wurde diese Gruppe durch den kommandierenden General des Defense Security Generalmajor Chun Do-hwan, der die Untersuchungen nach der Ermordung Park Chung-hees geleitet hatte.

Für ihren Coup entzogen die Generäle ohne Genehmigung des Oberbefehlshabers US / ROK Combined Forces Command Großverbände seinem Operational Control und ließen sie aus ihren Verfügungsräumen an der Grenze nach Seoul marschieren, z.B. die 9. Infanteriedivision unter Generalmajor Roh Tae-woo, einem Crewkameraden Chun Do-hwans aus der Klasse 11 der Korean Military Academy (Bild 5). Bei Straßenkämpfen mit dem Capital Security Command, das dem Oberbefehlshaber des Heeres die Treue hielt, kamen mindestens 41 Soldaten ums Leben.

In einem Handstreich wurde der Oberbefehlshaber des Heeres, General Chung Seung-hwa, wegen angeblicher Verwicklung in die Ermordung von Park Chung-hee festgenommen (Bild 6).

Chun Do-hwan und seine Gefolgsleute bestimmten ab sofort die weitere innenpolitische Entwicklung, auch wenn z.B. der zivile Staatspräsident zunächst noch im Amt verblieb. Sie erklärten, dass die angelaufene Demokratisierung die nationale Sicherheit gefährde. Gleichzeitig strebten die Generäle nach ihren Worten neben dem Übergang zu einer stärker national orientierten Politik die Reinigung der Gesellschaft von unsauberen und unfähigen Elementen an.

Den Studenten und Intellektuellen ging dagegen der unter Choe Kyu-ha angelaufene Demokratisierungsprozess nicht schnell genug. In landesweiten Demonstrationen stellten sie sich gegen Generalmajor Chun Do-hwan und forderten die Aufhebung des Kriegsrechts und sofortige freie Wahlen. Hinzu kamen Machtkämpfe innerhalb aller politischen Parteien, vor allem der Opposition. Die zersplitterte außerparlamentarische Opposition zeigte wenig Bereitschaft, sich zu einigen und in einer geschlossenen Front zusammen mit der parlamentarischen Opposition friedlich für eine Verbesserung der politischen Verhältnisse einzutreten – und vor allem zeigte sie zu wenig Geduld.

General Chung Seung-hwa wurde im März 1980 in einem Militärgerichtsverfahren zu 10 Jahren Gefängnis verurteilt, weil er den Präsidentenmörder Kim Jae-kyu nicht schnell genug habe verhaften lassen und weil er aufgrund seiner Bekanntschaft mit Kim Jae-kyu angeblich von dessen Plänen gewusst habe. Nach meiner Beurteilung wurde Chung Seung-hwa am 12. Dezember 1979 durch seine Verhaftung und spätere Verurteilung ausgeschaltet, weil er relativ liberal dachte und erkannt hatte, dass nur eine Liberalisierung der innenpolitischen Verhältnisse dem Land würde helfen können. Chung Seung-hwa wurde bereits 1981 durch Chun Do-wan amnestiert. Nach Ende des Militärregimes von General Chun Do-hwan und dessen Nachfolger General Roh Tae-u wurde General Chung Seung-hwa 1997 durch ein Wiederaufnahmeverfahren voll rehabilitiert.

Der Aufstand von Kwangju und die Folgen

Der erst 1978 aus langjähriger Haft entlassene und dann noch weiterhin bis 1979 unter Hausarrest stehende Dissidentenführer und Oppositionspolitiker Kim Dae-jung verstand es, im Frühjahr 1980, landesweit Studenten und Arbeiter und die Mehrheit der Bevölkerung seiner Heimatprovinz Cholla Namdo / Südwestkorea gegen die sich stärker abzeichnenden Machtbestrebungen der Militärs zu mobilisieren und auf die Straße zu bringen. Es kam zu mehrtägigen blutigen Studenten- und Arbeiterunruhen im ganzen Land, die alleine in Seoul ca. 70.000 Demonstranten auf einmal auf die Straßen brachten. Das Heer wurde zur Aufrechterhaltung der inneren Sicherheit eingesetzt, da die sog. Combat Police (Bereitschaftspolizei) der Lage nicht mehr gewachsen war und sich in Seoul sogar mit den Demonstranten verbrüderte. Oft kam täglich stundenlang der gesamte Straßenverkehr in der Innenstadt zum Erliegen. An einem Tag geschah es, dass meine Frau und ich, ohne von einander zu wissen, in unseren Privat-PKWs vor dem Rathaus, nur etwa 100 Meter von einander entfernt, in einer der großen Demonstrationen für lange Zeit feststeckten.

Am 18. Mai 1980 wurde das Kriegsrecht verschärft, die bisherige Verfassung außer Kraft gesetzt, das Parlament aufgelöst und politische Betätigung jeder Art verboten. Die Universitäten wurden geschlossen. Alle politischen Gegenkräfte wurden durch Verhaftung ausgeschaltet, so auch Kim Dae-jung.

Nur wenige Tage nach seiner Verhaftung wurde am 22. Mai über alle Rundfunkstationen eine Verlautbarung der Regierung verlesen, deren Wortlaut am folgenden Tage auch in allen Zeitungen des Landes erschien. Mit zahlreichen Einzelheiten beschuldigte die Regierung Kim Dae-jung, dass er es gewesen sei, der die Studentenunruhen nicht nur unterstützt, sondern auch organisiert und motiviert habe. Ferner wurde ihm vorgeworfen, bereits früher Kontakte mit Nordkorea unterhalten zu haben und schon 1973 Sympathie für die politischen Positionen und Forderungen Nordkoreas gezeigt zu haben. Seine Aktivitäten nach Wiederherstellung seiner bürgerlichen Ehrenrechte am 29. Februar 1980 hätten ausschließlich darauf abgezielt, die Macht in Südkorea zu übernehmen. Dabei habe er sich zahlreicher Organisationen bedient, mit deren Hilfe es ihm möglich gewesen sei, die Studentenunruhen zu manipulieren.

Die Vorwürfe gegen Kim Dae-jung erschienen in den Augen nicht nur unserer Botschaft, sondern auch anderer westlicher Beobachter und auch der japanischen Botschaft unlogisch und fabriziert. Aus koreanischer Sicht waren sie jedoch schlüssig und niemand zweifelte daran, dass Kim Dae-jung vor Gericht gestellt und verurteilt werden würde. Deutlicher denn je wurde auch, dass Generalmajor Chun Do-hwan und die ihn unterstützenden Generäle nicht bereit waren ihre Macht mit Zivilisten zu teilen oder sie gar an diese abzugeben.

Kim Dae-jung wurde vor ein Kriegsgericht gestellt und im November 1980 wegen Aufruhrs zum Tode verurteilt, was in den USA und in ganz Europa, vor allem auch in der Bundesrepublik Deutschland zu massiven Regierungsprotesten führte.

Trotz des verschärften Kriegsrechts kam es in Südwestkorea, insbesondere in der ca. 800.000 Einwohner zählenden Stadt Kwangju zu erneuten regierungsfeindlichen Demonstrationen gegen die nicht nur die Bereitschaftspolizei, sondern auch Verbände des Heeres eingesetzt wurden. Zu diesen Verbänden gehörte u.a. zunächst die 31. Homeland Reserve Infanteriedivision, Standort Kwangju und Umgebung, die aber schnell wegen Unzuverlässigkeit (Meuterei, Fahnenflucht und Schießereien mit Einheiten des Special Warfare Command) aus dem Einsatz gezogen wurde. Auf Antrag der obersten südkoreanischen Führung gab der US Oberbefehlshaber des Republic of Korea / US Combined Forces Command die 20. Mechanisierte Division für den Einsatz gegen die Rebellen frei. Dies führte zu heftiger Kritik in den USA und Europa.

Der Einsatz der 20. Mechanisierten Division und vor allem von Verbänden des Special Warfare Command gegen die Rebellen löste in Südwestkorea dann einen Volksaufstand aus. Die Bevölkerung bewaffnete sich aus ungenügend gesicherten Depots der Homeland Reserve Forces und vertrieb die Truppen aus Kwangju. Die Rebellion griff schnell auf sechzehn weitere Orte Südwestkoreas über. Um eine Ausweitung auf das übrige Land zu verhindern, was wahrscheinlich Nordkorea zum Eingreifen veranlasst hätte, schlug schließlich am 27. Mai das Heer in notwendiger Konsequenz den Aufstand nieder. Diese Beurteilung habe ich damals im Mai 1980 auch in einem Bericht an das BMVg und Auswärtige Amt so deutlich zum Ausdruck gebracht und bin auch heute noch dieser Auffassung.

Während der bürgerkriegsähnlichen Unruhen kämpften Rebellen und die eingesetzten Heeresverbände mit einer Grausamkeit und Unerbittlichkeit gegeneinander, die für unsere Begriffe zunächst unverständlich erscheinen muss. Ich gewann aber während des fünfjährigen Aufenthalts in Südkorea insgesamt den nachhaltigen Eindruck, dass der Koreaner im Grunde weder Bereitschaft noch Fähigkeit zum Kompromiss besitzt. Deutlich wurde mir auch, dass er als Asiate im Denken und Handeln auch eine völlig andere Einstellung zum menschlichen Leben hat als wir und so wird alles vielleicht auch außen stehenden Beobachtern verständlicher. Das Wort "Kompromiss" existiert nicht im koreanischen Vokabular; unter Kompromiss versteht ein Koreaner Niederlage, Rückzug, Gesichtsverlust. Schon kleine Kinder werden von ihren Eltern angehalten, bei Streitereien mit Spielkameraden niemals nachzugeben. Über meine Einschätzung habe ich damals mit zahlreichen Koreanern, vom Professor bis zum General, diskutiert. Grundsätzlich stimmten die meisten meiner Beurteilung zu und begründeten das von mir festgestellte Denken und Verhalten mit Jahrhunderte langem Aufbegehren und Kampf gegen äußere Feinde, Japan, China und Russland, und dem oft notwendigen Widerstand gegen eigene Despoten und ihre Willkür und Unterdrückungsmaßnahmen gegenüber dem eigenen Volk.

Ein ranghoher US General sagte zu jener Zeit im Zusammenhang mit den innenpolitischen Vorgängen 1979 / 80 auf einem Empfang laut und deutlich für viele Umstehende hörbar: *„Korea, South and North Korea, is an unrest country with unpredictable people.“*

Nach offiziellen Angaben kamen beim Volksaufstand im Mai 1980 ca. 300 Zivilisten und Soldaten ums Leben. Die tatsächliche Anzahl liegt aber nach gesicherten Erkenntnissen etwa bei 1000.

Am 03. April 1981 gab ein Regierungssprecher die Begnadigung der sog. Kwangju-Rebellen durch Staatspräsident Chun Do-hwan bekannt. Die Todesurteile der drei Hauptangeklagten wurden in lebenslange Haft umgewandelt. Die lebenslangen Haftstrafen von sieben Verurteilten wurden auf zwanzig Jahre Haft reduziert. Die Haftstrafen der Angeklagten, die zwischen fünf und fünfzehn Jahren betrugen, wurden jeweils um die Hälfte gekürzt, und die Verurteilten, die eine Haftstrafe von weniger als fünf Jahren bekommen hatten, wurden auf freien Fuß gesetzt. Der Regierungssprecher hob besonders hervor, dass diese Begnadigung aus Gründen der nationalen Wiederversöhnung erfolgt sei und günstige Voraussetzungen für eine neue Ära schaffen solle.

Staatspräsiden Chun Do-hwan nahm mit der Begnadigung der Kwangju-Rebellen vielen seiner Opponenten Wind aus den Segeln. In Gesprächen mit Landeseinwohnern erfuhr ich, dass die Bevölkerung allgemein die Begnadigung begrüßte und als großzügige Geste des Staatspräsidenten ansah. Chun Do-hwan hatte mit der Begnadigung vor allem auch dafür gesorgt, dass neue Demonstrationen wegen der Kwangju-Urteile vermieden wurden.

Zahlreiche Soldaten desertierten während des Kwangju-Aufstandes und gingen zusammen mit bewaffneten Bürgern in den Untergrund, hauptsächlich in die damals oft noch undurchdringliche Berggegend des Jiri San im Süden der Halbinsel. Radikale schlossen sich nordkoreanischen Infiltranten an. Die Mehrzahl von ihnen wurde aber bis Ende 1982, nach meinen Informationen aus verlässlicher Quelle, durch als Übung getarnte Aktionen der Special Forces aufgespürt und ohne großes Aufsehen beseitigt.

Die nachfolgend wiedergegebene Presseveröffentlichung ergänzt und verdichtet dieses Lagebild:

„The Korea Herald, Thursday, September 3, 1981

10672 at Large

Kwangju Offers Leniency to Fugitive Criminals

Kwangju, Cholla Namdo

Leniency will be granted to fugitive criminals as they surrender to law enforcement authorities within this month, the Kwangju District Prosecutor`s Office said yesterday.

Prosecutor Lee Yong-shik, chief of the prosecution office, said the measure to extend leniency to those who have escaped arrest is aimed at giving them opportunities to repent their crimes and take part in building a just society.

The prosecutor said that those who voluntarily report to investigative authorities during the period will not be arrested.

Prosecutor Lee said that an intensive manhunt for fugitives will follow after the voluntary surrendering period ends, adding that a total of 10672 suspected criminals remained at large in this southern province.

Lee called on family members and relatives of fugitives to report, if they know the whereabouts of suspects. (Yonhap)"

Bereits einen Monat zuvor, Anfang August 1981, äußerte ich beim Foreign Liaison Bureau im Hauptquartier des Heeres den Wunsch, für einige Tage ins Jiri-Bergmassiv zu fahren. Tatsächlich hatte ich gar nicht vor, dorthin zu fahren, wollte aber aufgrund der mir bekannten negativen Sicherheitslage dafür zumindest eine indirekte offizielle Bestätigung für die Situation. Die bekam ich dann auch.

Ohne nähere Angabe von Gründen wurde mir nachhaltig davon abgeraten ins Jiri-Bergmassiv zu fahren, und falls ich darauf bestanden hätte, wollte man mir zum Schutz einen Trupp Soldaten der in Südwestkorea stationierten 7. Special Forces Brigade mitgeben. Im Jiri-Bergmassiv leben noch zahlreiche Bären; angeblich sollte es dort auch noch einzelne Exemplare des sibirischen Tigers geben. Dies dürfte aber wohl kaum der Grund für die Fürsorge des südkoreanischen Heeres gewesen sein.

Historische Hintergrundinformationen zu Südwestkorea

Südwestkorea war damals während meiner Verwendung in Seoul der ärmste und am wenigsten entwickelte Landesteil. Lange vor dem Kwangju-Aufstand 1980 kam es dort bereits im 19. Jahrhundert, vor allem 1894, und dann wieder 1948 – 1950 zu großen Aufständen. Der Aufstand von 1894 ging von der sogenannten Tonghak-Bewegung aus. Diese Bewegung war sowohl religiös wie politisch motiviert. Ihre religiöse Grundlage erhielt sie durch Choe Jae-u, der 1860, die "Religion des Himmlischen Weges" gründete. Diese Religion, die auch zu meiner Zeit in Korea noch unter dem Namen "Chondogyo" ca. 900.000 Anhänger hatte, verbindet buddhistische und konfuzianische, christliche und schamanische Elemente. Ihre Hauptlehre besagt, dass Gott und Mensch Eins sind. Dieses Wissen soll den Menschen befähigen, gegen Tyrannei, Ungleichheit und Unterdrückung zu kämpfen, damit die Würde des Menschen hergestellt und das Reich Gottes auf Erden errichtet werden könne. Diese neue Religion wurde Tonghak – Östliche Lehre – genannt im Unterschied zu der Sohak – Westliche Lehre –, womit der Katholizismus gemeint war. Die Lehre fand vor allem das Ohr der ausgebeuteten Bauern. Die Tonghak-Bewegung war zugleich eine Protestbewegung gegen die korrupten Staatsverhältnisse und gegen die Überfremdung durch ausländische Einflüsse, einschließlich der Tätigkeit überseeischer Missionare. Sie setzte sich für die Gleichberechtigung aller Bürger ein, forderte die Abschaffung der Privilegien der feudalen Oberschicht und die Verteilung des Großgrundbesitzes. 1894 waren die Behörden und die herrschende Klasse so alarmiert, dass sie den Religionsstifter einsperrten und exekutierten. Sein Tod aber stärkte die Bewegung noch mehr. Noch im selben Jahr kam es zu einem großen Aufstand. Als die Tonghak-Verbände auf Seoul marschierten, bat die Regierung China um Truppenunterstützung. Dies rief sofort Japan auf den Plan, das im Vertrag von Tientsien (1885) mit den Chinesen Absprachen bei einer Truppenentsendung nach Korea vereinbart hatte. Der Tonghak-Aufstand wurde von der Regierung mit Hilfe japanischer und chinesischer Truppen niedergeschlagen. Japan nutzte diese Vorgänge und schaltete China schließlich im Japanisch-Chinesischen Krieg 1894 – 1895 im Kampf um die Vorherrschaft auf der koreanischen Halbinsel aus.

Auswirkungen der äußeren und inneren Sicherheit auf das persönliche Leben

Mit Ausnahme einiger kleinerer ländlicher Gebiete bestand in der Republik Korea bei unserer Ankunft 1978 von Mitternacht bis 04.00 Uhr morgens Ausgangssperre. Diese Ausgangssperre galt grundsätzlich auch für alle Ausländer; ausgenommen waren die in Seoul akkreditierten Diplomaten und deren Angehörige, ferner das Verwaltungspersonal der Botschaften. Die südkoreanische Regierung empfahl aber auch diesen, sich aus Gründen der persönlichen Sicherheit ebenfalls an diese Maßnahme zu halten. Die Ausgangssperre wurde im Oktober und Dezember 1979 zeitweise aufgrund der krisenhaften innenpolitischen Entwicklungen auf 22.00 Uhr vorverlegt. Während der Unruhen in Südwestkorea wurde der Beginn der Ausgangssperre dort sogar auf 18.00 Uhr abends festgesetzt. Während der Ausgangssperre wurde z.B. in Seoul fast die gesamte Straßenbeleuchtung ausgeschaltet und nicht nur am Stadtrand, sondern auch innerhalb des Stadtgebietes wurden zahlreiche Straßensperren und Barrikaden aufgebaut, die von Militär und Bereitschaftspolizei mit fertiggeladenen Handfeuer- und Maschinenwaffen überwacht wurden. Das Regierungsviertel wurde durch Panzer und Schützenpanzer gesichert. Die Straßensperren waren unbeleuchtet und durchweg so angelegt, dass sie erst im letzten Moment gesehen wurden und schon deshalb für Verkehrsteilnehmer lebensgefährlich waren. Falls an einer Straßensperre nicht angehalten wurde, wurde sofort von der Schusswaffe Gebrauch gemacht.

In der Nacht 15./16.08.1979 kehrte ich nach einer dringenden dienstlichen Verbindungsaufnahme mit dem Botschafter gegen 01.00 Uhr nachts aus der Residenz in mein ca. 500 m entfernt liegendes Haus zurück. Ca. 200 m von der Botschaftsresidenz entfernt, sprangen mir ohne jede Vorwarnung zwei südkoreanische Soldaten mit vorgehaltenen Sturmgewehren und aufgepflanztem Bajonett vor das Auto, obwohl ich sogar zusätzlich die Innenbeleuchtung im Wagen eingeschaltet hatte. Erst als sie sich durch Vorzeigen meines vom südkoreanischen Außenministerium ausgestellten Diplomatenpasses von meiner Identität überzeugt hatten, konnte ich meine Fahrt fortsetzen.

Bei Rückkehr von einer gesellschaftlichen Veranstaltung nach Beginn der Sperrstunde wurden meine Frau und ich in der Nacht vom 22./23.08.1979 in der Innenstadt auf einer Strecke von ca. fünf Kilometern neun Mal durch Straßensperren gestoppt und mit vorgehaltenem Sturmgewehr und aufgepflanztem Bajonett gezwungen, uns auszuweisen. Es war üblich, dass bei solchen Kontrollen der jeweilige Soldat den Finger nicht "entlang des Abzugsbügels", sondern bereits am Abzug hatte. Handgranaten wurden offen am Koppel getragen.

Am 16.08.1979 wurden der Projektleiter Deutsch-Koreanisches Waldbewirtschaftungsprojekt und der Zahlstellenleiter der Botschaft abends gegen 22.00 Uhr innerhalb des Stadtgebiets in einer etwas abseits gelegenen kleinen Straße von Soldaten gestoppt. Die Soldaten rissen die Wagentüren auf und richteten ihre Waffen auf die Insassen, während vom Straßenrand aus weitere Soldaten das Vorgehen ihrer Kameraden sicherten.

Während der Rebellion im südkoreanischen Heer am 12./13.12.1979 kam es im südlichen Teil der Stadt zu heftigen Kämpfen zwischen Einheiten des Heeres, bei denen es zahlreiche Tote und Verwundete unter dem Militär gab. Die gesamte Nacht waren alle Brücken über den Han-Fluss gesperrt, die Zufahrtstraßen durch Verbände des Heeres unter Einsatz von Panzern und Schützenpanzern abgeriegelt. Mehrere tausend Landeseinwohner und zahlreiche Ausländer, darunter auch Deutsche, mussten die Nacht bei großer Kälte in ihren Fahrzeugen verbringen und konnten nicht in ihre Wohnungen auf der jeweiligen anderen Seite des Flusses zurück. Die wartenden Kfz-Schlangen waren von abgesessener Infanterie z. T. auch von Panzern und Schützenpanzern umgeben.

Am Montagabend, dem 17. Dezember 1979, wurde ich auf dem Nachhauseweg in der Nähe eines vom Capital Security Command überwachten Straßentunnels in dicht bewaldetem Gebiet ca. 1.000 m von der Botschafterresidenz entfernt, in unmittelbarer Nähe Ohrenzeuge eines ca. 3-minütigen heftigen Schusswechsels. Unabhängig von mir, wurde dieser Schusswechsel auch von einem Angehörigen der US CIA in Korea gehört. Wie ich später feststellte, hatte dieser Schusswechsel zwischen Angehörigen der Special Forces und des Capital Security Command stattgefunden, die noch auf der Seite des am 12. Dezember in militärisches Gewahrsam genommenen Oberbefehlshabers des Heeres standen.

Während der Mai-Unruhen 1980 in Seoul wurden durch die Studenten u.a. Molotow-Cocktails und durch Polizei und Streitkräfte massiv Tränengas eingesetzt. Besonders durch den Einsatz des Tränengases wurden auch zahlreiche Ausländer, darunter viele Deutsche, in ihrem gesundheitlichen Wohlbefinden beeinträchtigt. Die Tränengasschwaden waren teilweise so stark, dass sie noch in der im 4. Stock eines Hochhauses gelegenen Botschaft zu spüren waren.

Im gesamten Stadtgebiet waren auf den Dächern von Hochhäusern (Hotels und Geschäftshäusern) Fliegerabwehrgeschützte VULCAN 20 mm stationiert. Auf den zahlreichen Höhen der in gebirgigem Gelände gelegenen Hauptstadt und auf der alten Stadtmauer im Norden Seouls waren ferner neben VULCAN-Flugabwehrgeschützen auch OERLIKON-Flugabwehrsysteme, Geschütze "Recoilless Rifle" und Kampfpanzer M48 in Stellung. Wiederholt kam es vor, vermutlich aus Unachtsamkeit bei der Bedienung der Waffen, dass sich ein Schuss löste, der dann in Wohngegenden einschlug. Der letzte Vorfall dieser Art ereignete sich am Donnerstagabend, den 21.08.1980, gegen 22.30 Uhr, ca. 1.000 m von meiner Wohnung entfernt. Einzelheiten darüber wurden in der Öffentlichkeit niemals bekannt, da die Militärjunta den Eindruck der Stabilität erwecken wollte. Bei Androhung drastischer Strafen war es der Bevölkerung sogar verboten, über Vorfälle dieser Art zu sprechen oder Informationen weiterzuverbreiten.

Nach offiziellen Angaben befanden sich seit Niederschlagung des bürgerkriegsähnlichen Aufstandes in Kwangju, Cholla Namdo-Provinz, Südwest-Korea, noch mindestens 2.500 Schusswaffen verschiedenster Art von der Pistole bis zum MG Kaliber 50 in Händen der Zivilbevölkerung, ferner immer noch ca. 30.000 Sprengkörper TNT unterschiedlichster Stärke.

Gemäß Informationen aus zahlreichen Quellen, insbesondere südkoreanischer Offiziere und Landeseinwohner, waren angeblich zwischen Ende Mai und Mitte August 1980 in Südwest-Korea etwa 20mal Einzel-Kfz der Streitkräfte oder der Polizei bzw. einzelne Soldaten und Polizisten durch bewaffnete Zivilisten angegriffen worden. Über Sach- und Personenschäden wurden keine Einzelheiten bekannt, da alle Vorfälle streng geheim gehalten wurden.

Am 15. Mai 1980 gegen 01.30 Uhr fuhr der Sachbearbeiter für Rechts- und Konsularwesen der Botschaft zusammen mit dem Zahlstellenleiter durch einen in der Innenstadt gelegenen, ca. 1 km langen Straßentunnel. In der Mitte des Tunnels bewegten sich etwa zehn in Zivil gekleidete Gestalten, die balkenähnliche Hölzer auf dem Rücken trugen und diese beim Herannahen des Pkws mitten auf die Fahrbahn warfen, um den Pkw zum Halten zu zwingen. Ca. 60 m vor dieser Blockade kam der Wagen zum Stillstand. Der Fahrer legte sofort den Rückwärtsgang ein und fuhr so schnell er konnte, verfolgt von den Gestalten, die ihn allerdings nicht mehr einholen konnten, rückwärts aus dem Tunnel hinaus.

Im August 1980 hielt sich das Mitglied des Deutschen Bundestages (MdB) Willy Wimmer (CDU) zu politischen Gesprächen in Seoul auf und war an einem Abend Gast in unserem Haus. Als ich ihn spätabends etwa gegen 22.30 Uhr in meinem Privat-PKW in sein Hotel in der Innenstadt zurückfuhr, wurden wir am Ende eines Tunnels von Soldaten des südkoreanischen Heeres gestoppt und aufgefordert, uns auszuweisen. Während ein Soldat unsere Ausweise prüfte, hielt ein anderer Soldat MdB Wimmer durch das geöffnete Wagenfenster die Mündung seines Sturmgewehrs, Finger am Abzug, direkt an die rechte Schläfe. Als ich dagegen energisch protestierte und auch noch auf meinen Diplomatenstatus verwies, entschuldigte sich der Führer dieser Armeestreife und ließ uns sofort weiterfahren. Am nächsten

Tag legte ich unverzüglich schriftlichen Protest gegen das Verhalten der Soldaten ein. Wenige Tage später erhielt ich eine persönliche mündliche Entschuldigung vom Oberbefehlshaber des Heeres. MdB Wimmer erhielt nach seiner Rückkehr nach Deutschland eine offizielle Entschuldigung durch den südkoreanischen Botschafter.

Entlang der gesamten Demarkationslinie waren auf südkoreanischer Seite teilweise bis zu 6 km Tiefe an wichtigen Geländepunkten und Durchgängen im Gebirge Minenfelder angelegt, die nicht kenntlich gemacht waren. Das Gebiet ist z.T. nicht ausdrücklich als militärisches Sperrgebiet gekennzeichnet. Es war verschiedentlich vorgekommen, dass Ausländer erst im letzten Augenblick durch Posten des südkoreanischen Heeres kurz vor Betreten eines solchen Gebietes gestoppt werden konnten.

Auf den Campingplätzen des Landes befand sich zwischen 1978 bis etwa 1982 ständig bewaffnete Bereitschaftspolizei.

Während des bürgerkriegsähnlichen Aufstandes in Südwest-Korea im Mai 1980 wurden die in Seoul akkreditierten Militärattachés einschließlich der Familienangehörigen wiederholt auf eine mögliche Geiselnahme durch Rebellen zur Erzwingung politischer Forderungen hingewiesen.

Zu unserer persönlichen Sicherheit waren ab Mai 1980 für fast sechs Monate zwei bewaffnete Angehörige der Combat Police in unserem Hause und belegten unmittelbar neben dem Hauseingang ein Zimmer, das nicht nur bald stark verraucht war, sondern auch infernalisch nach Knoblauch roch. Später war dieses Zimmer erst nach gründlicher Renovierung wieder benutzbar. Unsere beiden koreanischen Maids verstanden sich besonders gut mit diesen Gästen. Den Grund entdeckte meine Frau bei der Kontrolle der Haushaltsvorräte eher durch einen Zufall. Während unserer Abwesenheit brieten die Maids gemeinsam in diesem „Soldatenzimmer“, wie wir es auch später immer nannten, Schnitzel und Steaks, die sie ihnen aus unserer Tiefkühltruhe gegeben hatten.

Auslöser der Bewachung in unserem Haus war ein anonymer Anruf im Mai 1980, den meine Frau eines Morgens erhielt. Auf Englisch und mit drohender Stimme wurde sie mit den Worten aufgefordert *"You better stay home today"*.

Noch einmal, im Sommer 1981, wurde unser Haus für einige Wochen stark gesichert. Wegen angeblich erneuter Gefahr der Entführung durch Regierungsgegner biwakierten vor dem Haus auf einem freien Bauplatz stets zwischen fünf und zehn Polizisten und kontrollierten jeglichen Zugangsverkehr in der Umgebung. Sie waren uns sehr wohl gesonnen und besonders dankbar, wenn wir sie mit deutschem Bier und amerikanischem Whisky versorgten. Eines Tages packten sie aber von einer Minute auf die andere ihre Ausrüstung zusammen und verschwanden ohne irgendwelche Begründung.

Vermutlich galten beide Sicherheitsmaßnahmen nicht nur unserer persönlichen Sicherheit, sondern auch unserer Überwachung, vor allem meiner stets sehr engagierten Informationsbeschaffung auch aus Landeseinwohnerquellen.

Ich schließe nicht aus, dass auch unser Haus in Seoul „verwanzt“ war, aber Beweise dafür gab es nie, da während meiner Verwendungszeit in Südkorea das Haus auch niemals durch Techniker einer dafür vorgesehenen deutschen Dienststelle überprüft wurde. Anders verhielt es sich offensichtlich mit dem Telefon. Etwa im Herbst 1980 hatte ich an einem Abend mit Frau Eger, der Frau des Botschafters, telefoniert. Als ich unmittelbar danach eine andere Telefonnummer in Seoul wählte, kam keine Verbindung zustande, aber dafür hörte ich das gesamte zuvor mit Frau Eger geführte Gespräch noch einmal.

Ende 1982 wählte ich eine Telefonnummer in Deutschland, befand mich aber plötzlich als Mithörer in einem Telefongespräch zwischen einem US Geschäftsmann, der sich im Hyatt-Hotel in Seoul aufhielt, und seinem Gesprächspartner in San Francisco. Wir einigten uns schnell darauf, die Telefonverbindung zu beenden.

Nicht vergessen werden sollte auch bei der Aufzählung der Einschränkungen und Beeinträchtigungen der persönlichen Freiheit und Sicherheit von deutschen Staatsbürgern und den übrigen Ausländern in diesem Lande, dass einmal im Monat am Tage und am Abend eine große Luftschutzübung stattfand, an der auch die Ausländer in der Republik Korea teilnehmen mussten. Die Dauer der Luftschutzübung betrug jeweils ca. 30 Minuten und war am Abend mit einer totalen Verdunkelung auch der Privatwohnungen verbunden. Während des Fliegeralarms ruhte jeder Straßenverkehr. Fahrzeuginsassen und Fußgänger mussten im nächst erreichbaren Gebäude oder Unterstand Zuflucht suchen.

Begleitet wurde diese Art von Übungen durch simulierte Tiefangriffe südkoreanischer Jagdbomber und Kampfhubschrauber. Zeitweise wurde der Fliegeralarm mit einer Übung gegen luftgelandete Feinde im Stadtgebiet verbunden. Die Luftlandungen wurden durch eine Übungstruppe tatsächlich durchgeführt. Ebenso geübt wurden Evakuierungsmaßnahmen aus Hochhäusern.

Das Kriegsrecht wurde 1981 und ein Jahr später auch die Ausgangssperre aufgehoben.

Krisenvorsorge

Neben meinen Aufgaben als Leiter des Militärattachéstabes war ich auch Krisenbeauftragter der Botschaft.

In der Republik Korea befanden sich Ende August 1980 nach bei der Botschaft vorliegenden Unterlagen 541 deutsche Staatsbürger, 398 davon in Seoul. Da sich viele Deutsche trotz entsprechender Hinweise und Merkblätter bei der Botschaft nicht registrieren ließen, war zu vermuten, dass die Anzahl der deutschen Staatsbürger im Lande zeitweise höher lag.

Die Deutschen in der Hauptstadt Seoul wohnten nicht zentral, sondern über das Stadtgebiet verstreut, die Mehrzahl jedoch nördlich des Han-Flusses.

Die Hauptstadt liegt ca. 38 km von der nordkoreanischen Grenze / Demarkationslinie entfernt.

Eine Evakuierung deutscher Staatsbürger aus der Republik Korea wäre ggf. in zwei Fällen notwendig geworden:

- bei einem bewaffneten Konflikt zwischen Süd- und Nordkorea,
- bei inneren Unruhen/Bürgerkrieg, ggf. mit folgender bewaffneter Intervention Nordkoreas.

Ein Verlassen der Hauptstadt, um zum zivilen internationalen Flughafen Kimpo oder zum US Luftwaffenstützpunkt Osan, ca. 50

km südlich Seoul, zu gelangen, setzte zunächst das Überqueren des ca. 1 km breiten Han-Flusses voraus über die normalerweise intakten Brücken. Der Han-Fluss führte stets zwischen Juni und Ende August aufgrund der Monsun-Zeit Hochwasser mit starker Strömung. Aber auch in den übrigen Monaten des Jahres hätte er ohne intakte Brücken oder ohne sonstige Hilfsmittel im Raum um Seoul an keiner Stelle überquert werden können.

Die vom südlichen Stadtrand Seouls nach Pusan führende Autobahn war bei den Unruhen 1980 zeitweise durch die südkoreanischen Streitkräfte in Beschlag genommen und für den Zivilverkehr gesperrt. Die übrigen nach Süden führenden Landstraßen waren damals nur wenige Meter breit, unbefestigt und führten z.T. über das Gebirge.

Bei einem überraschenden nordkoreanischen Großangriff war damit zu rechnen, dass der Feind versuchen würde, zunächst die Masse der Han-Brücken zu zerstören, um die Zuführung von Reserveverbänden aus dem Süden in die Hauptstadt zu verhindern. Ferner war zu erwarten, dass die aus der damals 8,3-Millionen-Hauptstadt nach Süden fliehende Bevölkerung durch feindliche Flugzeuge unter Beschuss genommen würde, da sie sich an die wenigen nach Süden führenden Verkehrsverbindungen halten und dadurch zwischen Militärkolonnen kommen würde.

Abgesehen davon, dass der Luftraum über Korea im Verteidigungsfall für zivile Flugzeuge gesperrt worden wäre, wäre der damalige zivile Flughafen Kimpo mit Sicherheit durch die nordkoreanische Luftwaffe, Raketen und Artillerie unter Beschuss gewesen.

Für die Planung einer möglichen Evakuierung deutscher Staatsbürger im Krisenfall aus der Republik Korea stand ich in ständigem Kontakt mit der US Botschaft und dem Hauptquartier der US Streitkräfte Korea, ferner mit dem Leiter der hiesigen Lufthansa-Vertretung und dem Repräsentanten der Firma HAPAG-LLOYD. Benachrichtigungen an deutsche Staatsbürger im Krisenfall, z.B. auch für Evakuierungen, sollten über American Forces Korea Network (AFKN) ausgestrahlt werden.

Jede andere schnelle Benachrichtigung wäre kaum durchführbar gewesen, weil, wie oben angeführt, alle Deutschen weit verstreut wohnten. Die US Botschaft gab nur mündliche Zusicherungen, dass im Rahmen verfügbarer Kapazität auch die deutschen Staatsbürger im Bedarfsfall durch Flugzeuge der US Luftwaffe, falls noch möglich, aus Südkorea nach Japan evakuiert würden. Vorrang hatten aber bei einer Evakuierung die ca. 15.000 zivilen US Bürger (Familienangehörige, Angestellte der Firmen usw.). Bei Sperrung des Luftraumes für zivile Flugzeuge wäre eine Evakuierung durch von Hongkong oder Tokyo umgeleitete Flugzeuge der Lufthansa wohl unmöglich gewesen.

Vereinzelt hätte es deutschen Staatsbürgern gelingen können, vor allem denen, die im südlichen Teil des Landes wohnten, auf die zufällig in den Häfen liegenden Schiffe der HAPAG LLOYD zu gelangen.

Bei langsamem Aufwuchs neuer innerer Unruhen wären gewiss alle Evakuierungsmaßnahmen leichter durchzuführen gewesen. Aber auch dann musste damit gerechnet werden, dass es den deutschen Staatsbürgern in Seoul nicht mehr gelungen wäre, den südlich des Han-Flusses liegenden zivilen Flughafen Kimpo bzw. den US Luftwaffenstützpunkt Osan zu erreichen oder mit ihren Privat-Kfz auf die nach Süden führende Autobahn zu gelangen.

Die Sicherheit deutscher Staatsbürger, die in der Republik Korea lebten, war insbesondere seit Oktober 1979 zum Teil erheblich gefährdet. Dabei berücksichtigt werden müssen auch die besonderen psychologischen Auswirkungen durch die gespannte und instabile innenpolitische Lage sowie die gesundheitliche Gefährdung, der deutsche Staatsbürger in Südkorea ausgesetzt waren.

Eine Evakuierung im Falle eines nordkoreanischen Überraschungsangriffs beurteilte ich damals in einem Bericht an das BMVg und Auswärtige Amt als nahezu unmöglich. Eine Evakuierung dagegen bei neuen größeren inneren Unruhen beurteilte ich nur dann als Erfolg versprechend, wenn sie rechtzeitig, auch unter Inkaufnahme, dass sie verfrüht war oder sich später als nicht notwendig erweisen sollte, durchgeführt worden wäre.

Für einen möglichen Evakuierungsfall hatten wir persönlich natürlich vorgesorgt. Für jedes Familienmitglied stand ein gepackter Rucksack bereit mit je nach Jahreszeit notwendiger Kleidung, Erste Hilfe-Kid und einem Grundvorrat an ggf. notwendiger Medizin,

Einsatzverpflegung der Bundeswehr und zwar sog. Eiserne Rationen, Kopien aller Ausweispapiere und vor allem auch „eine Handvoll US Dollar" in kleinen Scheinen.

Da im Zuge der innenpolitischen Wirren und Unruhen seit Herbst 1979 zeitweise das Telefonnetz in Seoul ausfiel, stattete das Auswärtige Amt im Mai 1980 die Botschafter Residenz, die Wohnung des Kanzlers der Botschaft und unser Haus mit UKW-Funkgeräten aus, mit denen wir rund um die Uhr untereinander Verbindung halten konnten. Während der Inbetriebnahme durch die Techniker des Auswärtigen Amtes wurden Sprechproben durchgeführt und Frau Eger, die Frau des Botschafters, die das Funkgerät auch später sowieso stets als Telefon benutzte, rief meine Frau an. Ein Techniker schalte sich ein und fragte: *„Sind Sie die Tochter von FALKE?" „Nein, kam die Antwort, ich bin die Frau von ADLER."* Das war der Deckname des Botschafters, meiner war FALKE.

Endgültige Machtübernahme durch General Chun Do-hwan

Mitte August 1980 trat der zivile Interimspräsident Choi Kju-ha zurück und machte endgültig den Platz als Staatsoberhaupt frei für General Chun Do-hwan, der bereits seit Mai als Chairman eines Standing Committee for National Security de facto alle Macht im Staate besaß (Bild 7). Von diesem Augenblick an vollzog sich eine schnelle und radikale Veränderung des Staatsgefüges und der Gesellschaft. Durch eine neue Verfassung und zahlreiche grundlegend neue Gesetze, zum Beispiel Social and Political Purification Law, sicherte Chun Do-hwan auch politisch seine Herrschaft. Die Gesetze wurden von einem Interimsparlament, dem Legislative Council for National Security Matters, dessen Mitglieder vom Standing Committee ausgesucht und ernannt worden waren, im Schnellverfahren verabschiedet.

Ende März 1981 wurde Chun Do-hwan aufgrund der neuen Verfassung durch die 5.278 Mitglieder des Council of Unification einstimmig für sieben Jahre zum Präsidenten der fünften Republik gewählt. Bei seiner Amtseinführung, an der auch alle Militärattachés teilnahmen, verpflichtete er sich feierlich, eine auf koreanische Tradition und Bedürfnisse zugeschnittene Demokratie als Basis für einen sozialen und gerechten Wohlfahrtsstaat zu schaffen. Ferner erklärte er seinen Willen, nach sieben Jahren zurückzutreten, um so einen friedlichen Machtwechsel sicherzustellen, dem ersten in der Geschichte Koreas. Wie schon bei der erneuten Wiederwahl und Amtseinführung von Staatspräsident Park Chung-hee im Jahre 1978 lag auf unseren Sitzen in einer mit Samt bezogenen Schatulle eine 40 g schwere Silbermedaille mit Konterfei Chun Do-hwans und dem Datum der Amtseinführung.

1981 feierte Südkorea den Tag der Streitkräfte am 01. Oktober wie schon früher unter Staatspräsident Park Chung-hee mit einer großen und aufwendigen Militärparade. Auf der anderen Seite des Paradefeldes gegenüber der Präsidententribühne stellten 10.000 Soldaten mit Farbtafeln in sog. lebenden Bildern Szenen aus der Gefechtsausbildung der Streitkräfte im Zusammenhang mit ihrer Verteidigungsbereitschaft gegenüber Nordkorea dar, immer wieder unterbrochen durch die bildliche Darstellung von Staatspräsident Chun Do-hwan (Bild 8). Bevor der Vorbeimarsch der Truppe begann, zu Fuß und motorisiert mit schweren Waffen, zeigten Hunderte von Fallschirmjägern ihr Können. Links und rechts der Tribüne des Staatspräsidenten standen die Tribünen für das Diplomatische Korps und zwar für die Botschafter und Militärattachés. Zwischen den Tribünen standen Jeeps des Heeres mit Soldaten hinter mit scharfer Munition aufmunitionierten Maschinengewehren auf Lafetten zum Schutz des Staatspräsidenten.

Offensichtlich aber befürchtete man nicht nur Angriffe auf den Staatspräsidenten von außen. Auf den beiden Tribünen des Diplomatischen Korps saß zwischen den Gästen Sicherheitspersonal. In den ausgebeulten Jackentaschen waren ihre Handfeuerwaffen unschwer zu erkennen. Auch hinter mir und meiner Frau saß ein in dunklem Anzug gut gekleideter Mann des südkoreanischen Sicherheitsdienstes. Möglicherweise war sein Verhalten für die Situation ganz normal. Zur großen Freude meiner Militärattachékameraden stand dieser Mann jedes Mal auf, wenn ich aufstand, um besser fotografieren zu können. Wenn einer meiner Kameraden aufstand, erhob sich niemand, wie wir beobachten konnten (Bild 9).

Im zweiten Quartal 1982 verstärkten sich die in Seoul immer wieder umlaufenden Putschgerüchte, für die sich aber niemals eine konkrete Bestätigung fand. Für das Volk galt Chun Do-hwan als ein Mann mit wenig Fortune und war wegen seiner harten Hand unpopulär. Ich war mit General Chun-Do-hwan vor seiner Machtübernahme, als er noch Kommandierender General des Defense Security Command war, verschiedentlich zusammengetroffen. Wenige Wochen nach seiner Wahl zum Staatspräsident 1981 lud er das diplomatische Korps zu einer großen Gartenparty in den Park seiner Residenz des Blauen Hauses ein. Sein Gartenfest war umrahmt von traditioneller koreanischer Folklore, und Chun Do-hwan ließ es sich nicht nehmen, seine Gäste im Laufe des Nachmittags, geschützt durch mehrere Leibwächter, einzeln zu begrüßen. Im Laufe der Zeit entwickelte sich in Südkorea eine relativ stabile innere Sicherheitslage, die von den Streitkräften, den Nachrichtendiensten und der Polizei durch fast lückenlose Überwachung der Bürger und, wenn es ihnen notwendig erschien, durch konsequentes und hartes Durchgreifen sichergestellt wurde.

Und die Regierung war fest entschlossen, die innere Sicherheit mit allen Mitteln aufrechtzuerhalten. Meine Beurteilung wurde unterstrichen durch folgende Aussage des Staatspräsidenten auf einer Massenkonferenz von 10.000 Teilnehmern des sogenannten "Advisory council for peaceful unification policy" am 01. Juni 1983: *"Any element detrimental to political and social stability should be routed out at any sacrifice."*

Militär als Initiator gesellschaftlicher Veränderungen

Präsident Chun Do-hwan hatte nach seiner Machtübernahme 1980 begonnen, scharfe Maßnahmen gegen die in der gesamten Gesellschaft, auch in den Streitkräften, weit verbreitete Korruption zu ergreifen. In diesem Zusammenhang gelangten 1983 im letzten Jahr meiner Verwendung die starken rechtsgerichteten sozial revolutionären Tendenzen im Offizierkkorps des Heeres bei Offizieren der Lebensjahrgänge 1937 bis 1944 (Klasse 17 bis 24 der Korean Military Academy) zu Aufmerksamkeit. Diese Offiziere betrachteten die Maßnahmen der Regierung zur Bekämpfung der Korruption und Reinigung der Gesellschaft von unreinen Elementen, die sich auf Kosten der Mehrheit des Volkes bereicherten, als ungenügend. Sie vertraten die Auffassung, dass die reiche Oberschicht zu sehr geschont würde und verlangten unter anderem die Offenlegung ihrer Vermögensverhältnisse vor dem Volk. Im Zusammenhang mit einer auch in den Streitkräften immer noch weit verbreiteten Korruption kursierten zahlreiche Gerüchte. So erfuhr ich unter anderem von US Seite, dass bei Ablösung eines mir persönlich gut bekannten Vier-Sterne-Generals in einem Schrank in seinem Büro im Generalstab nicht nur ein Schwert aus purem Gold, sondern auch Schubladen voll von 100-Dollar-Noten gefunden worden seien. Dieses Geld habe er von Offizieren oder auch von Vertretern der Wirtschaft bekommen, stets in bar. Sein Adjutant folgte offensichtlich dem Beispiel seines Vorgesetzten. Er hatte angeblich Kameraden im Dienstgrad Oberstleutnant beziehungsweise Oberst versprochen, sich nachhaltig für ihre Beförderung zum nächst höheren Dienstgrad Oberst beziehungsweise Brigadegeneral einzusetzen. Dafür habe er Beträge zwischen 3.000 und 5.000 US $ verlangt. Klappte es mit der Beförderung, egal auf welchem Wege, habe er die Summe behalten; klappte es nicht, habe er die Hälfte der Summe an den Kameraden zurückgezahlt. Einem ranghohen Luftwaffengeneral sagte man von US-Seite nach, dass er angeblich bei Gesprächen, in denen er von Vertretern der Industrie um seine Unterstützung gebeten wurde, ein Lineal aus seinem Schreibtisch holte und es an die Tischkante hielt. Die Lineallänge, die über die Tischkante hinausragte, zeigte dann angeblich die Höhe des Stapels von 100-US $-Noten an, die er für seine Unterstützung verlangte. Mit diesen Machenschaften und Methoden räumte Staatspräsident Chun Do-hwan nach außen nach seiner Machtübernahme tatsächlich auf. Leider stellte sich später, 1996, in dem Gerichtsverfahren gegen ihn und seine Mitverschwörer und Putschisten vom 12. Dezember 1979 dann aber heraus, dass er und seine Gefolgschaft sich auch auf Kosten des Volkes bereichert hatten. Zumindest wurde es in den Prozessen stark in den Vordergrund gestellt.

Die überwiegende Mehrheit der Studenten in Südkorea war trotz ihrer regierungsfeindlichen Haltung anti-kommunistisch eingestellt. Außerdem muss man wissen, dass Studentenunruhen in Korea bereits seit Ende des 19. Jahrhunderts Tradition haben. Beobachtung verdienten damals 1979 aber ca. 6.500 linksorientierte Aktivisten unter den Studenten und Arbeitern, die Anhänger der "Peoples Theology" der koreanischen Form der Theologie der Befreiung waren. Ihr Ziel war die Schaffung eines christlich-sozialistischen Koreas. Unterstützt wurden diese Kräfte, vor allem durch die einheimische untere katholische Priesterschaft, im Land gab es ca. 1,5 Millionen Katholiken, und – nach meinen Informationen – ausländische Missionare. Ein Zusammenfließen rechtsgerichteter sozial-revolutionärer Tendenzen im Offizierskorps mit der radikalen linksorientierten Strömung der Anhänger der Peoples Theology fürchtete die südkoreanische Regierung und hielt auch selbst eine dringende schnelle Verbesserung der sozialen Verhältnisse für notwendig, da sonst eine radikale revolutionäre Veränderung des koreanischen, konfuzianischen Gesellschaftssystems wahrscheinlich gewesen wäre. Die ca. 7,5 Millionen Protestanten in Südkorea gaben der Regierung zwar auch Widerpart, aber da sie in 60 verschiedene Sekten aufgesplittert waren, hatten sie nur geringes Gewicht. Der Einfluss regierungsfeindlicher Kräfte auf die innere Ordnung der Streitkräfte war äußerst gering. Grund war die fast totale Überwachung durch das Defense Security Command und dadurch hatte die oberste Führung das Heft fest in der Hand. Dennoch griff sie zusätzlich zu drastischen Methoden der Indoktrination in den Streitkräften.

Indoktrination in den Streitkräften gegen christliche Dissidenten

Im August 1982 erfuhr ich aus zuverlässigen Quellen von einer Indoktrination der Streitkräfte zwischen Juni und August gegen angebliche Gefahren und Bedrohung von Seiten christlicher Dissidenten.

Die südkoreanischen Streitkräfte nutzten eine Ton-Dia-Show, um die Truppen gegen die angebliche Bedrohung zu indoktrinieren, die für die Streitkräfte und die Republik Korea durch politische Aktivitäten christlicher koreanischer Dissidenten bestehen sollte. Von Seiten der Militärführung wurde behauptet, das Ziel der Dissidenten sei die Schaffung eines christlich-sozialistischen Koreas; ferner wurde behauptet, dass diese Kreise durch Kommunisten infiltriert und beeinflusst seien. Die etwa 30-minütige Dia-Show, erst etwa Ende Mai erstellt, war in Form von Wechselgesprächen zwischen einer Frau und einem Mann sehr professionell aufgezogen und ansprechend mit Musik und Soundeffekten unterlegt.

Erste Kenntnisse über diese Dia-Show wurden durch den Leiter der Diözese Wonju, den katholischen Bischof Daniel Chi, Hak-su bekannt, der sich Freunden anvertraute.

Die Streitkräfte warfen den christlichen Dissidenten vor allem vor:

- Erwecken des Klassenbewusstseins der Studenten, Arbeiter und Bauern mit dem Ziel, das derzeitige Staatssystem zerstören zu wollen
- Forderung nach der Haftentlassung des seit 1980 inhaftierten Kim Dae-jung, „so called democratic figure, verantwortlich und verurteilt für kriminelle Straftaten"
- Den Einsatz für die Menschenrechte nur als Vorwand ihre eigentlichen politischen Ziele zu gebrauchen
- Schaffung eines Anti-Amerikanismus durch die Behauptung, dass die USA die Niederschlagung des Kwangju-Aufstandes gebilligt hätten
- Die Behauptung, dass die USA und Japan zusammenarbeiteten in der Ausbeutung des koreanischen Volkes.

In der Ton-Dia-Show wurden die Christen für eine große Anzahl von Vorfällen seit 1979 und vor allem für die regierungsfeindlichen Demonstrationen in 1980 verantwortlich gemacht, ebenso dafür, dass durch sie Staatsfeinden Unterschlupf gewährt wurde und werde.

Laut dieser Ton-Dia-Show gab es in der Republik Korea 1982 ca. 6.500 christlich-religiöse Aktivisten, die Anhänger einer koreanischen Form der „Theologie der Befreiung" seien.

Die wesentlichsten angeblich radikalen Organisationen der christlichen Dissidenten in der Republik Korea waren lt. der Ton-Dia-Show:

- The Christian Action Organisation
- The Justice and Peace Committee
- The Urban Industrial Mission

- The Young Christian Workers Association
- The Christian Student Federation
- The Oecumenical Youth Council
- The Catholic University Student Association

Laut der Darstellung der Streitkräfte in dieser Ton-Dia-Show wurden 1981 im Heer 27 Fälle aufgedeckt, in denen Soldaten unter dem Einfluss christlicher Gruppen in regierungsfeindliche Aktionen in der Truppe verwickelt waren oder gegen die Regierung gerichtete Flugblätter verteilten.

Die Ton-Dia-Show schloss wie folgt: *„Scharfe Maßnahmen sind jetzt in den Streitkräften erforderlich, um ein für alle Mal den in Umfang zwar noch geringen, aber potentiell starken, gefährlichen christlichen Einfluss auszurotten. Offiziere seid wachsam und haltet Ausschau nach Soldaten, die in politischen und christlichen Dissidentenkreisen mitarbeiten oder gar in den Kwangju-Aufstand verwickelt waren."*

Zusammen mit anderen Zeitzeugen und Beobachtern der Entwicklung des Inneren Gefüges in den Streitkräften nach der Ermordung von Staatspräsident Park Ghung-hee im Oktober 1979 erschien uns diese Ton-Dia-Aktion der Militärführung unverständlich, ja sogar „stupid". Der Oberbefehlshaber des Heeres, General Hwang Yong-si, Mitverschwörer Chun Do-hwans vom 12. Dezember 1979, war engagierter evangelischer Christ. Sein Wahlspruch, der u.a. auf Erinnerungstellern zusammen mit einer Kampfszene aufgeführt war, lautete „God loves the strong". General Hwang war aber an Einfluss offensichtlich nicht der Stärkste im Heer, wie hätte sonst die Indoktrination der damals etwa 585.000 Soldaten der Landstreitkräfte stattfinden können. Praktizierender katholischer Christ war auch der Direktor Defence Intelligence Agency Korea, Generalleutnant Choi Sung-taek, ebenfalls wie Staatspräsident General a.D. Chun Do-hwan früherer Angehöriger der Kl. 11 der KMA und Teilnehmer des Staatsstreiches vom 12. Dezember 1979 (Bild 10). Entweder hatte auch er wie der Oberbefehlshaber des Heeres nicht genügend Einfluss, die Indoktrination der Streitkräfte zu verhindern oder aber, was ich nicht ausschließen möchte, war er sogar von der Notwendigkeit der Aktion überzeugt gewesen. Generalleutnant Choi war stets ziemlich undurchsichtig und trug im Militärattachékorps wohl nicht ganz zu Unrecht den Beinamen Mephisto.

Trotz der christlichen Einstellung führender Generäle richtete sich das Augenmerk der Staatsführung auf christliche Offiziere und vor allem auf die christlichen Generäle in den südkoreanischen Streitkräften, die 1982 eine zwar kleine, aber in der Auswirkung möglicherweise ggf. ausschlaggebende neue Machtgruppierung in der Truppe aufbauten. Ich wusste davon, weil ich seit 1979 mit einem Generalmajor, einem engagierten evangelischem Christen, eine enge kameradschaftliche, ja schließlich freundschaftliche Verbindung hatte. Dieser General war in seiner Art ein völlig unkoreanischer Offizier: er war tolerant und ausgeglichen und im Gespräch völlig offen. Genaue Zahlen über den christlichen Anteil im Offizierskorps lagen angeblich selbst den sonst bis ins Detail informierten Quellen nicht vor.

Der Initiator der damaligen Indoktrination gegen die Christen in den Streitkräften war nach meiner Beurteilung der Kommandierende General des Defence Security Command, Generalleutnant Park Chun-byang, angeblich ein enger Vertrauter des Staatspräsidenten General a.D. Chun Do-hwan. Offensichtlich hatte er den Einfluss christlicher Dissidenten in den Streitkräften total überbewertet. Bis zum Ende meiner Verwendung in Seoul im September 1983 waren angebliche Gefahren für Staat und Armee von Seiten christlicher Dissidenten kein Thema mehr.

Neues nationales Bewusstsein

Seit Ende 1979 entwickelte sich in Südkorea im Volk trotz der oppositionellen Bestrebungen zahlreicher Dissidentengruppen ein neues nationales Bewusstsein. Der schon immer vorhandene gesunde Patriotismus wuchs sich mehr und mehr zu einem übersteigerten Nationalismus aus und nahm teilweise chauvinistische Züge an. Die Entwicklung erfasste alle Bereiche und Schichten, einschließlich sogar von Teilen der außerparlamentarischen regierungsfeindlichen Opposition. Der koreanische Nationalismus äußerte sich sogar oft in antiamerikanischer Einstellung. Im Grunde war er aber eine Antihaltung gegen zu starkes Eindringen westlicher Lebens- und Kulturformen und gegen liberales westliches Gedankengut. In den Augen vieler Koreaner waren damals und vermutlich noch heute sogenannte Westener (Europäer, Amerikaner) nicht mehr als durch glückliche Umstände zu unverdientem Wohlstand gelangte Barbaren von fragwürdiger Kultur.

Zum Ende meiner Verwendung als Verteidigungsattaché bei unserer Botschaft in Seoul bot sich mir ein sehr differenziertes Bild der inneren Lage Koreas dar. Staatspräsident Chun Do-hwan behauptete sich in seiner Stellung. Er wurde weiterhin getragen von einer Gruppe führender Generale des Heeres, die wie er Absolventen der Klasse 11 und der Klasse 12 der Korean Military Academy waren. Auf diese Generale hatte Chun Do-hwan bei seinen Entscheidungen aber Rücksicht zu nehmen und wesentliche Entscheidungen wurden in dieser Gruppe vorbereitet. Führer der Generalsgruppe war ein Hardliner, der mir seit Sommer 1980 persönlich gut bekannte Generalleutnant Chung Po-jong. Er leitete als kommandierender General des Special Warfare Command im Mai 1980 die Niederschlagung des Kwangju-Aufstandes. Er war ein krasser Nationalist und wenig amerikafreundlich. Zu der Gruppe gehörten aber auch der Chairman Joint Chiefs of Staff, General Lee Ki-baek und der Direktor Defense Intelligence Agency, Generalleutnant Choi Sun-taek. Nach zahlreichen internen Machtkämpfen zeigte sich aber im September 1983 nach außen eine geschlossene Machtgruppe in der obersten Führung.

Große Finanz- und Korruptionsskandale, in die unter anderem auch ein General a. D. und der Onkel seiner Frau verwickelt waren, Naturkatastrophen, insgesamt 90 Tote 1982 beim U-Bahnbau in Seoul und der Amoklauf eines Polizisten, der 1982 in einer entlegenen Gegend im Süden des Landes 56 Personen erschoss, hatten Chun Do-hwans Stellung nicht nur im Volk, sondern auch bei seinen Gefolgsleuten erschüttert. Was man bei uns als höhere Gewalt beurteilen würde, wird nämlich in der konfuzianisch ausgerichteten koreanischen Gesellschaft auch heute noch dem Verantwortlichen an der Spitze angelastet und von ihm die Übernahme der moralischen Verantwortung erwartet.

Stellung der militärischen Führungselite im Staat

Bereits Staatspräsident Park Chung-hee, aber mehr noch Staatspräsident General a. D. Chun Do-hwan waren in ihrem durch starke Verbände des Capital Security Command gesicherten Amtssitzes, dem sogenannten "Blauen Haus" (von Chong Wa-dae = Haus mit blauem Dach) zum Teil auch von jungen und fähigen zivilen Technokraten umgeben. Sie waren eine separate Gruppe, hauptsächlich auf wirtschaftlichem und wissenschaftlichem Gebiet tätig. Entscheidungen wurden aber auf jedem Gebiet nur von den Militärs getroffen. Im Durchschnitt ca. 15 Offiziere (Oberst bis Generalmajor) der Jahrgänge 15 bis 22 der Korean Military Academy (KMA) waren als Direktoren oder Referatsleiter in den entscheidenden Stellen im Blauen Haus. Der Secretary General des macht- und einflusslosen Premierministers war ein Konteradmiral. Er war der "Imperial Spy" in der Regierung, so hieß es. Im Kabinett waren die Schlüsselposten Verteidigung, Innen- sowie Transport- und Regierungsverwaltung in der Hand von Generälen. Der Direktor der Agency for National Security Planning war zwar ein Zivilist, der 1983 das Sagen hatte, aber sein erster Stellvertreter, ein Generalmajor der Klasse 12 der KMA. Im Auswärtigen Dienst waren damals ca. 1/3 aller Botschafterposten nach Machtübernahme durch Chun Do-hwan mit für diesen Zweck ausgeschiedenen Offizieren besetzt. Darunter waren auch zwei Obersten, die vorher Verteidigungsattaché in Bonn waren. Von den 152 Abgeordneten der regierenden Democratic Justice Party waren 1983 etwa 10 % ehemalige Generäle. Der Präsident der Nationalversammlung war bis zum August 1983 ein Generalleutnant a. D., er führte anschließend für Chun Do-hwan die Geschäfte als Vorsitzender der Regierungspartei.

Im Blauen Haus beschäftigte sich ein eigenes Referat ausschließlich damit, aus dem aktiven Dienst ausgeschiedene Oberste und Generale / Admirale in Führungsposition der Staatsverwaltung oder Wirtschaft unterzubringen. Präsidenten und Vizepräsidenten großer Wirtschaftsunternehmen, leitende Beamte und Staatsangestellte, meistens ehemalige Obersten und Generäle wurden vom Staatspräsidenten ausgesucht, ernannt und entlassen. Auch in der Sae Maul-undong (neue Dorfbewegung) waren die führenden Posten durch ehemalige Militärs besetzt.

Generalsekretär von Sae Maul-undong war der Bruder von Staatspräsident Chun Do-hwan. Unter Park Chung-hee war er zuletzt Chef des Stabes der Presidential Security Force. Die Sae Maul-Undong wurde 1970 gegründet und hatte großen Anteil an der positiven Entwicklung der ländlichen Gebiete. Seit Anfang der 80er-Jahre war sie aber mehr eine Massenorganisation, in deren Schulungsstätten jährlich Tausende, vom Pfadfinderführer bis zur Ministerfrau, alle in einheitlichen Drillichanzügen gekleidet, Kurse über die Politik der neuen Ära zu absolvieren hatten.

Staatspräsident Chun Do-hwan und die Generäle, seine Jahrgangskameraden aus der der Klasse 11 der Korean Military Academy, die am 12. Dezember 1979 die Macht an sich rissen, gründeten bereits 1955 nach Angaben mir gut bekannter ehemaliger südkoreanischer Offiziere und nach US Informationen eine geheime Vereinigung namens „hanahoe“ (Group of one) mit dem Ziel, ein freies, unabhängiges und starkes Korea zu schaffen. Im Volk lief diese Gruppierung aber unter der Bezeichnung „Seven Star Club“. Sieben Sterne haben in der koreanischen Mythologie eine besondere Bedeutung. Eine Mutter zum Beispiel, die während der Schwangerschaft im Traum sieben Sterne sieht, wird nicht nur einen Sohn zur Welt bringen, sondern dieser Sohn wird ein hoher Politiker, "vielleicht sogar General".

Alle Bereiche in Südkorea waren durch die Streitkräfte beeinflusst, viele durch sie beherrscht. Die Herrschaft lag jedoch nicht bei den Streitkräften als Institution, sondern bei der als hanahoe-Fraktion bzw. „Seven Star Club“ bezeichneten Gruppierung innerhalb der Streitkräfte. Defence Security Command und KCIA überwachten ab Ende1979 die Streitkräfte als Institution schärfer und lückenloser als zuvor. So konnten Konflikte und Rivalitäten zwischen der hanahoe-Fraktion und anderen konkurrierenden Offiziersgruppen unter Kontrolle und im Sinne der herrschenden Schicht gelöst werden.

Seine dominierende Stellung machte das Militär alljährlich am Tag der Streitkräfte (01. Oktober) in einer gekonnten und hervorragenden Selbstdarstellung dem Volk deutlicher denn je klar. In besonderem Maße geschah dies durch die große Militärparade, die seit 1979 aus Kostengründen (ca. 2 Mio. US-$) nur noch alle zwei Jahre stattfand.

Seine Auffassung über die Rolle der Streitkräfte in Südkorea machte Staatspräsident Chun Do-hwan am 08. Dezember 1982 vor 111 führenden Generälen und Admirälen mit folgenden Worten deutlich: *"The military commanders should spearhead efforts to inspire the soldiers and their family members with a sense of being the masters of the nation".*

Die ab 1979/80 in Südkorea herrschende militärische Führungsschicht war von ihrem Elite- und Sendungsbewusstsein so überzeugt, dass sie die Macht auch auf weite Sicht nicht auf friedliche Weise in zivile Verantwortung zurückgeben würde.

Ausbildungshilfe Bundeswehr für die südkoreanischen Streitkräfte

Seit 1962 leistete die Bundeswehr den südkoreanischen Streitkräften Ausbildungshilfe. Bis zu zwei Kadetten der Korean Military Academy durchliefen z.B. jährlich in der Bundesrepublik Deutschland zunächst die deutsche Ausbildung zum Offizier, um später, nach entsprechender Erfahrung in den eigenen Streitkräften, Kompaniechef- und Bataillonskommandeur-Lehrgänge in der Bundesrepublik Deutschland zu besuchen. Einige dieser Offiziere waren anschließend sogar Lehrgangsteilnehmer des einjährigen Verwendungslehrgangs Generalstabsdienst / Truppenführung für ausländische Offiziere an der Führungsakademie der Bundeswehr in Hamburg-Blankenese.

Südkoreanische Offiziersanwärter oder Offiziere, die Lehrgänge in der Bundesrepublik Deutschland besuchen sollten, mussten bereits über gute Grundkenntnisse der deutschen Sprache verfügen. Ihr Wissensstand wurde vor der endgültigen Nominierung im Militärattachéstab in einer mehrstündigen schriftlichen und mündlichen Prüfung getestet. Fast immer erfüllten die Kandidaten die notwendigen Voraussetzungen, die ich mit meiner Unterschrift bestätigen musste. Ab und zu kam es vor, dass einer der für den Lehrgangsbesuch in Deutschland vorgesehen Soldaten zwar nur geringe Grundkenntnisse der deutschen Sprache besaß und zunächst die notwendigen Voraussetzungen nicht erfüllte, dafür aber Protektion von höchster Stelle hatte. Oft war es gar nicht leicht eine für beide Seiten gute und hilfreiche Lösung zu finden, z.B. Nachhilfeunterricht und erneute Überprüfung der Deutschkenntnisse in meinem Stabe. Grundsätzlich aber schuf die koreanische Seite durch intensive Sprachausbildung an der Korean Military Academie alle sprachlichen Voraussetzungen für eine Lehrgangsteilnahme ihrer Soldaten im Ausland. In Deutschland besuchten dann alle Lehrgangsteilnehmer vor der eigentlichen militärischen Ausbildung noch einen deutschen Sprachkursus am Bundessprachenamt in Euskirchen bzw. später in Köln-Hürth.

Die in der Republik Korea akkreditierten Militärattachés – besonders der USA, Japans und Deutschlands – wurden durch das Defence Security Command und durch die Agency for National Security Planning (vorher Korean Intelligence Agency / KCIA) scharf überwacht. Das Misstrauen dieser Sicherheitsorgane auch gegenüber den eigenen Soldaten und die dadurch erzeugte Furcht vor möglichen Nachteilen hielt aber die meisten früheren Lehrgangsteilnehmer nach Rückkehr in ihr Heimatland davon ab, sich mit mir in der Öffentlichkeit zu zeigen. Einladungen zu gesellschaftlichen Anlässen in größerem Rahmen wurden aber in der Regel akzeptiert. Grundsätzlich waren aber viele Offiziere, die Lehrgänge bei der Bundeswehr besucht hatten, offen für einen Meinungsaustausch mit mir und dadurch eine wertvolle Hilfe für die Erfüllung meines Auftrages.

Wiederholt betonten hochrangige Vertreter der südkoreanischen Streitkräfte sowohl mir, als auch dem Botschafter gegenüber, wie sehr die Streitkräfte von den durch die Lehrgangsteilnehmer in Deutschland erworbenen Kenntnissen profitierten. An erster Stelle wurde dabei die Auftragstaktik und an zweiter Stelle die in der Bundeswehr praktizierte Menschenführung genannt.

Offiziere, die nach einem Lehrgangsbesuch in der Bundesrepublik Deutschland nach Korea zurückkehrten, bestachen im Gegensatz zu anderen Offizieren, die nicht die Chance eines Lehrgangsbesuchs im Ausland gehabt hatten, durch ihre relative Offenheit auch bei eher schwierigen politischen Themen. Sie äußerten vor allem deutlich die Überzeugung, dass unser auf manchen Gebieten zu freie Gesellschaftssystem zwar auch nicht ideal sei, aber doch einem autoritären Staatssystem vorzuziehen sei. Nach meiner Beurteilung waren Offiziere, die Lehrgänge bei der Bundeswehr besucht hatten, weniger nationalistisch eingestellt als manche Kameraden, die nicht draußen gewesen waren. Insbesondere wurde dies deutlich in ihrer Auffassung über die Handhabung der Menschenrechte in ihrem eigenen Land.

Von 1962 bis 1983 besuchten 40 südkoreanische Offiziere den einjährigen Verwendungslehrgang Generalstabsdienst / Truppenführung an der Führungsakademie der Bundeswehr in Hamburg-Blankenese. Fünf von ihnen waren später Militärattaché der Republik Korea in der Bundesrepublik Deutschland.

Meinen letzten Truppenbesuch vor Ende meiner „tour of duty" in Korea machte ich im August 1983 beim Infanterieregiment 100. Sein Kommandeur, Oberst Kim Hong-kyu, hatte 1974 den einjährigen Generalstabslehrgang an der Führungsakademie der Bundeswehr besucht. Vor seiner Verwendung als Regimentskommandeur war Oberst Kim Hong-kyu G 2 des Special Warfare Command.

Sowohl für die Republik Korea als auch für die Bundesrepublik Deutschland beurteile ich die durch uns gegebene militärische Ausbildungshilfe noch heute als sehr wesentlich und wichtig.

Innenpolitische Lage und Entwicklung bis Ende 1983

Als ich Anfang September 1983 Südkorea wieder verließ, waren kräftige Keime und genug Nährboden für eine Destabilisierung der inneren Lage immer noch reichlich vorhanden. Unter Staatspräsident Chun Do-hwan war der versprochene Demokratisierungsprozess überhaupt nicht richtig eingeleitet worden, er stagnierte. Alle Ergebnisse waren eher kosmetischer Natur. Die Begnadigung und Freilassung politischer Gefangener geschah hauptsächlich aus außenpolitischen Gründen (Kim Dae-jung 1982) oder weil sie keine Gefahr mehr darstellten (General Chung Seung-wa 1981). Eine Teilung der Gewalten gab es trotz der vorhandenen verfassungsgemäßen Grundlage und Organe nur auf dem Papier. Die oberste Führung nahm durch eine entsprechende Auswahl und Indoktrination der Richter und Staatsanwälte gezielt Einfluss auf die Rechtsprechung. Die Exekutive, vor allem die schlecht ausgebildete Polizei, handelte relativ willkürlich. Die Agency for National Security Planning (vormals Korean Central Intelligence Agency) betrieb auch Inlandsaufklärung und stellte zusammen mit dem Defense Security Command die fast lückenlose Überwachung von Staat und Gesellschaft sicher. Die Meinungsfreiheit litt darunter natürlich in erheblichem Maße. Positiv war aber festzustellen, dass die Regierung bekannt gewordene Fälle von Gewaltanwendung jeder Art in letzter Zeit, z.B. gegen Häftlinge, untersuchte und diese tatsächlich ahndete.

Die Nationalversammlung, in der Chuns Democratic Justice Party durch ein entsprechendes Wahlgesetz die absolute Mehrheit hatte, war hinsichtlich der Gesetzgebung nur Ausführungsorgan der obersten politischen Führung. Mit beachtenswertem Engagement und teilweise scharfer Kritik an einzelnen Regierungsmitgliedern erreichten aber die Oppositionsparteien 1982/1983 die Abstellung von Missständen in der Verwaltung und sogar die Ablösung hoher Beamter. Alle Parteien waren von oben gegründet worden. Dennoch entwickelte sich zumindest das parlamentarische Leben im Sinne westlicher Demokratievorstellung. Die Massenmedien unterlagen einer sogenannten Selbstzensur. Völlig tabu war Kritik am Staatspräsidenten oder den Streitkräften. Mehr und mehr wagte es aber ab 1982 die gelenkte Presse für die Regierung unangenehme Probleme, besonders aus dem sozialen Bereich, aufzugreifen und Abhilfe zu verlangen. Geschickt nutzten viele Zeitungen den gebliebenen Spielraum, um die Regierung an ihr Ziel eines gerechten demokratischen Wohlfahrtstaates zu erinnern. Und wenn es nur in Form eines wirkungsvollen sarkastischen Cartoons war, z.B. Hinweise auf fehlende echte Interessenvertretung für die Arbeiter.

Laut einer Studie des Korea Development Institute betrugen 1980 die monatlichen Mindestkosten für die Lebenshaltung für einen 5-Personen-Haushalt umgerechnet 810,00 DM. Im selben Jahr verdienten aber 86 % der Lohnempfänger weniger als 600,00 DM.

Das Pro-Kopf-Einkommen lag 1983 bei $ 1.705. Eine Mittelschicht bildete sich damals in Südkorea erst langsam heraus. Einer sehr reichen Oberschicht von ca. 2 % standen Ende 1982 aber ca. 14 % der 40 Millionen Einwohner, und davon 20 % der 9,3 Millionen Einwohner der Hauptstadt Seoul gegenüber, die am oder unter dem Existenzminimum lebten.

Vor allem die Arbeiter, deren Realeinkommen bei Lohnerhöhungen unterhalb der Inflationsrate seit etwa 1980 ständig gesunken war, häuften mit ihren ungelösten Problemen der Regierung viel sozialen Zündstoff an. (u.a., da in den meisten Fabriken, Werften etc. immer noch eine 6 bis 7-Tage-Woche mit bis zu 14 Stunden täglicher Arbeitszeit durchgeführt wurde)

Eine Solidarisierung der Arbeiter mit den Studenten, die mit teilweise unrealistischen innenpolitischen Forderungen gegen die autoritäre Regierung aufbegehrten, schien 1983 nicht ausgeschlossen, falls die Kluft zwischen der reichen Oberschicht und den ärmeren Bevölkerungsschichten nicht bald überbrückt würde. Das kontinuierliche Absinken der Inflationsraten und der Wiederanstieg des BSP seit 1981 bot aber deutliche und mögliche Lösungsmöglichkeiten für beide Seiten, die schließlich Südkorea zu beachtlichem wirtschaftlichen Erfolg führte.

Inflationsraten und Absinken /Steigerung BSP im Vergleich:

1980 = 34,6 zu minus 2,6 %

1981 = 22,5 zu plus 6,5 %

1982 = 7,3 zu plus 5,5 %

1983 = ca. 5 zu plus 10 %

Einfluss nordkoreanischer Kommandoaktionen auf die innere Sicherheit und Stabilität

Terrorismus im Stile der Roten Armee Fraktion gab es zu meiner Zeit in Südkorea nicht. Aufkommende südkoreanische Guerillatätigkeit nach den Unruhen in Südwestkorea im Zusammenhang mit dem Kwangju-Aufstand, genährt durch nordkoreanische Infiltranten und Kommandotrupps konnte durch das Heer erfolgreich im Keim erstickt werden. Die Sprengung des US Kulturzentrums in Taegu am 22. September 1983 geht nach meiner Beurteilung aber wahrscheinlich auf das Konto solcher Kräfte.

Eine Bedrohung für die innere Lage, für die innere Sicherheit Südkoreas stellte während der gesamten Zeit, die ich in Südkorea verbrachte, die steigende Anzahl nordkoreanischer Kommandounternahmen dar. Eingesickert über die Demarkationslinie oder angelandet in kleinen Sturmbooten oder Mini-U Booten an den langen Küsten des Gelben Meeres oder der Japan-See infiltrierten sie das südkoreanische Hinterland, spionierten, ermordeten oft Zivilisten, von denen sie sich entdeckt glaubten, und verübten häufig Sprengstoffanschläge.

Bereits wenige Wochen nach meiner Ankunft in Südkorea war ich im Oktober 1978 selbst persönlich mit einer Antiguerillaaktion der Streitkräfte konfrontiert worden. Ich war eine Woche lang mit meinem koreanischen Fahrer im Süden des Landes auf einer Aufklärungsfahrt unterwegs, um mir einen ersten Eindruck zu verschaffen. Die Fahrt war beim Verteidigungsministerium angemeldet und in etwa auch die Fahrtroute. Zum Schluss dieser Aufklärungsfahrt wollte ich an der Ostküste den Strand von Taejon, ca. 120 Kilometer von Seoul entfernt, ansehen, von dem mir Angehörige der deutschen Kolonie in Seoul erzählt hatten, dass dies ein ordentlicher Badestrand und ein beliebter Ausflugsort für den Sommer sei. Als wir an einem Nachmittag etwa gegen 16.00 Uhr dort eintrafen, waren wir plötzlich umringt von schwer bewaffneten Special Forces der südkoreanischen Streitkräfte. Ich erfuhr, dass wenige Stunden zuvor unweit dieses Strandes ein nordkoreanischer Kommandotrupp angelandet war. Ein Bauernehepaar, das während Feldarbeiten die Landung beobachtet hatte, ermordeten sie und waren dann verschwunden. Zu meiner Sicherheit wurden mir Soldaten mitgegeben, die mich nach Seoul zurück begleiteten. Ein Feldwebel, der sich neben den Fahrer setzte, zeigte mir stolz seine Ausrüstung und Bewaffnung. Als er dann schließlich auch noch seine mitgeführten Handgranaten vom Koppeltragegestell löste und mir nach hinten herüberreichte, wurde es mir doch eher unbequem, und ich bat ihn durch meinen Fahrer, mit der Waffenschau aufzuhören.

Wenige Tage später erfuhr ich, dass es den Südkoreanern nicht gelungen war, dieses nordkoreanischen Kommandotrupps habhaft zu werden. Er war in der Nähe von Inchon, unter Verlusten zwar, aber doch erfolgreich, auf nordkoreanisches Gebiet zurückgekehrt.

Zwischen April 1982 und September 1983 stieg die Zahl der Kommandounternehmen durch nordkoreanische Special Forces im Rückwärtigen Gebiet Südkoreas sprunghaft an. Herausragend darunter das vereitelte Unternehmen eines nordkoreanischen Kommandotrupps gegen ein Atomkraftwerk (Candu-Schwerwasserreaktor) an der Ostküste ca. 18. Kilometer nordostwärts der Hafen- und Industriestadt Ulsan am 05. August 1983.

Nur eine Woche später, am 13. August 1983, versenkte die südkoreanische Marine in einem Präventivangriff in der Japansee ein als japanischer Fischdampfer getarntes Schnellboot Nordkoreas. Es war aber ein offenes Geheimnis, dass die südkoreanischen Streitkräfte, die südkoreanischen Special Forces, genauso in Nordkorea mit Kommandounternehmen agierten.

Um dieser seit 1982 gestiegenen Bedrohung durch nordkoreanische Kommandounternehmen besser Herr werden zu können, wurden ab Mitte 1982 im Rückwärtigen Gebiet zahlreiche Anti Guerilla Warfare Bataillone neu aufgestellt. Ferner wurden zwei Special Forces Brigaden von der innerkoreanischen Grenze abgezogen und nach Südwestkorea verlegt. Seit März 1983 gab es für alle drei Teilstreitkräfte ein umfassendes Anti Guerilla Warfare Program. Diese Maßnahmen ließen darauf schließen, dass die Streitkräfte sich sowohl auf eine weitere Zunahme nordkoreanischer Kommandounternehmen einstellten, als auch auf den möglichen verstärkten Aufwuchs von Guerilla-Tätigkeit durch radikale subversive Kräfte der damaligen außerparlamentarischen Opposition.

Südkoreas Zukunft aus der Sicht von 1983

Die permanente militärische Konfrontation mit Nordkorea und der damals noch drohende Schatten der Sowjetunion über der koreanischen Halbinsel ließen Südkorea aufgrund seiner geostrategischen Lage zunächst nur eine Alternative: Im Bündnis mit den USA – und später vielleicht Japan – durch starke präsente Streitkräfte mit ständig hoher Einsatzbereitschaft jeden möglichen Feind abzuschrecken, um so die Stabilität in der Region Ostasien aufrechtzuerhalten. Auch die in der Region kollidierenden Machtinteressen der vier pazifischen Großmächte (USA, Japan, VR China, Sowjetunion) schlossen auf weite Sicht einen gar neutralen Kurs Südkoreas aus. Als wahrscheinlich beurteilte ich aber auf weitere Sicht eine mehr und mehr unabhängige Sicherheits- und Militärpolitik Seouls auf der Grundlage eigener wirtschaftlicher und militärischer Stärke mit dem Ziel, sich – mit den USA im Rücken – in friedlicher Koexistenz mit der VR China und Sowjetunion zu arrangieren, um so die Bedrohung zu mindern. Grundlage für meine Beurteilung waren folgende mögliche Faktoren, die zu einer Veränderung des Security Environments führen konnten:

- Überstrapazierung und ggf. Erschöpfung der wirtschaftlichen und militärischen Möglichkeiten der USA
- ein militärisch erstarktes Japan
- Ausbau der sowjetischen Machtposition in Ost-/Südostasien
- eine auch konventionell militärisch starke VR China, vor allem bei der Flotte
- eine Wiederannäherung zwischen der VR China und der Sowjetunion.

Mehr als die Medien in den USA ließen die Medien, aber auch führende Politiker in Europa, vor allem in Deutschland, während meiner Verwendung in Südkorea kaum eine Gelegenheit vorübergehen, das damals in der Tat autoritäre, ja oft diktatorische Regierungssystem zu brandmarken. Dabei machten sie nach meiner Beurteilung aber meistens den gravierenden Fehler, eine auf weite Sicht durchaus mögliche begrenzte Demokratisierung in Südkorea an unseren Demokratievorstellungen zu messen. Aufgrund der geistigen und kulturellen Tradition Koreas, insbesondere unter Berücksichtigung der konfuzianischen Lehre, sollte trotz Schaffung entsprechender Institutionen eine Demokratie in unserem Sinne nicht erwartet werden.

Besonders herausstellen möchte ich aber, dass südkoreanische Offiziere, die in der Bundesrepublik Deutschland Lehrgänge besucht hatten, vor allem den einjährigen Generalstabslehrgang Mittlere Führung an der Führungsakademie der Bundeswehr in Hamburg, und anschließend sogar zum Teil in führenden Stellen in Truppe und Stäben waren, durch das bei uns aufgenommene demokratische Gedankengut Voraussetzungen für eine freiere politische Entwicklung in der Zukunft in ihrem Heimatland schafften. Sie wirkten mäßigend auf sogenannte "Hardliner" in den Streitkräften ein. Leider wurden aber auch viele Offiziere, die Lehrgänge in Deutschland absolviert hatten, nach Rückkehr ins Vaterland nicht immer gefördert, ja erhielten aus

Misstrauen oft sogar Verwendungen, in denen sie mit ihren Ideen eher neutralisiert wurden.

Aber auch zum Ziel einer "Demokratie auf koreanisch" schien es Ende 1983 noch ein weiter Weg zu sein. Ein zu schnelles Lockerlassen der Zügel durch die Regierung hätte m.E. damals sogar die innere Ordnung im Staat wie 1979 erneut an den Rand des Zusammenbruchs gebracht. Nordkorea hätte dann gewiss seine Chance für eine gewaltsame Wiedervereinigung der Halbinsel genutzt. Allein dieser Grund zwang wahrscheinlich schon die Machtgruppe um den Staatspräsidenten und das Offizierkorps zur Einigkeit und Gefolgschaft. Offene Machtkämpfe innerhalb der Streitkräfte und/oder ein erneuter gewaltsamer Wechsel an der Spitze des Staates hätten die innere Lage nämlich ebenfalls wieder destabilisiert.

Weiterer wirtschaftlicher Aufschwung, die Lösung der sozialen Probleme waren dagegen bei meinem Weggang im Herbst 1983 neben der Aufrechterhaltung der äußeren und inneren Sicherheit vorrangig und Voraussetzung, ob Südkorea seine inzwischen relativ stabile innere Lage würde behalten und ausbauen können.

Es zeichnete sich zu der Zeit auch bereits deutlich ab, dass Südkorea, falls es gelänge, die anstehenden Probleme zu lösen, am Ende des Jahrhunderts vor allem wirtschaftlich, aber begrenzt auch militärisch, eine der bestimmenden Mächte in Ost-/Südostasien sein würde. Dieses mögliche Ergebnis war sogar nach Meinung oppositioneller Kräfte die Grundlage für eine schließlich mehr zivilere und demokratischere Herrschaft im Innern. Da sich aber die damalige oberste Führung mit einem ehemaligen General an der Spitze ein freies, unabhängiges und vor allem militärisch und wirtschaftlich starkes Korea als Ziel gesetzt hatte, machte sie immer wieder deutlich, dass sie die Macht nicht gerade dann zurückgeben würde, wenn sie dieses Ziel gewonnen haben sollte. Der entscheidende Machtfaktor waren deshalb im Herbst 1983 auch auf weitere Sicht in Südkorea nur die Streitkräfte.

Das Militärattachékorps in Seoul

In diese innenpolitische sicherheits- und militärpolitische Gesamtlage war unser gesamtes dienstliches und privates Leben eingebettet. Die Militärattachés waren Angehörige des diplomatischen Korps, bildeten aber innerhalb des Diplomatischen Korps ein eigenes Korps, das Militärattaché-Korps. In Seoul waren zur Zeit meiner Ankunft vor Ort insgesamt 22 Staaten mit Militärattachéstäben vertreten; einige Staaten, wie die USA, Japan und Taiwan verfügten über große Militärattachéstäbe mit zahlreichen Mitarbeitern. Zahlreiche Militärattachés hatten ihren Hauptdienstort aber z.B. in Tokyo oder Bangkok und nur ein sog. Nebenagrement in Seoul, z.B. die Militärattachés der Schweiz oder Israels.

Doyen des Militärattachékorps war bei meiner Ankunft der französische Oberst Jacques Dubois und ab 1981 – und auch noch bei meiner Abreise – der philippinische Oberst Viktor Mayo. Viktor Mayo war ein umgänglicher und stets heiter gestimmter Kamerad. Zahlreiche Militärattachés waren zugleich auch United Nations Liaison Officers, und zwar waren es die Offiziere der Länder, die zusammen mit den USA aktiv am Korea-Krieg beteiligt waren. Diese Kameraden hatten dadurch einen erheblichen Informationsvorteil.

In den letzten zwei Jahren meiner Anwesenheit in Seoul wurde ich noch stellvertretender Doyen. Ich hatte einen ganz anderen Stil als Victor Mayo, das Militärattachékorps zu führen. Den koreanischen Offizieren war dies nicht geheuer, weil ich ihnen gegenüber nicht so konziliant wie mein Kamerad Victor Mayo auftrat. Als im Sommer 1982 Oberst Mayo erwähnte, dass er möglicherweise nach Manila zurückversetzt würde, sagte Generalleutnant Choi Sun-taek, der Direktor der Defence Intelligence Agency, in seiner und meiner Gegenwart in nicht nur humorvollem Ton: *„Um Gottes Willen, Colonel Mayo, bleiben Sie, bleiben Sie, denn sonst wird ja der Oberstleutnant Brüggemann hier der Doyen, und dann haben wir ein hartes Leben"*.

Zu den besonderen dienstlichen gesellschaftlichen Anlässen gehörte zweimal im Jahr ein Golf-Turnier. Im Frühjahr lud das Militärattaché-Korps die Spitzen der südkoreanischen Streitkräfte ein und im Herbst erfolgte dann die Gegeneinladung. Das Golfturnier fand auf einem Neun-Loch-Platz inmitten des US-Hauptquartiers in Yongsan statt und endete stets mit einem üppigen Bankett, bei dem der Genuss von soju, dem koreanische Reisschnaps, zeitweise nicht gerade mäßig war.

Zweimal im Jahr organisierte das Foreign Liaison Bureau des südkoreanischen Generalstabes Militärattachéreisen innerhalb Südkoreas (Bild 11). An den Reisen nahmen stets auch unsere Frauen teil. Die erste Reise fand wenige Wochen nach unserer Ankunft in Seoul Mitte Oktober 1978 statt, zu einem für uns sehr ungünstigen Zeitpunkt, da gerade unser Umzugsgut aus Deutschland eingetroffen und das Haus nur provisorisch eingerichtet war. Wir hatten zwar inzwischen zwei Maids gefunden, die sich auch um die Kinder kümmern konnten, aber es war doch, vor allen Dingen für meine Frau und die Kinder, eine große Belastung, dass wir jetzt für vier Tage Seoul verließen, um an dieser Reise teilzunehmen. Die Reise ging an die Ostküste Koreas. Wir flogen mit einer Militärmaschine vom militärischen Teil des Flughafens Seoul-Kimpo bei strahlendem Wetter ab. Als wir uns dann dem Sorak San (Sorak-Gebirge) näherten, wurde das Wetter immer schlechter, die Wolken immer dichter und machten jede Sicht unmöglich. Nur ab und zu sahen wir unter uns zum Greifen nahe Berggipfel und Felsspitzen. Der Pilot erhielt in Kangjung / Ostküste keine Landeerlaubnis und flog zunächst hinaus auf die Japansee und drehte dort für eine halbe Stunde Runden, um dann aufs Festland zurückzukehren. Die Sicht war aber inzwischen nicht besser geworden; uns war allen deswegen nicht sehr wohl. Plötzlich aber fand der Pilot ein Luftloch und landete sicher zu unserer aller Erleichterung. Es folgten vier schöne und hochinteressante Tage. Das Programm umfasste Besuche in militärischen Einrichtungen und Truppenteilen, aber auch in zivilen Einrichtungen wie Fabriken und Schulen.

Besonders vertraut gemacht wurden wir mit der Bedrohung durch Nordkorea unmittelbar südlich der Demarkationslinie. Immer wieder landeten gerade an der Ostküste nordkoreanische Kommandotrupps an und terrorisierten die Bevölkerung im Hinterland oder verursachten Sabotageakte.

Die Hotelinfrastruktur außerhalb Seouls war damals, 1978, in Südkorea noch relativ bescheiden, so auch im Sorak-san. Wir genossen die schöne, beeindruckende Berglandschaft und die Kameradschaft untereinander. So ist mir auch noch ein Abend während dieser Militärattachéreise in einem Berghotel in besonderer Erinnerung, als wir uns alle auf dem Zimmer eines der Kameraden trafen und dem Whisky zusprachen. Mit uns war auch der indische Militärattaché, der in Südkorea nur nebennotifiziert war und für diese Reise aus Tokyo herübergekommen war. Er war ein wenig gesprächiger Kamerad und sah mit seinen schwarzen Haaren und stechenden Augen finster und unnahbar aus. Plötzlich schlug er uns vor, wer wolle, dem könne er aus der Hand lesen. Auch ich zeigte ihm meine Handflächen, und er sagte dann *"Achtung, Sie werden in nicht allzu langer Zeit hier in Korea sehr, sehr krank werden"*. Und so ist es dann etwa achtzehn Monate später auch eingetroffen. Ich werde später noch einmal darauf zurückkommen. Dann sagte er, er suche ein Medium und die Hilfe einiger Kameraden und ihrer Frauen. Er könne durch sein Verhalten und Beschwören erreichen, dass sich das Medium, dass sich auf ein Bett legen sollte, ohne eigenes Zutun nur mit Hilfe seiner Beschwörungen in die Luft erheben würde. Meine Frau erklärte sich bereit, als Medium zu wirken, jeweils zwei der Attaché-Frauen setzten sich rechts und links an ihre Seite und streckten ihre Hände nach oben geöffnet so aus, dass sie nur ganz leicht ihren Körper berührten. Der indische Kamerad setze sich hin, alles schwieg und er schaute nur auf meine Frau. Plötzlich stellten wir fest, zumindest hatten wir den Eindruck, dass sich tatsächlich ihr Körper waagerecht in gesamter Länge mehrere Zentimeter von dem Bett erhob. Bis heute ist mir nicht klar, wie das geschehen konnte, aber ich glaube auch nicht, dass wir alle einer optischen Täuschung unterlagen. Ich habe den indischen Kameraden ein Jahr später noch einmal wieder getroffen, als ich auf Dienstreise in Tokyo bei unserer dortigen Botschaft war. Er lud mich zusammen mit unserem Verteidigungsattaché in Japan zu einem Essen in ein indisches Restaurant ein, aber es kam zwischen ihm und mir auch während dieses Treffens überhaupt keine richtige Stimmung, kein guter Kontakt auf. Ich habe ihn später auch nicht mehr wiedergesehen.

Wir Militärattachés unterlagen relativ strengen Regeln des Gastlandes. Eingerichtet für uns war ein sogenanntes Foreign Liaison Bureau im südkoreanischen Generalstab. Dort mussten wir z.B. melden, wenn wir allein auf Dienstreise ins Landesinnere gingen und in etwa unsere Route mitteilen, oder wenn wir Seoul auch nur für einen Tag verließen. Ansonsten war es eine sehr harmonische und gute Zusammenarbeit, wenngleich wir von einem Oberstleutnant des Liaison Bureau bei jeder sich bietenden Gelegenheit als *„by government approved spies"* bezeichnet wurden. Uns war natürlich klar, dass wir überwacht wurden, aber das störte uns nicht weiter.

Botschafterwechsel

Ende Februar 1980 wechselte der Botschafter. Botschafter Dr. Leuteritz wurde als Generalkonsul nach Kingston/Jamaika versetzt, und neuer Botschafter wurde Botschafter Wolfgang Eger, der bisher die Vertretung in Manila auf den Philippinen geleitet hatte (Bild 12). Mit Herrn Eger und natürlich auch mit seiner Frau hatten meine Frau und ich von Anfang an ein sehr gutes, ja hervorragendes dienstliches und auch privates Verhältnis. Bis heute sind wir in Freundschaft verbunden. Botschafter Eger, Jahrgang 1920, war im II. Weltkrieg Offizier bei der Panzeraufklärungstruppe gewesen und hatte dadurch schon einen ganz anderen Zugang zu militärischem Denken und auch zur Bedeutung der Sicherheits- und Militärpolitik in Korea und der ostasiatischen Region als sein Vorgänger. Als er Anfang April 1980 nach Seoul kam, war er voll orientiert über die Verhältnisse in der Botschaft und auch im Lande. Er wusste auch um die gewissen Schwierigkeiten in der Berichterstattung, die zeitweise eine Differenz zwischen dem bisherigen Botschafter und mir aufzeigten. Nach seiner Ankunft erzählte er mir, dass der Referatsleiter des Referats 341, Ostasien, Vortragender Legationsrat I.Kl. Bente, ihm gleich zu Anfang seiner Einweisung in Bonn gesagt habe: *„Herr Eger, schauen Sie sich doch bitte mal die Berichte des bisherigen Botschafters und die des Militärattachés an. Manchmal könnte man meinen, beide berichten aus verschiedenen Ländern"*.

In der Zukunft erfolgte eine wesentlich bessere Abstimmung zwischen dem Botschafter und mir, als es bisher geschehen war, wenngleich ich schon meinen eigenen Berichtsstil beibehielt, sehr ausführlich berichtete und auch exakt und genau und manchmal in einem gewissen Widerspruch zur Berichterstattung der politischen Abteilung. Ich beschränkte mich auch weiterhin nicht nur auf das rein

Militärische, weil ich alles im Kontext sah. Für mich begann Sicherheitspolitik bei der sozialen Frage, und die inneren Verhältnisse in einem diktatorischen, durch Militärs geführten Staat waren einfach von der Militär- und Sicherheitspolitik nicht zu trennen.

Botschafter Eger hatte 1980 in Südkorea keinen leichten Start. Nach Übergabe seines Beglaubigungsschreibens an den amtierenden Staatspräsidenten Choi Kyu-ha traten Botschafter Eger und seine Frau den ihnen alle zwei Jahre zustehenden Heimaturlaub an. So war er im Mai in den Wochen der dramatischen und explosiven innenpolitischen Entwicklung und Geschehnisse nicht im Lande. Nach seiner Rückkehr nach Seoul im Sommer sah er sich konfrontiert mit inzwischen aufgewachsenen großen Problemen in den Beziehungen zwischen der Bundesrepublik und Südkorea. Kim Dae-jung stand wegen Hochverrats und als angeblicher Drahtzieher der innenpolitischen Unruhen und des Kwangju-Aufstandes vor Gericht. Ungeachtet massiver internationaler Proteste seit Mai 1980, an deren Spitze die Bundesregierung, alle Parteien und die Medien in der Bundesrepublik standen, wurde er Anfang November 1980 zum Tode verurteilt. Obwohl Botschafter Eger gemäß der Weisungen des Auswärtigen Amtes wiederholt die Forderungen der Bundesrepublik Deutschland nach Freilassung Kim Dae-jungs persönlich im südkoreanischen Außenministerium vortrug, wurde er von den deutschen Medien massiv attackiert. Von den Medien wurde ihm unterstellt, dass er sich nur halbherzig für Kim Dae-jung einsetze. Der SPIEGEL 50 / 1980 vom 04.12.1980 zitierte Botschafter Eger auf die Frage, warum er sich nicht mehr für Kim Dae-jung einsetze, wie folgt: *„Ich mache mich ja schon lächerlich"*. Besonders massiv griff Dr. Peter Crome, Korrespondent der „Frankfurter Rundschau" und anderer Zeitungen in Tokyo, die Botschaft Seoul und den Botschafter an. In einem langen Artikel der Frankfurter Rundschau vom 04.12.1980 unter der Überschrift *„Lange Zeit hielt der Botschafter einfach still – „Das Todesurteil gegen Kim und das Verhalten der Bonner Vertretung in Südkorea"* wurde Botschafter Eger als Bremser aller Initiativen Bonns zur Freilassung Kim Dae-jungs hingestellt. Er wurde nicht nur mit der o.a. Schlagzeile konfrontiert, sondern auch mit der angeblich gegenüber deutschen Pressevertretern gemachten Bemerkung *„Wenn man Kim Dae-jung ist, muss man damit* *rechnen, ins Gefängnis zu kommen"*. Herr Crome fuhr in seinem Beitrag dann fort: *„Unter diesen Vorzeichen gab es offenbar auch unter den kritischeren Beamten in Seoul keinen Widerspruch, als Mitte November – der Kim Prozess befand sich gerade in zweiter Instanz – ein großer Empfang anlässlich des 25jährigen Bestehens der Bundeswehr gegeben wurde, zu dem die Creme der südkoreanischen Militärputscher geladen worden war"*. Bereits am 3. Dezember 1980 hatte Herr Crome in einem Artikel für eine andere Zeitung die Botschaft und den Botschafter unter der Überschrift attackiert: *„Botschaft in Seoul bremste Bonn. Kritische Töne waren den Herren eher peinlich. Die Soldateska Südkoreas zum Fest geladen"*.

Diesen Empfang zum 25jährigen Jubiläum der Bundeswehr am 12. November, Scharnhorsts Geburtstag, gab Botschafter Eger aufgrund meiner Initiative. Mehrere Male hatten wir, Wochen vor dem Todesurteil gegen Kim Dae-jung, das Für und Wider für diesen Empfang geprüft und uns schließlich wegen der bereits seit Jahren sehr guten Beziehungen zwischen der Bundeswehr und den südkoreanischen Streitkräften dafür entschieden. Etwa Mitte Oktober gingen bereits die schriftlichen Einladungen heraus.

Schon Monate vorher war ich im Kreis meiner Militärattachékameraden, besonders der NATO-Mitglieder auf den Geburtstag der Bundeswehr angesprochen worden, und ich hatte dabei vor allem die Auffassung der amerikanischen und französischen Kameraden erbeten. Alle waren wie ich der Meinung, ich solle an meiner Idee festhalten, alles andere wäre kurzsichtig.

Und noch heute bin ich der Auffassung, dass ich richtig gehandelt hatte.

Auch das BMVg war durch mich über den geplanten Empfang orientiert worden. Und nach dem Empfang berichtete ich, dass das 25jährige Jubiläum der Bundeswehr zwar durch die Teilnahme hochrangiger Vertreter der südkoreanischen Streitkräfte am Empfang wahrgenommen worden war, aber nicht ein einziger Offizier der Gruppe um Chun Do-hwan war erschienen. Weder vor noch nach dem Empfang erhielt ich irgendeine Reaktion aus dem BMVg. Auch von Seiten des Auswärtigen Amtes habe ich keine negative Stellungnahme erfahren.

Der zum Tode verurteilte Kim Dae-jung wurde im Januar 1981 durch Präsident Chun Do-hwan zunächst zu einer lebenslangen Haftstrafe und später zu 20 Jahren Gefängnis begnadigt. Im Dezember 1982 wurde er freigelassen und konnte in die USA ausreisen.

Anfang Februar 1981 bat Botschafter Eger mich zu sich und zeigte mir ein Schreiben des Referatsleiters 341 (Ostasien), Vortragender Legationsrat I.Kl. Herr Wolfgang Bente, vom 26.1.1981. Herr Bente äußerte sich in seinem Schreiben, einem Privatdienstschreiben an den Botschafter, zunächst über die glückliche Lösung der Begnadigung Kim Dae-Jungs und dann aber über mich (s. Textauszug):

„Vielleicht sollten wir die Zäsur nutzen, noch einmal auf die Berichterstattung Ihres Verteidigungsattachés einzugehen. Sie werden sich daran erinnern, dass wir bereits im Sommer darüber gesprochen haben. Er beeindruckt oft durch seine Detailkenntnisse und die vielen guten Hintergründe. Gelegentlich aber beschäftigt er sich mit Fragen, die eigentlich Ihrer Berichterstattung vorbehalten bleiben sollten. Sicherlich konnte Herr Brüggemann in den vergangenen Monaten manches vielleicht deutlicher sagen als Sie und Sie haben ihn deswegen gewähren lassen. Hinzu kommt auch, dass in Korea natürlich nichts ohne Bezug auf das militärische Establishment geschieht und dennoch wäre es gut, wenn er sich von nun an wieder ausschließlich dem militärischen Bereich zuwenden würde. Das jedenfalls ist der Wunsch der Abteilungsleitung, wenn ich die Dinge richtig sehe und auch der morgendlichen Direktorenrunde. Dabei geht es natürlich in erster Linie um die Optik. Sicherlich können Sie die Dinge in die richtige Richtung lenken." (Ende des Auszugs aus dem Brief von Herrn Bente an Botschafter Eger.)

Noch heute stört mich der Satz von Herrn Bente: *„Dabei geht es natürlich in erster Linie um die Optik"*. Oft habe ich während meiner Abordnung zum Auswärtigen Amt festgestellt, dass es manchem zivilen Angehörigen des Auswärtigen Dienstes eher um die Optik ging und sie Tatsachen nicht gerne von vornherein zu klar darstellten.

Bereitwillig gab Botschafter Eger mir auf meine Bitte hin das Schreiben von Herrn Bente, damit ich mir eine Kopie anfertigen konnte.

Verhältnis Militärattaché zu den übrigen zivilen Botschaftsangehörigen

In unserer Botschaft war der Militärattachéstab einerseits voll integriert, andererseits wurde von manchen Angehörigen, vor allem von Kollegen des Höheren Dienstes, die Arbeit des Militärattachés mit einem gewissen Misstrauen betrachtet.

Einer der Kollegen, der Kultur- und Presseattaché, sagte im Dezember 1978 während einer Diskussion über interne organisatorische Fragen der Botschaft, ich verhielte mich wie ein Ayatollah und wolle im Grunde die Botschaft am liebsten übernehmen. Hier lag er völlig falsch; ich habe nur meine Selbstständigkeit behauptet.

Ständiger Vertreter des Botschafters war bei meiner Ankunft Botschaftsrat I. Kl. (BR I), Dr. Frank Sikora, der sich allen übrigen Angehörigen der Botschaft überlegen fühlte. Dienstlich arbeiteten wir aber trotzdem gut miteinander.

Sein Nachfolger wurde im Februar 1981 Botschaftsrat I. Kl. (BR I), Herr Helmuth Beyer, der ein beeindruckend sorgfältiger „Stabsarbeiter" war und mit dem ich dienstlich und privat so gut auskam, dass sich diese Verbindung bis heute erhalten hat (Bild 12).

Der Kanzler der Botschaft, also der Leiter der Verwaltung, war Herr Trempenau, Kanzler 1. Klasse. In Verwaltungsdingen agierte er eher großzügig. Das änderte sich dann bald, als Botschafter Eger die Botschaft übernahm, und als Kanzler Herrn Matthias Neukirchen aus Manila nachholte, der Herrn Trempenau ablöste. Herr Neukirchen, auch Kanzler 1.Klasse, ein sehr sorgfältiger, akkurater Beamter, brachte die gesamte Verwaltung in der Botschaft auf Vordermann. Man stellte es nicht nur daran fest, dass Akten, die vorher im zivilen Teil der Botschaft sehr großzügig geführt worden waren, nun so geführt wurden, dass man jeden Vorgang, den man brauchte, sofort und schnell fand. Vor allen Dingen konnte man sich auf sein Wort stets verlassen.

Dankbar erinnere ich mich an die gute Zusammenarbeit mit den Angehörigen meines Stabes, insbesondere mit Herrn Georg Gerle und Frau Marie-Luise Gauß. Als ich 1978 meinen Dienst in Seoul antrat, war Herr Gerle mein Fremdsprachensekretär. Er war ein eher stiller und zurückhaltender, aber dennoch, wenn es darauf ankam, tatkräftiger Mann, der sich sehr für die Verhältnisse im Lande und für die Kultur Koreas interessierte. Im Sommer 1981 wurde er versetzt; als neue Fremdsprachensekretärin kam Frau Gauß. Sie war vorher Fremdsprachensekretärin im Stab unseres Verteidigungsattaché in Stockholm, Oberstleutnant i.G. Bernd Freiherr von Wangenheim, gewesen. Freiherr von Wangenheim hatte 1978 zusammen mit mir den Vorbereitungslehrgang für den Militärattachédienst besucht. Frau Gauß überraschte mich nach ihrer Ankunft mit der Mitteilung, dass Freiherr von Wangenheim sie vor mir humorvoll gewarnt habe. Und zwar habe er gesagt: *„Passen Sie auf, Frau Gauß, der Oberstleutnant Brüggemann, der meint alles so, wie er es sagt"*. Da hatte Freiherr von Wangenheim allerdings Recht. Frau Gauß und ich kamen sehr gut miteinander aus, nicht nur, weil sie eine sehr gute Fremdsprachensekretärin war, sondern weil sie stets positiv dachte und mir auch in vielen Fragen, die über den dienstlichen Bereich hinaushingen, eine große Hilfe war.

Die Botschaft verfügte über eine relativ geringe Kraftfahrzeugausstattung. Der Botschafter hatte natürlich seinen Dienstwagen, einen Mercedes mit Fahrer. Dann gab es noch einen VW-Bus, der für alle administrativen Dinge benutzt wurde und noch einen weiteren Mercedes. Dieser Dienstwagen, der zweite Mercedes, stand nach den damaligen Bestimmungen des Auswärtigen Amtes vorrangig dem Verteidigungsattaché zur Verfügung. D.h., wenn ihn jemand anderes benutzten wollte, dann musste er zu mir oder zu meinem Büroleiter kommen und fragen, ob der Wagen zur Verfügung stünde. Wann immer es ging, habe ich gerne diesen Wagen zur Verfügung gestellt. Oft war es aber nicht möglich, denn in Seoul fuhr ich sehr ungern mit meinem eigenen Privat-Kfz, vor allem nicht ihm Rahmen meines dienstlichen Auftrages, auf keinen Fall zu den zahlreichen Empfängen mittags oder abends zu einem offiziellen Dinner. Wenngleich dienstliche Fahrten mit dem Privat-Kfz abgerechnet werden konnten, war die gesamte Kraftfahrzeugangelegenheit zwischen dem Auswärtigen Amt und dem Bundesministerium der Verteidigung schlecht geregelt. Im Grunde profitierte ich davon, dass meine Vorgänger sich diese Position und den Vorrang für die Benutzung des sogenannten zweiten Mercedes-Dienstwagen erkämpft hatten. Ich konnte während meiner gesamten Dienstzeit in Korea diese Position dank der Unterstützung durch die Botschafter behaupten und war natürlich sehr froh darüber. Später soll sich das alles geändert haben, aber das weiß ich nur vom Hörensagen.

Der Fahrer dieses zweiten Mercedes-Dienstwagens, damit im Grunde mein Fahrer, war ein Koreaner, Herr Yh Il-kun. Herr Yh sprach gut Englisch und verstand offensichtlich auch mehr Deutsch als er zugab. Er war Helfer in schwierigen Lagen, er war ein guter Kraftfahrer, er war hilfsbereit in allen Lebenslagen und sorgte sich sogar auch darum, dass ich mittags rechtzeitig zum Essen ging. Herr Yh kümmerte sich auch um viele alltägliche persönliche Belange, auch die der Familie. Dafür bekam er monatlich von mir einen Extra-Sold, den er auch verdient hatte und gut gebrauchen konnte, da er Vater mehrerer Kinder war.

Nicht nur ich, sondern auch alle übrigen Botschaftsangehörigen waren überzeugt, dass sowohl Herr Yh als auch alle übrigen bei uns beschäftigen koreanischen Ortskräfte den Auftrag hatten, über die Verhältnisse in der Botschaft und auch die persönlichen Verhältnisse von uns dem koreanischen Nachrichtendienst zu berichten. Oft kam es vor, dass Herr Yh nicht auffindbar war, und dann stellte ich später fest, dass er eine gute Stunde oder manchmal auch zwei im Foreign Liaison Bureau des Generalstabes zugebracht hatte, denn er kam stets mit interessanten Neuigkeiten zurück und orientierte mich oft auch bereits vorab darüber, was so in den nächsten Wochen von Seiten des Verteidigungsministeriums zu erwarten war.

In seiner Abwesenheit wurde Herr Yh vertreten durch Herrn Yun Hong-chul. Eines ist mir besonders in Erinnerung: Herr Yun fuhr nur mit weißen Handschuhen und zog auch die weißen Handschuhe nicht aus, wenn er am Fahrzeug irgendetwas zu richten hatte. Er wechselte dann anschließend die verschmutzten Handschuhe, so dass das Bild, das er von sich selbst hatte, stets gewahrt blieb.

Dann gab es auch noch den Herrn Han Luk-sun als zivilen Mitarbeiter, als sog. Ortskraft, in der Botschaft. Bei ihm nahmen wir alle an, dass er der Mann der KCIA war. Er sprach fließend Englisch und hielt „auf dem sog. kleinen Dienstweg“ die Verbindung für alle Abteilungen, außer Militärattachéstab, zu Regierungsdienststellen. Er machte sich aber auch oft bei zunächst etwas schwierig zu lösenden Fragen für die Angehörigen meines Stabes sehr nützlich. Besonders bei der Suche nach Lösungen oder Aushilfen bei privaten Fragen in der Zusammenarbeit mit Behörden und Dienststellen des Gastlandes konnte man auf Herr Han einfach nicht verzichten.

Als Mädchen für alles war Herr Choi Han-yong unersetzlich. Er sprach nur gebrochen Englisch, aber war um keine Aushilfe verlegen. Herr Choi erledigte für uns Dinge bei den koreanischen Behörden, er holte die Post für die Botschaft, er machte einfach alles und klagte nie, wollte auch keine Geschenke annehmen, wenn man ihm etwas als Dank anbot. Ich habe ihn als einen sehr hilfsbereiten und stets höflichen Menschen in guter Erinnerung.

Kraftfahrer des Botschafters war Herr Shin Myung-sun. Er war sehr gewandt, sprach ein ordentliches Umgangsenglisch und genoss seine Vertrauensstellung. Seinen koreanischen Kollegen in der Botschaft ließ er das manchmal auch spüren Mit der Zeit gewann ich den Eindruck, dass zwischen ihm und Herrn Yh ein gewisse Rivalität bestand, wer von beiden die einflussreichere Stellung in der Botschaft hatte.

Sehr kooperativ und angenehm im Umgang war auch Herr Do Phil-young, der in der Kultur- und Presseabteilung tätig war. Herr Do sprach fließend Englisch, war sehr intelligent und half mir bei vielen Dingen, die ich im Zusammenhang mit der Kultur Koreas oder auch im täglichen koreanischen Leben nicht sofort verstand.

Betonen möchte ich, dass auch die koreanischen Mitarbeiter in der Botschaft, die ich nicht namentlich erwähne, stets gute und hilfsbereite Mitarbeiter waren und, wie ihre bereits erwähnten Kollegen, gute Repräsentanten ihres Heimatlandes, an denen sich mancher Deutscher in ähnlicher Position, mit dem ich im Laufe meines Lebens zu tun hatte, ein Beispiel nehmen könnte.

Zusammenarbeit mit den US Forces Korea und der US Botschaft

Wie schon aus meinen sicherheits- und militärpolitischen Bemerkungen ersichtlich ist, hatten die US Streitkräfte in der Republik Korea in Südkorea eine wesentliche Rolle. Oberbefehlshaber der US Streitkräfte Korea und zugleich Oberbefehlshaber des sogenannten United Nations Command war bei meinem Dienstantritt General John W. Vessey. Bereits zwei Tage nach Ankunft in Korea machten mein Vorgänger und ich einen Besuch bei ihm; mein Vorgänger seinen Abschiedsbesuch, ich meinen Antrittsbesuch. General Vessey nahm sich über eine Stunde Zeit, um sich mit uns auszutauschen und war sehr interessiert an meinen Beurteilungen zur aktuellen deutschen Politik. Offensichtlich hatte ich bei ihm einen guten Einstand, denn kurze Zeit später lud er mich ein, am 27. November 1978 den im Ostchinesischen Meer kreuzenden Flugzeugträger US CONSTELATION zu besuchen. Zusammen mit zwei Obersten des südkoreanischen Heeres flog ich zunächst frühmorgens in einem Kurierflugzeug der US Air Force nach Pusan, um dort in eine kleine, bullige Maschine, einer C-1, umzusteigen. Nach zwei Stunden Flug über dem Pazifik legte der Pilot die Maschine auf die Seite und zeigte auf den Flugzeugträger unter uns mit der Bemerkung, dort würden wir jetzt landen. Kaum gesagt, landeten wir auch schon auf seinem Deck; aufgefangen durch ein Halteseil kamen wir mit einem starken Ruck zum Stehen. Von 09.00 bis 18.00 Uhr erlebte ich nun das Leben und den regen Ausbildungs- und Flugbetrieb auf dem 45.000 BRT großen Schiff mit insgesamt zwölf Decks und ca. 6.000 Mann Besatzung. Für mich als Heeresoffizier war der Aufenthalt auf diesem Flugzeugträger ein unvergessliches Erlebnis. Mit einem Katapultstart verließen wir dann am Abend wieder dieses beeindruckende Schiff.

Nicht nur mit den Kameraden des US Militärattachéstabes gab es eine gute gegenseitige Kooperation, sondern auch mit der Politischen Abteilung der US Botschaft und dem sog. Special Adviser des Botschafters, dem Leiter der Residentur der US CIA. Botschafter Eger wusste um meine guten Kontakte, und ab und zu konnte ich Details für die Berichterstattung der politischen Abteilung in Erfahrung bringen, z.B. für Berichte zur Menschenrechtssituation im Lande, die der Botschaft sonst nicht bekannt geworden wären.

Besonders hilfreich und freundschaftlich war auch die Zusammenarbeit mit verschiedenen Abteilungen des United Nations Command bzw. des US / Republic of Korea Combined Forces Command, besonders vor allem mit Oberst Stuart M. Bloss und seinem Nachfolger Oberst Ron Rice aus der G 2-Abteilung, aber auch mit dem HQ-Anteil der US Navy. Oberst Bloss war zuvor Heeresattaché bei der US Botschaft in Bonn gewesen und sprach ein hervorragend gutes Deutsch. Ihm und später seinem Nachfolger habe ich es zu verdanken, dass ich stets gut über die Lage und weitere Entwicklung in Nordkorea informiert war. Aus seiner Tätigkeit als Heeresattaché in Bonn gab mir Oberst Bloss auch mancherlei Erfahrungen weiter. Eine war besonders hilfreich, die ich gerne übernahm. Als Merkhilfe für wichtige Informationen, die ich z.B. ggf. während gesellschaftlicher Anlässe erführe, empfahl er mir, in der Hosentasche stets ein kleines Stück fester Pappe und einen winzigen Stummelbleistift mitzuführen, um so unbemerkt etwas notieren zu können.

Zusammen mit Oberst Rice und zwei weiteren US Offizieren unternahm ich im Herbst 1982 einen Jagdausflug auf die Insel Cheju, auf dem ich in zwei Tagen immerhin zehn Fasanen erlegen konnte. Nach meiner Erinnerung waren es Fasanen, die nicht nur größer als die in Deutschland waren, sondern auch eine breite goldene Halskrause trugen. Das Jagdgelände war allerdings sehr schwierig, da alle Felder Einfriedungen von manchmal bis zu zwei Meter hohen Mauern aus Lavagestein hatten. Das hieß, wiederholt musste das Gewehr aus Sicherheitsgründen entladen werden, um diese Hindernisse zu überwinden. Dadurch entkam allerdings auch so mancher Fasan.

UN Command / UN Waffenstillstandskommission und Neutrale Waffenstillstandsüberwachungskommission

Der Korea-Krieg begann mit dem nordkoreanischen Überfall am 25. Juni 1950. Nach über zweijährigen Verhandlungen, während denen weitergekämpft wurde, schlossen am 27. Juli 1953 das United Nations

Command (UNC) – mit einem US Oberbefehlshaber an der Spitze – und die (North) Korean People's Army / Chinese People's Volunteers (KPA / CPV) ein Waffenstillstandsabkommen. Südkorea hat das Waffenstillstandsabkommen nicht unterzeichnet.

Der Frontverlauf zwischen den kriegführenden Parteien wurde nach Unterzeichnung des Waffenstillstandsabkommens zur Demarkationslinie zwischen Süd- und Nordkorea. Sowohl das United Nations Command als auch die (North) Korean People's Army / Chines People`s Volunteers verpflichteten sich, beiderseits der Demarkationslinie einen je zwei Kilometer breiten Streifen auf der gesamten Breite der koreanischen Halbinsel zu entmilitarisieren. Von Anfang an wurde diese Bestimmung von beiden Seiten wiederholt verletzt. Bis heute ist nicht nur auf nordkoreanischer, sondern auch auf südkoreanischer Seite die sog. Demilitarised Zone (DMZ) durch Minenfelder, Panzerwälle und Stellungen aller Art stark befestigt.

Sowohl Süd- als auch Nordkorea registrierten während meiner Militärattachézeit in Südkorea auf jede noch so kleine Verletzung des Waffenstillstandsabkommens der jeweils anderen Seite. Gem. Waffenstillstandsabkommen hatte jeder, der die DMZ betrat, eine bestimmte Armbinde oder einen sichtbaren Ausweis zu tragen. Nichtbeachtung dieser Vorschrift machte auf beiden Seiten einen großen Teil der Verstöße aus. Zu den schwerer wiegenden Verstößen gehörten aber z.B. die Ablösung von Einheiten beider Seiten aus Stellungen in der DMZ, die eigentlich dort überhaupt nicht vorhanden sein durften.

Die wesentlichen Verstöße gegen das Waffenstillstandsabkommen waren aber „Firing of weaopons“ bzw. „Exchange of fire“ in der DMZ. Es handelte sich hier um die Abgabe einzelner Schüsse auf die Gegenseite bis zu zeitweise stundenlangen Feuergefechten unter Einsatz schwerer Waffen, bei denen die südkoreanische Seite mehrere Male besonders massiv auf nordkoreanisches Feuer reagierte.

In der Regel gab aber keine Seite einen solchen Verstoß gegen das Waffenstillstandsabkommen zu. Oft wurde sogar versucht, einen von der eigenen Seite verursachten Verstoß dem Gegner in die Schuhe zu schieben. Auch das United Nations Command war da nicht gerade zimperlich und stellte oft Zwischenfälle verzerrt dar. Ein Beispiel dafür war z.B. das Abfangen einer nordkoreanischen Iljuschin 28 (IL-28), eines sog. Frontbombers, über den südkoreanischen Westlichen Inseln, ca. 150 Kilometer nordwestlich Seoul, am 31. Januar 1983. Während ein Stabsoffizier und an maßgeblicher Stelle arbeitender Angehöriger der Militärischen Waffenstillstandskommission den Luftzwischenfall mir gegenüber zwei Tage später im persönlichen Gespräch als „Verfliegen" der nordkoreanischen Maschine in den südkoreanischen Luftraum bezeichnete, protestierte nur einen Tag nach meinem Gespräch der Chefdelegierte des United Nations Command in der Waffenstillstandskommission sehr energisch gegen „das provokative Eindringen der lL-28" in den südkoreanischen Luftraum.

Die (North) Korean People's Army / Chinese People's Volunteers gaben z.B. für 1981 und 1982 nicht einen einzigen Verstoß gegen das Waffenstillstandsabkommen zu. Das United Nations Command gab 1981 wenigstens einen Verstoß zu, als am 29. Oktober 1981 zwei südkoreanische Kampfflugzeuge F-5E ca. 11 Kilometer tief in den nordkoreanischen Luftraum eingedrungen waren, allerdings mit der Einschränkung, die beiden F-5 hätten sich verflogen und seien außerdem noch unbewaffnet gewesen.

Besonders deutlich wurde seit Anfang 1982 die Zunahme von Waffenstillstandsverletzungen, besonders auf nordkoreanischer Seite, durch den Bau neuer Feldbefestigungen in der DMZ, die durch Luftaufnahmen dokumentiert wurden. Nordkorea konterte die Vorwürfe übrigens – ohne sie direkt zuzugeben – geschickt mit dem Hinweis, diese Feldbefestigungen seien Verteidigungsanlagen und zeigten klar, dass Nordkorea keinerlei Angriffsabsichten gegenüber Südkorea hege. Diese nordkoreanische Auffassung wurde übrigens von einigen Angehörigen der Delegationen der Schweiz und Schwedens in der Neutralen Waffenstillstandsüberwachungskommission geteilt.

Bei vielen Verletzungen des Waffenstillstandsabkommens handelte es sich nach meiner Beurteilung nur um kleine Verstöße, die oft von beiden Seiten an den Haaren herbeigezogen schienen. Dennoch war die starke Zunahme der Waffenstillstandsverletzungen im Jahr 1982 gegenüber 1981

- angeblich auf Seiten des United Nations Command von 23.873 auf 26.164 und
- angeblich auf nordkoreanischer Seite von 3.694 auf 11.826

ein deutliches Spiegelbild der ständigen militärischen Konfrontation und permanenten Spannung auf der koreanischen Halbinsel, für deren Abbau auch heute noch keine Lösung in Aussicht steht.

Eine besondere Rolle in der Erfüllung meines Auftrages, vor allem in der Informationsbeschaffung, nahm aufgrund der Bedrohungslage auf der koreanischen Halbinsel natürlich das UN Command ein, das mir oft hilfreich zur Seite stand. Wiederholt arrangierte man von dort aus für mich Besuche in der sog. DMZ an der Grenze zu Nordkorea, vor allem in Panmunjom, wo ich dann auch ab und zu die Sitzungen der Waffenstillstandskommission beobachten und direkt persönlich wichtige Informationen sammeln konnte. Diese Sitzungen fanden vor allem jedes Mal nach den häufigen, zahlreichen bewaffneten Zwischenfällen statt, die sich in der DMZ, auf dem offenen Meer oder im Landesinneren Südkoreas nach Eindringen nordkoreanischer Kommando- und Sabotagetrupps ereignet hatten. Die Sitzungen der Waffenstillstandskommission fanden in einer Baracke statt, wo die Grenze zwischen beiden koreanischen Staaten mitten über den Konferenztisch verlief. Auf der einen Seite saßen Offiziere der US und der südkoreanischen Streitkräfte, auf der Gegenseite Offiziere Nordkoreas und der VR China. Als offizielle Beobachter an diesen Sitzungen nahmen die Militärattachés der Staaten teil, die aktiv auf Seiten der UN mit Truppen am Korea-Krieg teilgenommen hatten und deshalb zugleich Verbindungsoffiziere beim United Nation Command waren.

Draußen neben der Konferenzbaracke standen stets zahlreiche andere zivile und militärische Beobachter beider Seiten; jeweils aber auf der eigenen Seite der Demarkationslinie. Die Grenze war hier durch den Verlauf einer ca. zehn Zentimeter hohen steinernen Leiste markiert. Vor jedem Besuch in Panmunjom wurde ich von US Seite belehrt und gewarnt, alles zu vermeiden, was zu einem Zwischenfall führen könnte, insbesondere sollte ich nicht auch nur einen Fuß auf oder gar über diese Grenzmarkierung setzen. Es sei nicht ausgeschlossen, dass die Nordkoreaner dann sofort versuchen könnten, mich gewaltsam auf nordkoreanisches Gebiet zu ziehen (Bild 13).

Seit dem Waffenstillstand im Koreakrieg 1953 gibt es auch die Neutrale Waffenstillstandsüberwachungskommission. Ihr gehörten damals auf der einen Seite die Schweiz und Schweden, auf der anderen Seite Polen und die Tschechoslowakei an. Leiter der Schweizer Delegation war ab September 1980 bis Mitte 1983 Generalmajor Otto Bornhauser, ein Angehöriger des Auswärtigen Dienstes der Schweiz, der für diese Verwendung als Generalmajor in den aktiven Wehrdienst einberufen worden war. Mit ihm und den Angehörigen seines Stabes unterhielt ich gute und enge dienstliche und gesellschaftliche Beziehungen. Er war, wie auch sein schwedischer Kamerad, des Öfteren in Nordkorea.

Am 15. April 1981 waren meine Frau und ich für mehrere Stunden Gast im Swiss Camp nördlich Panmunjom in der DMZ, dabei hatte ich Gelegenheit zu einem längeren Vieraugengespräch mit Generalmajor Bornhauser. Er hatte sich noch Ende März für vier Tage in Pyöngyang und in der Hafenstadt Nampo aufgehalten. Nicht einmal eine Woche zuvor waren er und der Vertreter Schwedens in der Neutralen Waffenstillstandsüberwachungskommission, Konteradmiral Gote Blom, in Kaesong Gast des nordkoreanischen Repräsentanten in dieser Delegation, Generalmajor Han Ju-kyung, bei einem offiziellen Dinner anlässlich Kim Il-sungs 69. Geburtstag gewesen. Anfang d.J., so berichtete Generalmajor Bornhauser, hätten die in Pyöngyang akkreditierten Militärattachés die nordkoreanische Delegation und die in der sog. Joint Security Area gelegenen Einrichtungen der UN Waffenstillstandsüberwachungskommission besucht. Während dieses Besuchs habe er auch ein längeres Gespräch mit dem seit Oktober 1980 in Pyöngyang akkreditieren Militärattaché der DDR, Fregattenkapitän Horst Lohmann, geführt. Nach Angaben des DDR-Militärattachés, der vorher in Peking akkreditiert gewesen sei, sei die uneingeschränkte Bewegungsfreiheit aller Militärattachés, auch der Vertreter der Sowjetunion und Chinas, auf die Hauptstadt Pyöngyang beschränkt. Die Informationsgewinnung sei wegen der starken Überwachung sehr erschwert; offizielle Anfragen bei den Dienststellen Nordkoreas würden meistens nicht beantwortet. Die Tätigkeit zuvor in der Volksrepublik China sei dagegen ein Leben in relativer Freiheit gewesen. Am Ende seines Gesprächs mit dem DDR-Militärattaché habe dieser ihm seine Visitenkarte übergeben mit der Bitte, sie mit freundlichen Grüßen an mich weiterzuleiten. Fregattenkapitän Lohmann habe noch hinzugefügt, er studiere jedes Mal mit großem Interesse die Fotos von mir, die die nordkoreanische Seite bei Besuchen von mir in Panmunjom mache. Dabei erwähnte er besonders den Besuch des damaligen Ministerpräsidenten von Rheinland-Pfalz Bernhard Vogel, den ich im Sommer 1982 zusammen mit Botschafter Eger nach Panmunjom begleitet hatte. Die Visitenkarte des damaligen DDR-Militärattachés besitze ich noch heute.

Bereits im Sommer 1980 bekam ich ein Beispiel dafür, dass die Nachrichtendienste der DDR aufmerksam die Tätigkeit von Offizieren der Bundeswehr im Ausland registrierten. Eines Tages erhielt ich mit der normalen südkoreanischen Post einen Brief aus Ostberlin mit einer schon vor vielen Wochen gestempelten Briefmarke der DDR. Dieser Brief war nicht nur lange unterwegs gewesen, sondern wie an den Spuren deutlich festzustellen war, auch bereits mehrere Mal geöffnet und dann wieder verschlossen worden – mit Sicherheit von einem der südkoreanischen Geheimdienste. In diesem Brief lag ein Buchprospekt des DDR-Militärverlages über das in (Ost)Berlin 1969 erstmalig herausgegebene und 1979 in vierter Auflage überarbeitete Buch von Albrecht Charisius und Julius Mader *„Nicht länger geheim – Entwicklung, System und Arbeitsweise des imperialistischen deutschen Geheimdienstes“*. Auf der ersten Seite des Buchprospekts stand eine mit Kugelschreiber handschriftliche Notiz *„Ihr Fall Seite 630“*. Ich ließ mir deshalb das Buch durch meinen ältesten Bruder in Deutschland beschaffen und stellte dann fest, dass ich in einer Anlage des Buches unter Kurzbiographien als Militärattaché der Bundeswehr und noch einmal im Namensregister aufgeführt wurde. Allerdings war entweder dem Verlag ein Fehler unterlaufen oder die Herausgeber waren falsch informiert worden: anstatt 1978 war das Jahr 1979 als Datum meines Dienstantritts vermerkt.

Generalmajor Bornhauser berichtete ferner, dass die DDR mit einer sehr großen Anzahl von Entwicklungshelfern und technischen Beratern in Nordkoreas Industrie tätig war. Aufgrund zahlreicher Gerüchte und Hinweise, u.a. auch von Offizieren Polens und der ČSSR in der Neutralen Waffenstillstandsüberwachungskommission, beurteilte Generalmajor Bornhauser die Anwesenheit von Ausbildern und Beratern der Nationalen Volksarmee der DDR als wahrscheinlich. Deren Aufgabe sei es vermutlich, Untergrundkämpfer und Soldaten aus Ländern der Dritten Welt in geheimen Lagern in abgelegenen Gebieten Nordkoreas zu trainieren. Für wahrscheinlich hielt Generalmajor Bornhauser aufgrund seiner Informationen, u.a. vor allem von polnischer und tschechoslowakischer Seite, auch die Anwesenheit von nordkoreanischen Soldaten als Ausbilder und Berater in Afghanistan.

Zur Sicherstellung der Energieversorgung und um von Rohöllieferungen durch die Volksrepublik China und die Sowjetunion unabhängiger zu werden, habe Nordkorea ein Programm zum verstärkten Kohleabbau eingeleitet und baue im gesamten Land neue Wasserkraftwerke. Ende März 1981 hatte Generalmajor Bornhauser in der Hafenstadt Nampo eine neue Fabrik mit ca. 5.000 Arbeitern zur Herstellung von Turbinen besucht. Alle in dieser Fabrik zur Produktion benötigten Maschinen seien durch die DDR geliefert worden; auch seien zahlreiche zivile DDR-Berater in der Fabrik tätig gewesen.

Während seiner Tätigkeit seit September 1980 in der Neutralen Waffenstillstandsüberwachungskommission habe er, so Bornhauser, weder in Pyöngyang noch in der Hafenstadt Nampo irgendwelche Hinweise über mögliche Anwesenheit von zivilen oder militärischen Beratern der Sowjetunion und der Volksrepublik China erfahren, ebenso wenig Hinweise oder Anzeichen über Ausbau oder Nutzung des Hafens von Nampo durch die Sowjetunion. In Museen und Ausstellungshallen in Pyöngyang seien außerdem in der letzten Zeit vermehrt Hinweise auf die Verbindungen zur Sowjetunion und auch der Volksrepublik China entfernt worden. Nordkoreanische Gesprächspartner hätten dies wiederholt als Zeichen eines unabhängigen politischen Kurses herausgestellt.

Im Herbst 1981 lud der damalige Oberbefehlshaber des United Nation Command Korea, US General Wickham, die Offiziere der vier in der Neutralen Waffenstillstandsüberwachungskommission vertretenden Staaten (Schweiz, Schweden, Polen, Tschechoslowakei) zu einem großen Buffetempfang nach Seoul ein. Wir Militärattachés waren ebenfalls eingeladen. Im Verlauf des Abends kam ein tschechoslowakischer Offizier zu mir und stellte sich auf Englisch als Oberst Ján Čarny vor. Gleichzeitig fragte er mich, ob ich einen Oberstleutnant i.G. Freiherr von Grote kennen würde. Freiherr von Grote war von 1980-83 der erste Verteidigungsattaché der Bundesrepublik Deutschland in Prag. Als ich bejahte, Freiherr von Grote zu kennen, erklärte Oberst Čarny, dass er als Angehöriger der Verwaltung für Auswärtige Beziehungen des Generalstabes der ČSSR schon öfter mit ihm zu tun gehabt habe.

Sieben Jahre später wurde ich der dritte Verteidigungsattaché der Bundesrepublik in Prag. Nach Übernahme meiner Dienstgeschäfte machte ich etwa Mitte September 1988 meinen ersten Arbeitsbesuch im Dienstgebäude der Verwaltung für Auswärtige Beziehungen des ČSSR-Generalstabes. Die Eingangstür war stets verschlossen und man musste, um Einlass zu finden, klingeln. Unmittelbar nach meinem Klingeln öffnete sich die Tür, und ich wurde sehr freundlich durch Oberst Čarny begrüßt, den man offensichtlich extra für meinen Besuch dazu eingeteilt hatte, mich an der Tür zu empfangen.

Unser persönliches Leben in Seoul

Wie bereits zu Anfang meiner Aufzeichnungen betont, hielt die gute und positive Stimmung, mit der wir ausgereist waren, zunächst auch nach Ankunft in Korea noch für längere Zeit an, bis wir dann schließlich mit den kleineren und größeren Problemen des Alltags stärker konfrontiert wurden und unsere Stimmung dann schon ab und zu darunter litt. Wir mussten uns z.B. erst daran gewöhnen, dass in unserem schönen Haus die Wasserversorgung relativ unregelmäßig war und der Wasserdruck selten gleich stark blieb. Wir fanden heraus, das hatte man uns vorher gar nicht so genau erklärt, dass oben auf dem Dach ein großer Wassertank war, und dass das Seouler Wasserwerk immer nachts das Wasser in die Wassertanks der Häuser pumpte. Im Sommer war das kein Problem, aber jeden Winter bekamen wir große Schwierigkeiten, denn die Leitungen, die in das Haus führten, waren in Seoul nur knapp unter der Erdoberfläche verlegt und froren bei starkem Frost schnell ein. Die Folge war, dass dann ein Wassertankwagen der Stadtverwaltung kommen musste, um Wasser in den Tank zu pumpen. Die Koreaner taten uns leid, für sie kam kein Wasserwagen, nur für das diplomatische Corps wurden diese Wagen bereitgestellt oder für Koreaner, die dafür sehr viel Geld bezahlen konnten. Während eines Winters geschah es, dass Restwasser in dem Schlauch, mit dem das Wasser in den Tank auf dem Hausdach hineingepumpt werden sollte, gefroren war und dicke Eisklumpen den Schlauch nun verstopften. Zunächst zog der Mann der Stadtverwaltung wie immer den Schlauch durch das Treppenhaus nach oben zum Dach, und als kein Wasser floss, begann er, den Schlauch auf den Boden zu schlagen, um das Eis zu lösen. Die Folge war, dass der Schlauch plötzlich zerbarst und das Wasser vom ersten Stock die Treppe hinunter strömte.

Unser positives Lebensgefühl, mit dem wir im September 1978 nach Seoul kamen, wurde besonders unterstützt durch das permanent gute Herbstwetter. Das sich zu kräftigen Farben färbende Laub an den Bäumen oder Bäume mit großen goldgelben Khakifrüchten zwischen alten traditionellen koreanischen Häusern und Tempeln verstärkten das Gefühl, in einem wirklich exotischen Land zu sein.

Korea hat vier ausgeprägte Jahreszeiten: Einen kurzen Frühling, der schon Ende April überging in Sommerwetter mit relativ hohen Temperaturen. Spätestens im Mai blühte alles, und dann setzte etwa Ende Juni die Monsunzeit ein. Die Temperaturen stiegen auf über 30°C und waren auch meistens in der Nacht nicht viel niedriger. Die Luftfeuchtigkeit lag bei fast 100 %, oft regnete es tagelang stark. Die Straßen in der Innenstadt waren nicht selten total überflutet, weil die zu kleinen Abflüsse es nicht schafften, das Wasser abfließen zu lassen. Im Haus waren in einigen Räumen Klimaanlagen angebracht, und zwar in bereits beim Bau des Hauses vorbereiteten Öffnungen. Diese Klimaanlagen hatten wir aber selten eingeschaltet, hauptsächlich wegen des Geräusches und weil sie die Temperaturen doch zu sehr herab kühlten. Vor gesellschaftlichen Anlässen kühlten wir im Sommer allerdings die Wohnung für eine gewisse Zeit durch, und dann wurden die Klimaanlagen abgestellt. Alle Fenster unseres Hauses waren mit Mückenschutzgittern versehen. Im Sommer gab es in Seoul – und eigentlich im ganzen Land – sehr viele Moskitos; es waren große, schwarze Moskitos, die Überträger der Enzephalitis waren.

Ein anderes Problem in Seoul war die große Rattenplage. Das lag nicht zuletzt daran, dass etwa die Hälfte der Abwasserkanäle in Seoul offen verlegt war, und vor allen Dingen die Müllentsorgung auf eine ganz primitive Art durchgeführt wurde. Wir hatten in der Gartenmauer eine kleine Öffnung zu einem gemauerten Behältnis im Garten, in das wir den Hausmüll entsorgten. Zweimal in der Woche kam nachts ein Mann mit einem Handkarren und holte mit einem langen Haken den Müll aus dem Behältnis heraus. Diesen Müll transportierte er dann zu einem bestimmten Platz im Stadtviertel, wo er sortiert wurde. Was man nicht gebrauchen konnte, wurde verbrannt. Die Folge waren natürlich in diesem Teil von Sung Buk Dong zeitweise starker ätzender Rauch und Ungeziefer, vor allem Ratten und Mäuse. In anderen, vor allem weniger guten Wohngegenden soll es zeitweise wegen dieser Müllentsorgung zu heftigen Protesten der Bevölkerung gekommen sein.

Unser sehr schönes und geräumiges Haus hatte im Erdgeschoss Zwischendecken. Abends hörten wir in diesen Zwischendecken oft Geräusche und stellten dann fest, dass sich in den Zwischendecken die Ratten tummelten. Es war etwa 1979 im Sommer, als ich im Wohnzimmer spät abends noch las und mir aus dem angrenzenden Esszimmer etwas Obst holen wollte. Als ich die Tür zum Esszimmer öffnete, sah ich, wie sich eine große schwarze Ratte neben der Lampe gerade durch die Decke durchgefressen hatte und auf den Esszimmertisch sprang. Sie schaute mich an, beide verharrten wir still. Als ich mich bewegte, sprang sie in einen Mauerspalt neben der Klimaanlage. Ich dachte sofort: Du entkommst mir nicht. Ich rief unseren Hund, setzte ihn vor die Klimaanlage, nahm breites Tape, verschloss die Klimaanlage vorne am Gitter und die Mauerspalten daneben bis auf eine kleine Öffnung, nahm eine Dose Paral und sprühte die gesamte Dose in die noch nicht verschlossenen Lücken hinein, anschließend verschloss ich dann auch diese. Die Ratte kam nicht wieder hervor, und ich vermute, dass sie heute noch hinter der Klimaanlage als Mumie sitzt.

Mehrere Male erschlug ich mit der Grillgabel Mäuse in der Küche. Die Ratten in den Zwischendecken waren abends übrigens sofort ruhig, wenn wir eine Schallplatte mit klassischer Musik abspielten. Ich hatte den Eindruck, dass sie insbesondere Musik von Mozart liebten, denn dann waren sie stets sofort still. Das Ratten- und Mäuseproblem löste sich aber dann sehr schnell, als wir uns eine Katze anschafften.

Zurück zu den früher schon erwähnten vier ausgeprägten Jahreszeiten. Nach Ende des Sommermonsuns, etwa Mitte August, klarte der Himmel auf und war jeden Tag strahlend blau. Im August und Anfang September war es immer noch sehr heiß, und ich war froh, dass ich im Dienst meine Tropen-Uniform tragen konnte. Die zivilen Kollegen und Kolleginnen vom Auswärtigen Amt beneideten mich darum, denn nach dem Komment des Amtes war es einfach Sitte, dass sie weiterhin mit Jackett und Krawatte ihren Dienst durchführten. Ende September wurden die Temperaturen gemäßigter, der Himmel blieb blau und die Luft trocken. In allen Jahren hatten wir stets einen wunderschönen Spätsommer und Herbst mit einer ganz tollen Laubfärbung bis etwa Ende November. Dann schlug das Wetter plötzlich um. Man merkte es meistens zuerst daran, dass man immer öfter Sandkörner zwischen den Zähnen hatte. Mehrere Male passierte es, dass Sandwolken großen Ausmaßes aufgrund von Sandstürmen in der Wüste Gobi bis nach Seoul kamen und durch die Straßen wallten. Ende November schlug das Wetter dann noch einmal krass um. Es wurde sehr kalt, über Nacht sanken die Temperaturen weit unter den Gefrierpunkt, und dann hatten wir Winter bis in den Februar hinein; meistens trockene, starke Kälte bis zu minus 25 Grad Celsius, selten Schnee. Wenn wir aber einmal starken Schneefall hatten, brach in der Stadt der gesamte Verkehr zusammen. Die Stadt Seoul hatte zehn deutsche UNIMOG-Schneeräumfahrzeuge angeschafft, aber leider fielen die meisten dieser Kraftfahrzeuge im zweiten Jahr bereits wegen technischer Mängel aufgrund zu laxer Wartung aus.

Ab und zu hatten wir im Winter große Schwierigkeiten mit unseren Privat-PKW die schmale, enge Straße von unserem Haus herunterzukommen und ließen dann oft die Fahrzeuge stehen und nahmen für private Fahrten lieber ein Taxi. Morgens hatte ich bei Winterwetter meistens Glück, dass mich der Botschafter zum Dienst in seinem Dienstwagen mitnahm.

Aufgrund der damals oft sehr schwierigen Gesundheitsbedingungen in Korea, kam der Gesundheitsvorsorge große Bedeutung zu. Wir waren sehr froh darüber, dass wir vor der Ausreise nach Korea vorsorglich alle notwendigen Impfungen, insbesondere gegen Hepatitis, Cholera und Kinderlähmung erhalten hatten.

Im April 1980 wurde ich – wie der indische Militärattaché im Oktober 1978 vorausgesagt hatte – trotz aller Vorsichtsmaßnahmen sehr krank und wäre laut Aussage des mich behandelnden Militärarztes in der Klinik des US HQ in Yongsan fast gestorben. Im günstigsten Falle, sagte er. Im schlimmsten Falle hätte ich einen Gehirnschlag bekommen. Über Nacht bekam ich nämlich ein sogenanntes Erysipel im Gesicht. Wir hatten meinen Kameraden, Kapitän zur See Hufschmidt und seine Frau aus Tokyo für einige Tage zu Gast und waren in Itaewon in einem Geschäft – ich erinnere mich noch genau daran –, in dem Eelskin-Sachen, also Leder aus Tiefseeaal-Häuten verkauft wurden. Ich spürte dort plötzlich in der Nase ein scharfes Stechen, maß dem aber keine weitere Bedeutung bei. Es war früher Nachmittag, gegen Abend wurde die Nase rot, begann zu schmerzen, und am anderen Morgen war mein Gesicht geschwollen, tief dunkelrot, und im US Hospital auf der Base in Yongsan stellte man fest, dass ich 41° C Fieber hatte. Man nahm mich sofort als Notfall auf und behandelte mich mit Penicillin-Infusionen an beiden Armen. Die große Gefahr dieser Erkrankung bestand laut Aussage des Arztes darin, dass die Lymphdrüsen im Gesicht angegriffen worden waren und sich die Krankheit ohne schnelle Behandlung auf Kopf und Gehirn ausgeweitet hätte. Dank der guten ärztlichen Versorgung im US Militärhospital ging das Fieber bald zurück. Bevor ich ins Hospital gefahren wurde, hatte ich mich von meinem Sohn Axel fotografieren lassen. Das Gesicht sieht auf diesem Foto stark geschwollen und gerötet aus, aber man erkennt mich noch. Jetzt aber brach das Gesicht auf, war völlig verunstaltet, und ich war kaum wiederzuerkennen. Der behandelnde Arzt kam und sagte: Sie sind für uns so interessant, dürfen wir von Ihnen eine Dia-Reihe für das Tropeninstitut in Hawaii machen? Ich stimmte dem natürlich sofort zu. Zwei Monate später veranstalteten wir eine Gartenparty und hatten auch diesen Arzt dazu eingeladen. Er kam mit einem kleinen Päckchen als Gastgeschenk, sehr leicht, man hatte den Eindruck, es war nichts darin. Aber als ich es auspackte, war in diesem kleinen Päckchen eines der Diapositive, das er von meinem Gesicht gemacht hatte; zu erkennen bin ich auf diesem Dia wegen der Wunden aber eher nicht.

Zwischen Ende 1979 und Ende September 1980 wurde die gesamte Familie noch dreimal vorbeugend gegen die Cholera geimpft. Zeitweise war im Sommer 1980 die Gefahr einer Choleraerkrankung so groß, dass die Stadt Seoul verlangte, beim Verlassen der Hauptstadt Kontrollposten eine Bescheinigung über die Impfung vorzuweisen. Zweimal wurden wir 1983 im Juni und Juli auch gegen die Enzephalitis geimpft, die durch die bereits erwähnten Moskitos übertragen wurde und vermehrt auftrat. Das Auswärtige Amt hatte vorsorglich den Impfstoff einfliegen lassen.

Auch zweimal 1983, im Januar und Februar, wurden wir in der kleinen Klinik der Britischen Botschaft gegen Hepatitis B geimpft. Die Hepatitis A war im gesamten Land weit verbreitet; zu diesem Zeitpunkt grassierte in Seoul aber besonders stark auch Hepatitis B. Das lag nicht zuletzt an der Unsitte, dass die Koreaner aufgrund ihrer Trinkgewohnheiten in Gesellschaft reihum oft aus demselben Glas tranken und dadurch die Ansteckungsgefahr vergrößerten. Ein Regierungsdekret verbot zwar im Frühjahr 1983 dieses seit langem gepflegte Brauchtum, aber ohne durchschlagenden Erfolg.

Auf meinen zahlreichen Dienstreisen im Innern des Landes war die Gefahr, krank zu werden, natürlich besonders groß. Aufgrund guter Ratschläge, auch der koreanischen Offiziere und meiner Vorgänger, hatte ich stets auf allen Reisen – ob es die Reisen alleine mit meinem Fahrer waren oder auf den Militärattaché-Reisen – eine Flasche Kognak oder eine Flasche Whisky bei mir. Weniger, um dieses Getränk zu trinken, sondern ich wusch damit stets das Besteck, bevor ich irgendwo in einem Restaurant oder einem koreanischen Markt etwas aß. Ich aß auf den Dienstreisen, die ich alleine mit meinem Fahrer durchführte, stets nur heiße Suppen. Hier konnte ich nichts falsch machen, außerdem schmeckten die koreanischen Suppen alle sehr gut. Und selbst in den guten und besten Hotels benutzte ich einen Bettbezug als extra Schlafsack, um sicher vor unerwünschtem Getier zu sein. Koreaner hatten mir nämlich berichtet, dass es in Korea Raupen gebe, groß und bunt, die, wenn sie einen Menschen berührten, zubissen oder zustachen und als Folge davon stark geschwollene Gliedmaßen verursachten. Ich bin aber mit solchen Raupen weder in Berührung gekommen, noch habe ich sie jemals gesehen.

Als ich meiner Verwendung in Korea zustimmte, war uns völlig klar, dass vieles anders sein würde als in unserer deutschen Heimat. Und so war es dann ja auch tatsächlich. Die Euphorie, nun in einem relativ exotischen Land zu leben, verflog nach einigen Monaten. Für eine gewisse, nicht zu lange Zeit setzte sogar ein gewisser Kulturschock ein; man hatte an allem etwas auszusetzen und vieles gefiel einem auf einmal nicht. Das legte sich aber bald wieder, und wir genossen dieses uns bislang fremde Land und die Hauptstadt Seoul mit seiner alten und interessanten Kultur.

Wann immer nur möglich nutzte ich die Wochenenden, um alleine oder auch mit meiner Frau auf die Antiquitätenmärkte in Itaewon, am East Gate oder in Insadong zu gehen. Damals, zwischen 1978 und 1983, fand man in Seoul noch sehr preiswert schöne alte Möbel oder Truhen aus dem 19. Jahrhundert und oft auch sogar noch älter.

Die großen Märkte in Seoul übten einen ganz besonderen Reiz auf uns aus. Sie lagen am Nam Dae Moon (Südtor) und am Dong Dae Moon (Osttor). Unsere Botschaft lag ab 1981 am Nam Dae Moon (Südtor) im vierten Stock eines Hochhauses, eines modernen Geschäftshauses. Der Blick von meinem Dienstzimmer ging direkt auf den Nam Dae Moon Markt. Eines Tages sah ich, wie ein großes, fettes Schwein auf die Straße getrieben wurde. Gleichzeitig kamen einige Motorräder an. Die Fahrer hatten hinten auf dem Rücksitz große Körbe. Das Schwein wurde vor meinen Augen geschlachtet, zerteilt und innerhalb von 20 Minuten war das Fleisch in den Körben auf den Motorrädern verschwunden, die in wilder Fahrt wieder verschwanden, um vermutlich das Fleisch in irgendwelche Garküchen und Restaurants zu bringen. Ich hatte nicht den Eindruck, dass sich irgendein Trichinenbeschauer um diese Schlachtung gekümmert hätte. Auf diesem Markt konnte man alles kaufen, vom Schweinefleisch bis zu den nachgemachten Gucci-Taschen, Schlangenfleisch, lebende Schlangen und leider auch Hundefleisch. Die Koreaner hatten damals noch die Angewohnheit, besonders die Männer, Hunde zu schlachten und zur Potenzsteigerung zu essen. Später wurde das nach meinem Weggang aus Korea durch Regierungsdekret verboten, aber bis heute wird es trotzdem im Stillen weiter praktiziert.

Die Südkoreaner waren damals – und sind es auch heute noch – sehr deutschfreundlich. Sie liebten die deutsche Kultur, sie liebten das klassische Deutschland: Goethe, Schiller, Beethoven. Zu unserem Demokratieverständnis fehlte ihnen aufgrund ihrer Kultur und Erziehung aber eher der geistige Zugang; das traf sogar auf die mir persönlich bekannten Oppositionellen zu.

Großes Interesse hatten die Koreaner auch an der Erlernung der deutschen Sprache. Das war für meine Frau eine große Chance. Das Goethe-Institut suchte 1979 Lehrkräfte. Dort begann sie zunächst, Deutschunterricht zu geben, dann aber dehnte sie ihre Tätigkeit auf die Hanguk-Universität und auch auf die Korean Military Academy aus, an der die Kadetten des südkoreanischen Heeres zum Offizier ausgebildet wurden. Meine Frau war ab 1979 bis zu unserem Weggang wöchentlich mehrere Stunden an diesen drei Instituten damit beschäftigt, den Studenten oder den Kadetten Deutsch beizubringen. Ihre Unterrichtstätigkeit an der Korean Military Academy brachte für mich auch noch besondere Vorteile. So luden wir 1982 in der Adventzeit zehn Kadetten mit ihrem Hörsaaloffizier zu uns nach Hause ein. Aber so einfach wie ich mir das vorstellte, war es gar nicht. Ehe es vom Aussprechen der Einladung bis zu dem Adventkaffee kam, lief der Antrag auf dem koreanischen Dienstweg bis auf die höchste militärische Ebene, denn es war völlig klar, dass man vermutete, ein deutscher Militärattaché würde die Gelegenheit nutzen, sich bei den Kadetten unmittelbar zu informieren. Natürlich habe ich das auch gemacht. Es war besonders interessant, ihre Auffassung kennenzulernen, wie sie sich die Entwicklung in Korea und Ostasien vorstellten.

Ich bemerkte, dass sie alle nicht nur sehr nationalbewusst, sondern zum Teil auch stark nationalistisch eingestellt waren und den Gedanken nicht verwarfen, doch später einmal den Nordteil des Landes durch Krieg zurückzuerobern. Nur wenige von ihnen erkannten, dass diese Auffassung bar jeder Realität war. Manche dieser Kadetten gingen aufgrund ihrer guten Deutschkenntnisse später zur weiteren Offiziersausbildung nach Deutschland. Der Lehroffizier nahm später nicht nur an einem einjährigen Generalstabslehrgang Mittlere Führung an der Führungsakademie der Bundeswehr teil, sondern studierte danach auch noch an der Universität in Konstanz und promovierte dort. Zweimal war er später dann als Militärattaché in Bonn bzw. in Berlin.

Während unseres fünfjährigen Korea-Aufenthalts benutzten meine Frau und ich kaum öffentliche Verkehrsmittel, da sie stets überfüllt waren, sondern unsere Privatfahrzeuge, oder wir wurden zu gegebenem Anlass im Dienstwagen gefahren. Die Kinder benutzten oft die preisgünstigen Taxis. Es gab aber keine Taxi-Stände, wie wir sie kannten, sondern man stellte sich an die Straße, wartete, bis ein Taxi vorbeikam und hielt es durch ein Handzeichen an. Interessant war, dass auch Kerstin, damals war sie nämlich erst neun Jahre alt, als sie nach Korea kam, sehr schnell herausfand, wie das lief. Sie hatte am anderen Ende der Stadt in der Nähe der Botschaft Taiwans einen Laden entdeckt, in dem es Comics gab, und sie war so davon fasziniert, dass sie diesen Laden dort wiederholt aufsuchte. Es passierte einige Male, dass wir Kerstin suchten und nicht wussten, wo sie war. Sie war, ohne etwas zu sagen, alleine und selbstständig mit einem Taxi quer durch die Stadt zu diesem Comic-Laden gefahren. Und wenn sie zurückkam sagte sie: Ich war mal schnell bei der „Chinesischen" Botschaft. Wir ließen ihr das Vergnügen, bestanden aber darauf, dass sie sich stets vorher abmeldete.

Auf meinen Antrag hin wurde 1982 meine Verwendung in Seoul von vier auf fünf Jahre verlängert. Der Grund meines Antrages war, dass Axel die Chance hatte, an der US Seoul Foreign High School nicht nur die High School-Reife zu bekommen, sondern im letzten Jahr, im 12. Jahr, an einem Sonderkursus für die Erlangung des Internationalen Bakkalaureat teilzunehmen. Ulf, der die Seoul Foreign High School bereits 1981 abgeschlossen hatte, besuchte in der Zeit das auf dem US Compound in Yongsan gelegene College der University of Maryland. Der zweijährige erfolgreiche Besuch von 1981-83 wurde dann später von der Kultusministerkonferenz der Länder als Hochschulreife anerkannt.

Wir hatten unser Haus ja zunächst nur für vier Jahre gemietet, und als wir unserem Vermieter sagten, wir möchten es gerne für ein weiteres Jahr mieten, forderte er statt der 3.000 dann für das restliche Jahr 6.000 US $ Monatsmiete. Es bedurfte zäher Verhandlungen, ihn auf 4.000 US $ Monatsmiete herunterzuhandeln: bei einem Wechselkurs 1 US $ zu etwa 2,50 DM.

Wir waren alle sehr froh, dass wir ein weiteres Jahr in Korea bleiben konnten, aber dann, 1983, neigte sich doch die Zeit langsam dem Ende zu.

Abschied von Korea

Kerstin reiste bereits im Sommer ab. Alleine flog sie nach München mit der Lufthansa und verbrachte dort einige Wochen bei Bekannten, die wir in Korea durch die Verbindung zur Firma Siemens kennengelernt hatten. Axel reiste, nachdem er – nach einer insgesamt 12-jährigen Gesamtschulzeit – die Seoul Foreign High School erfolgreich mit dem Internationalen Bakkalaureat abgeschlossen hatte, für drei Monate zu Freunden von der High School in die USA und kam dann von dort im September nach Deutschland. Am 01. Oktober begann er als Freiwilliger einen 2-jährigen Wehrdienst. Aufgrund seiner hervorragenden Englischkenntnisse bekam er nach der Allgemeinen Grundausbildung bei der Schule für Integriertes Personal die Chance einer Verwendung in einem Nato-Hauptquartier in Belgien. Ulf, der inzwischen im Frühjahr 1983 in Heidelberg ein Jura-Studium begonnen hatte, kam noch einmal zurück und blieb von Juni bis zu unserem Rückumzug nach Deutschland Anfang September bei uns in Seoul.

Ende August kam dann mein Nachfolger, Oberstleutnant i.G. Wolfgang Bletschacher, der – wie auch seine Frau – schon bereits Monate vorher Verbindung mit uns aufgenommen hatte, so wie wir es auch mit unserem Vorgänger getan hatten.

Privat und dienstlich machte ich zahlreiche Abschiedsbesuche, so u.a. auch beim damaligen Oberbefehlshaber des US / ROK Combined Forces Command, General Robert W. Sennewald. Zum Abschied überreichte er mir einen sehr guten Scott-Kugelschreiber mit den Worten: „*Colonel, as I know, you did not only spy on the Koreans but also on the US. This bol-pen is for your further reports*“ (Bild 14).

Nun, General Sennewald hatte in gewissem Sinne grundsätzlich recht. Natürlich interessierte ich mich auch für die US Streitkräfte und die US Politik gegenüber Südkorea. Das Lagebild, das von mir in Bonn erwartet wurde, wäre sonst nicht umfassend und vollständig gewesen. Die gleiche Denk- und Handlungsweise war natürlich auch bei den US Militärattachés und den Militärattachés der übrigen in Seoul vertretenden Staaten vorhanden. Etwas anderes anzunehmen oder vorzugeben, wäre pure Heuchelei.

Staatspräsident Chun Do-hwan verlieh mir am 30. August 1983 den Orden für Verdienste um die Nationale Sicherheit der Republik Korea (ORDER OF NATIONAL SECURITY MERIT SAMIL MEDAL), der mir am selben Tag durch den Director Defence Intelligence Agency, Generalleutnant Choi Sun-taek überreicht wurde.

Botschafter Eger gab am 02. September 1983 in seiner Residenz für uns einen großen Abschiedsempfang, der aber leider überschattet war von dem Abschuss des südkoreanischen Passagierflugzeuges am Vortage über sowjetischem Gebiet.

In vier 20-Fuß-Containern war unser gesamtes Haushaltsgut bereits Ende August wieder verpackt und verschifft worden. Wir gingen – wie schon zu Anfang – wieder für einige Tage ins Hyatt-Hotel und genossen die letzten Augenblicke in Seoul. Am 08. September begann dann unsere Rückreise. Wir flogen zunächst nach Hongkong mit einer Zwischenlandung in Taiwan, die sich dann aber verzögerte, weil Cathay Pacific eine US Verkehrsmaschine abwartete, die nicht mehr nach Hongkong fliegen wollte, da ein Taifun angekündigt war.

Als wir uns Hongkong näherten, wurde das Flugzeug durch den Taifun kräftig durchgerüttelt und nicht wenige Passagiere bekamen es mit der Angst zu tun. Die Maschine landete noch sicher, blieb aber wegen des tobenden Taifuns und strömenden Regens weit draußen auf dem Rollfeld stehen. Die Besatzung verteilte Regenumhänge, und wir wurden dann mit Bussen ins Flughafengebäude gebracht. Vor dem Flughafengebäude warteten auf uns Rolls-Royce-Pkw des Peninsula-Hotels, wo wir uns noch einmal für acht Tage eingemietet hatten.

Nachdem wir das Hotel betreten hatten, wurden wegen des Taifuns, der jetzt über der Stadt tobte, hinter uns nicht nur die Türen geschlossen, sondern alle Hoteleingänge wurden noch durch zusätzliche Metallplatten gesichert. Für etwa 24 Stunden saßen wir aus Sicherheitsgründen zunächst im Hotel fest. Ich nutzte die Gelegenheit, von der Hotellobby aus das Toben des Taifuns auf Tonband aufzunehmen; die Geräusche sind noch heute eine interessante Erinnerung.

Nach Rückkehr aus Korea verlieh mir Bundesverteidigungsminister Manfred Wörner das Ehrenkreuz der Bundeswehr in Gold für beispielhafte Erfüllung der Soldatenpflichten. Der Chef des Stabes des Führungsstabes der Streitkräfte, Konteradmiral Klaus Rehder, überreichte es mir am 12. Januar 1984 mit den Worten: *„Für Ihren Einsatz in Korea"*.

Anlage 1:

Kräftevergleich
auf der koreanischen Halbinsel

Stand: 8/83

	NORDKOREA	SÜDKOREA	USA
Gesamtstreitkräfte Personal/Ist ca.	781 000	694 000 *)	39 585
Heer Personal/Ist	700 000	585 000	28 538
Großverbände/ Verbände	22 InfDiv 5 InfDiv (mot) 7 InfBrig 7 MechDiv 2 PzDiv 7 Korps PzBrig 29 Special Forces Brig zusätzlich: 36 Special Forces Btl/DivEbene 39 PzJgBtl 5 RakBtl (FROG) 44 SAM-Btl	19 InfDiv 1 InfDiv (mot) 1 InfBrig 2 MechDiv 2 MarInfDiv 1 MarInfBrig 25 gekaderte InfDiv (davon eine in Aufstellung) 3 KorpsPzBrig 7 Special Forces Brig 2 Ranger Kdo Rgt 2 FlaRakBrig = 8 Btl 2 RakBtl HONEST JOHN 1 Btl(?) NIKE HERCULES Boden-Boden	1 (mech) InfDiv 1 FlaRakBtl (CHAPARRAL) und 53 REDEYE-Teams
Großgerät			
mKPz	ca. 3 000	1 264	120
Sturmgeschütze	ca. 200	-	-
SPz/MTW	ca. 1 900	905	324
FArt/Geschütze	ca. 5 100	3 216	76
PzArt/Geschütze	ca. 1 400	111	-
Mehrfach-raketenwerfer	ca. 2 100	36 (+)	-

*) plus 163000 Hilfssoldaten mit nur einjähriger Dienstzeit ohne Wehrsold

noch Anlage 1:

- 2 -

	NORDKOREA	SÜDKOREA	USA
Luftstreitkräfte			
Personal/Ist	51 000	38 900	10 566
Kampfflugzeuge (Jet Fighter etc.)	ca. 670	385	133
Bomber	ca. 90	-	-
Transporter	ca. 300	29	-
Trainer und Sonst.	ca. 120	176	6
Hubschrauber	ca. 90	27	189
Gesamt:	ca. 1 270	617 **)	328

	NORDKOREA	SÜDKOREA	USA
Marinestreitkräfte			
Personal/Ist	ca. 30 000 (+)	42 000	481 ***)
Uboote	19	1 ****)	
Uboote/Transport	1	6	
Principal Surface Combatants	2	21	
Flugkörper/ Schnellboote	25	12	
Schnellboote/ Patrouillenboote	334	72	
Landungsschiffe/ -boote	115	25	
Minensucher/-leger	-	8	
Sonstige	100	8	
Gesamt:	592	153	

**) plus 284 Hubschrauber/Heer

***) einschl. Marine Corps

****) im Bau

Anlage 2:

SEOUL FOREIGN SCHOOL

55 Yonhi-dong
Seoul, Korea 120

Richard F. Underwood
Headmaster

Tel: 33-4784/7
33-3659/60

Cable: SFSCHOOL SEOUL

PLEASE KEEP THIS LETTER
for your reference in
case of emergency.

Memo to : All Parents
From : Richard F. Underwood, Headmaster
Subject : Emergency Plans

Seoul Foreign School feels it is prudent to make plans for all forseeable contingencies, even when the chance of such situations is very slight. One such unexpected but possible contingency involves national or local emergencies. Therefore, this letter is written to keep you informed regarding our plans. Please be assured that we do not expect any need for these plans, but common sense requires that we be prepared.

It is always wise for you to keep your child's principal advised of all phone or address changes AND of any travel by parents out of Seoul when children are left alone. In such case please be sure you have designated another adult in Seoul who will be legally empowered to meet emergency situations (including illness or injury).

1. In the event of hostilities or other major national emergencies without attacks or civil disorder in Seoul we expect that there will be ample opportunity for all children to be returned home and that families will then move as units. In such an event busses will return all bussed children. Children who come to school by car or public transportation should be picked up by parents directly as soon as word is received of such a national emergency. Children who live near the school and normally walk home will be dismissed to walk home. All of the above is on the assumption that the local (Seoul) situation appears not to be hostile or dangerous.

2. In the event of air attacks, massive local disturbance or any other sudden situation making the return of children appear to us to be dangerous, students will be kept at school until the situation is alleviated and/or parents come to pick up their children. There are adequate food supplies for several days and all of our buildings except the elementary old wing are of very heavy reinforced concrete. They are probably as safe as most so called"bomb shelters". As soon as the immediate emergency is over children should be picked up, and busses will return those normally riding on the busses.

3. In the ultimately unlikely event that not all of the students can be returned to their homes or parents and that it is felt necessary to evacuate the teachers from this campus, those students (if any) who can not be returned to homes or parents will be evacuated with the teachers. We do not know exactly where we would go but expect that, unless it is impossible to do so, we would transport teachers and such students to a designated U.S. military evacuation collection point. If by any chance even this is not possible, we have adequate fuel on hand at all times to drive our busses to any spot in Korea and would determine our action on the basis of the current situation. Quite probably we would attempt to gather at the Korea Christian Academy in Taejon, at one of the missionary related hospitals in Chunju, Kwangju or Taegu or at Taechun Beach where housing is available. In all events we would work toward as early as possible a link-up with the U.S.Army evacuation or relief machinery.

   Any parent who wishes to do so may give us definite instructions in writing not to follow plan number 3. In this case such children will be left at SFS if and when teachers are evacuated.

I must re-emphasize that: A. We do not expect any such problem and

B. Even if an emergency should arise we fully expect ample time for children to join their families here in Seoul.

This letter and the plans outlined are intended simply to inform you that we are being careful to plan even for completely unlikely emergencies.

Sincerely,
Richard F. Underwood
Richard F. Underwood
Headmaster

Representative in the United States:
Sang Hae Son,
608 Dogwood Lane, Mt. Prospect, Ill. 60056
(312)-870-9608

(1.5M, 81)

Anlage 3: Bildteil

1 Beförderung zum Leutnant durch Bundesverteidigungsminister Strauß

2 „Unser“ Haus in Seoul

3 Staatstrauerfeier für den ermordeten Staatspräsidenten Park Chung-hee

4 Generalmajor Chun Do-hwan , 2. v. li., am Tag der Streitkräfte 01.10.1979

5 Generalmajor Roh Tae-woo

6 Oberbefehlshaber (OB) Heer General Chung Seung-hwa,
3. v. li., 1979

7 OB Heer General Hwang Yung-si, General Chun Do-hwan,
1. v. re., im Sommer 1980

8 Staatspräsident General a.D. Chun Do-hwan als „lebendes Bild“ während der Parade am Tag der Streitkräfte 01.10.1981

9 Auf der Zuschauertribüne während der Parade am Tag der Streitkräfte 1981, re. hinter mir mein „Bewacher“

10 Generalleutnant Choi Sun-taek, Director Defence Intelligence Agency Republic of Korea, 1.v.re.

11 Buddhistische Tempelanlage Popchu-sa im Songni-san Nationalpark, ca. 300 km südwestlich von Seoul

12 Botschafter W. Eger 1. v. re., BR I u. Ständiger Vertreter H. Beyer, 3.v. re.

13 In der Neutralen Waffenstillstandszone in Panmunjom

14 Abschiedsbesuch beim OB US / ROK Combined Forces Command, General Sennewald

Anlage 4: Bildnachweis

Autor: 2, 5, 7, 8, 9, 10, 11, 13
Bundeswehr: 1
Deutsche Botschaft Seoul: 12
Korea Herald: 3
Ministerium für Nationale Verteidigung Republik Korea: 4, 6
Republic of Korea / US Combined Forces Command: 14

II. Militärattaché in Prag (Tschechoslowakei / Tschechien) 1988 bis 1993

Prolog

Nach einer Verwendung im BMVg als Grundsatzreferent Militärische Sicherheit in der Stabsabteilung II (Militärisches Nachrichtenwesen) des Führungsstabes der Streitkräfte (Fü S) in Bonn von Oktober 1983 bis Oktober 1984 wurde ich anschließend Stellvertretender Brigadekommandeur und Kommandeur der Brigadeeinheiten der Panzergrenadierbrigade 32 in Schwanewede bei Bremen. Am 01. April 1985 wurde ich zum Oberst ernannt.

Im Oktober 1986 wurde mir durch die Abteilung Personal des BMVg eröffnet, mein Wunsch, noch einmal eine Verwendung als Militärattaché bei einer unserer Botschaften zu erhalten, werde voraussichtlich erfüllt werden. Zunächst war mir gesagt worden, dass Athen möglicherweise in Frage käme; nach sechs Woche teilte der für mich in der Personalabteilung zuständige Referent aber mit, dass diese Option wieder hinfällig sei und fragte, ob ich mit einer Verwendung in Warschau oder Prag einverstanden wäre. Ich erklärte mich mit einer Verwendung als Verteidigungsattaché in beiden Orten einverstanden, aber erst im Juli 1987 erhielt ich durch eine fernschriftliche Verfügung Gewissheit, dass meine nächste Verwendung Verteidigungsattaché bei unserer Botschaft in Prag sein würde. Ich hatte auf die Auswahl des Ortes durch die Abteilung Personal keinerlei Einfluss. Ich bin aber auch heute noch sehr froh und glücklich darüber, dass ich nach Prag versetzt wurde, in eine Stadt von besonderer Kultur und Geschichte, wo man auf Schritt und Tritt auch heute noch den Atem deutscher und österreichischer Vergangenheit spürt. Von Ende September 1987 bis Mai 1988 erhielt ich aber zunächst am Bundessprachenamt in Hürth bei Köln eine intensive tschechische Sprachausbildung im Einzelunterricht, von montags bis freitags täglich fünf Stunden. Den Einweisungslehrgang für Militärattachés brauchte ich in voller Länge nicht noch einmal zu durchlaufen. In Abstimmung zwischen dem BMVg FüS II und der Abteilung Personal des BMVg konnte ich mir stattdessen einzelne Ausbildungsabschnitte aussuchen, an denen ich teilnehmen wollte, u.a. zusammen mit Irene, meiner Frau, an einer einwöchigen Einweisung an der Schule für Nachrichtenwesen der Bundeswehr in Bad Ems. Zu den von mir gewünschten Ausbildungsvorhaben gehörten auch Reisen zu ausgesuchten Standorten und besonderen Vorhaben der Teilstreitkräfte, eine einwöchige Einweisung an der Führungsakademie der Bundeswehr in Hamburg-Blankenese und Informationsveranstaltungen in Werken der deutschen Rüstungsindustrie, z.B. Kraus-Maffei in München. Aufgrund meiner kommenden Verwendung als Verteidigungsattaché bei einer Botschaft in einem Mitgliedsstaat des Warschauer Paktes war ich ferner für eine Woche Gast beim Bundesnachrichtendienst in Pullach bei München, die nicht nur für meine kommende Tätigkeit sehr hilfreich war, sondern auch dazu beitrug, dass über Jahre hinweg ein gutes und fruchtbares Vertrauensverhältnis zwischen dem BND und mir geschaffen wurde. In der noch verbleibenden Zeit bis Mitte Juli konnte ich meine militärischen und militärpolitischen Kenntnisse in verschiedenen Stabsabteilungen des BMVg auf den neuesten Stand bringen. Ein besonderer Schwerpunkt meiner Vorbereitung auf die Verwendung in Prag war, zusammen mit meinen Kameraden, die an andere Botschaften in aller Welt versetzt wurden, ein einwöchiger Ausbildungsaufenthalt in der Ausbildungsstätte des Auswärtigen Amtes in Bonn-Ippendorf, der anschließend mit einem mehrtägigen, sehr informativen Studienaufenthalt in Berlin, organisiert durch das Auswärtige Amt und den Senat der Stadt, abschloss, an dem auch wiederum unsere Frauen teilnahmen.

Auskunftsersuchen ČSSR beim MfS der DDR über mich

Am 22. Februar 1988 leitete die Abteilung X (Internationale Beziehungen) des Ministeriums für Staatssicherheit (MfS) der DDR unter »Persönlich, Streng Geheim« ein Auskunftsersuchen des Föderalen Ministeriums des Innern der Tschechoslowakischen Sozialistischen Republik (ČSSR) weiter an den Stellvertreter des Ministers für Staatssicherheit, Generalleutnant Werner Großmann, mit der Bitte um Kenntnisnahme und weitere Veranlassung. Prag teilte dem MfS mit, dass ich *„im Rahmen einer kadermäßigen Veränderung auf eine Verwendung* *als Militärattaché bei der Botschaft der BRD in Prag"* vorbereitet werde. Zwecks operativer Abwehrmaßnahmen bitte man, nach Möglichkeit recht schnell, um Übermittlung jedweder operativ nutzbarer Hinweise zu meiner Person. Am 21. März 1988 übersandte dann der Leiter der Abteilung X des MfS der DDR, Generalmajor Willi Damm, dem Leiter des Kabinetts des Innenministers der ČSSR, *»dem werten Genossen Oberst Krasa«*, eine nahezu lückenlose und auch korrekte Aufstellung meiner Laufbahn und meiner Verwendungen ab 1971, seit meiner Tätigkeit im NATO-Hauptquartier in Brüssel.

Grenzübertritt

Als ich am 28. August 1988 bei Waidhaus / Rozvadov die deutsch-tschechoslowakische Grenze überschritt, um meinen Dienst in Prag, (Bild 15), anzutreten, konnte ich nicht wissen, welche großen politischen und militärischen Veränderungen ich in den nächsten fünfeinhalb Jahren in Ostmitteleuropa nicht nur miterleben, sondern im Rahmen meines Aufgabenfeldes in meinem Gastland sogar mitgestalten konnte. Ich betrat damals ein kommunistisches Land, das uns nicht wohl gesonnen war, ja, in der Bundesrepublik Deutschland und seinen Bürgern einen potentiellen Feind sah. Das Verhältnis zwischen beiden Staaten, der Bundesrepublik Deutschland – Mitglied der NATO – und der ČSSR – Mitglied des Warschauer Paktes – war in jeder Hinsicht spür- und sichtbar durch politische Sprachlosigkeit und die permanente Gefahr einer militärischen Konfrontation geprägt.

Bis zur politischen Wende, der sogenannten »Samtenen Revolution«, im November 1989 galt die ČSSR mit ihrer gut ausgebildeten und gut ausgerüsteten ca. 200.000 starken Volksarmee, den etwa 120.000 Mann starken Verbänden der Volksmiliz und sieben aktiven Brigaden der Grenztruppen von insgesamt ca. 11.000 Mann als einer der treuesten Vasallen der damaligen Sowjetunion. Im Lande standen seit 1968 zudem ca. 75.000 sowjetische Soldaten, die „Zentrale Gruppe der Sowjetischen Truppen" (ZGT), deren Auftrag es war, bei einem möglichen militärischen Konflikt nicht nur in vorderste Linie gegen die NATO anzutreten, sondern vor allem auch das kommunistische Regime in der ČSSR zu stützen und Entwicklungen wie im Jahr 1968 während des „Prager Frühlings" zu verhindern.

Engagement der NATO-Militärattachés in der ČSSR

Während die Militärattachés der Mitgliedstaaten des Warschauer Paktes und mit ihnen verbündeter oder befreundeter sozialistischer Staaten relativ gut von den zuständigen Stellen des Gastlandes mit Informationen versorgt wurden, waren die NATO-Militärattachés und die Kameraden anderer westlich orientierter Staaten bis zur politischen Wende 1989 / 90 hier auf sich gestellt. Grundsätzlich hatten aber alle Militärattachés völlige Bewegungs- und Reisefreiheit im Land. Allerdings unterlagen wir „Westler" einer fast lückenlosen Überwachung durch den Staatssicherheitsdienst und den Militärischen Abwehrnachrichtendienst des Gastlandes, die bis in den privaten Bereich ging. Soldaten und Polizisten zum Beispiel, die das Kraftfahrzeug eines westlichen Militärattachés im Landesinnern ausmachten und meldeten, erhielten finanzielle Belohnungen oder Sonderurlaub. In enger Abstimmung und Koordination innerhalb der NATO-Militärattachégruppe, einer zu jener Zeit verschworenen Gemeinschaft, lernte ich nicht nur auf ausgedehnten Aufklärungsfahrten mein Gastland auch in abgelegenen Winkeln gut kennen. Darüber hinaus gelang es mir vor allem auch, trotz vieler Hemmnisse und Schwierigkeiten, den Auftrag, der unter dem Aspekt der Bedrohung des NATO-Vertragsgebietes und vor allem der Bundesrepublik gestellt war, unter aktiver und dynamischer Auslegung des Wiener Übereinkommens stets in jeder Hinsicht zu erfüllen, obwohl der Militärattachéstab dafür nicht mit einem geeigneten Dienstkraftfahrzeug ausgestattet war. Verteidigungsattaché und Stellvertreter mussten für solche Aufklärungsfahrten, die vom BMVg bzw. BND erwartet wurden, entweder ihre Privat-Kfz benutzen oder in einem Dienst-Kfz der NATO-Kameraden mitfahren. Eine schriftliche Weisung, Fahrten zur Aufklärung der Tschechoslowakischen Volksarmee und der Zentralen Gruppe der Sowjetischen Truppen (ZGT) in der ČSSR zu unternehmen, habe ich allerdings nie erhalten. Im Rahmen des gestellten Auftrages wurde dies, wie die überaus zahlreichen Aufklärungsforderungen zeigten, offensichtlich stillschweigend erwartet, so auch ggf. die Benutzung des privaten Kraftfahrzeuges. Die dadurch entstandenen Kosten konnten dann allerdings auch dienstlich abgerechnet werden. Wie bereits meine Vorgänger im Amte hatte ich deswegen mein privates Kraftfahrzeug, einen PKW Mercedes 250, schon vor Auslieferung auf eigene Kosten besonders ausrüsten lassen. Um das Anfahren einer Tankstelle des Gastlandes möglichst zu vermeiden, hatte ich einen Mercedes Diesel bestellt, der wegen möglicherweise erforderlichen Fahrens in schwierigem Gelände zusätzlich mit verstärkten Achsen, einer Stahlplatte als verstärktem Unterbodenschutz und, um schneller fotografieren zu können, mit elektrischen Fensterhebern ausgerüstet war.

Schriftlich und mündlich monierte ich von Anfang meiner Verwendung in Prag den Widerspruch zwischen Aufklärungsforderungen und der dafür fehlenden dienstlichen Kraftfahrzeugausstattung. So u.a. mündlich am 15. Dezember 1989 gegenüber Volker Rühe, damals CDU / CSU-Fraktionsvorsitzender im Deutschen Bundestag, der sich zu politischen Gesprächen in Prag aufhielt, und dem Botschafter Huber ein Abendessen in kleinem Kreise gab, an dem ich teilnahm. Volker Rühe geißelte zwar mit herben Worten den Widerspruch zwischen Auftrag und Kfz-Ausstattung, aber weitere Reaktionen blieben nach seiner Rückkehr nach Bonn aus. Erfolg hatte ich erst, als ich während einer Dienstreise in Bonn im Sommer 1989 beim damaligen Chef des Stabes des Führungsstabes Heer, Generalmajor Ernst Klaffus, vorstellig wurde. Fast ein Jahr dauerte es dann aber noch, bis ein Mercedes-Geländewagen im Militärattachéstab Prag ankam – und dann nicht mehr gebraucht wurde, weil sich inzwischen seit Ende 1989 die sicherheits- und militärpolitischen Verhältnisse in der Tschechoslowakei grundlegend geändert hatten. Gerne gab ich deshalb 1992 den Mercedes-Geländewagen an unseren Verteidigungsattaché in Alma Ata / Kasachstan, Oberstleutnant i.G. Hartmut Digutsch, ab, der ihn wegen der im dortigen Lande schwierigen Geländeverhältnisse nun besser gebrauchen konnte.

An den gemeinsamen Aufklärungsfahrten im Lande beteiligten sich allerdings die Franzosen aufgrund einer Weisung aus Paris nicht; sie waren stets allein unterwegs, aber nicht minder aktiv. Zwischen unserem und dem französischen Militärattachéstab bestand aber eine so enge und vertrauensvolle Zusammenarbeit, dass Nachteile dadurch nicht auftraten. Monatlich trafen sich die NATO-Militärattachés – allerdings auch wieder ohne Frankreich – zum Austausch und Abgleichen von Aufklärungsergebnissen jeder Art und zur Besprechung von Fragen und Punkte im Zusammenhang mit unserer Arbeit in der abhörsicheren Kabine einer unserer Botschaften. Nach der politischen Wende in der ČSSR weichte die sehr enge Kooperation innerhalb der NATO-Militärattachégruppe jedoch sehr schnell auf, und die nationalen politischen Interessen traten deutlich, besonders bei den Briten und den US Amerikanern, in den Vordergrund.

Wenngleich das Militärattachékorps in zwei Lager gespalten war, Militärattachés der NATO und mit ihr befreundeter Nationen auf der einen und die Militärattachés der Warschauer Pakt-Staaten und anderer sogenannter sozialistischer Staaten auf der anderen Seite, respektierte man sich untereinander, lebte und arbeitete pragmatisch miteinander und pflegte mindestens die im diplomatischen Korps üblichen gesellschaftlichen Kontakte.

Der DDR-Militärattachéstab

Die DDR war natürlich in der ČSSR bei ihrer Botschaft auch mit einem Militärattachéstab vertreten. Zum Zeitpunkt meiner Ankunft in Prag wurde der DDR-Militärattachéstab durch Oberst Heinz Beutel geleitet; sein Assistent war Hauptmann Alexander Verner, Sohn des ehemaligen Chefs der DDR-Volksmarine und späteren Chefs der Politischen Hauptverwaltung der Nationalen Volksarmee (NVA), Vizeadmiral Waldemar Verner. Büroleiterin des DDR-Militärattachéstabes war die Ehefrau von Oberst Beutel. Am Samstagmorgen, dem 17. September 1989, kam es während eines Barbecues in der Residenz des US Verteidigungsattachés, Colonel Bill May, zu dem er alle Angehörigen des Militärattachékorps mit ihren Damen eingeladen hatte, zu einer ersten Begegnung zwischen mir und Oberst Beutel. Da er und seine Frau etwas verspätet eintrafen, begrüßten sie alle Anwesenden reihum. Ich hatte ihn sofort erkannt, hatte ich mich doch vor Dienstantritt in Prag schon eingehend über ihn orientiert. Als er bei seiner Begrüßungsrunde bei mir anlangte, streckte ich ihm meine Hand entgegen und sagte: „Guten Tag, Herr Beutel, ich bin der neue deutsche Verteidigungsattaché in der Tschechoslowakei." Seine Reaktion, ohne auch nur eine Miene zu verziehen: *„So kann auch nur einer aus der BRD sprechen, aber dennoch herzlich willkommen."*

Meine offizielle Dienstbezeichnung lautete ja auch: Dienststellenleiter des Militärattachéstabes und Verteidigungsattaché bei der Botschaft der Bundesrepublik Deutschland.

Im September/Oktober machte ich zahlreiche Antrittsbesuche innerhalb des Militärattachékorps, so auch am 19. Oktober bei Oberst Beutel in der DDR-Botschaft. Ich trug wie bei allen vorangegangenen Antrittsbesuchen Uniform. Oberst Beutel, ebenfalls in Uniform, empfing mich in den Repräsentationsräumen der DDR-Botschaft und nicht in den Räumen seines Stabes. Unser Gespräch ging bei diesem ersten längeren Gespräch über ein gegenseitiges Abtasten nicht hinaus. Etwa eine Woche später machte Oberst Beutel bei mir einen Gegenbesuch in unserer Botschaft, natürlich auch in Uniform, und selbstverständlich empfing auch ich ihn nicht in den Räumen meines Stabes, zu dem damals nur die Militärattachés der NATO und anderer befreundeter Staaten Zutritt hatten. Von diesem Tage an trafen Oberst Beutel und ich uns aber auch außerhalb der zahlreichen Veranstaltungen des Diplomatischen Korps oder des ČSSR-Verteidigungsministeriums bzw. des Generalstabes etwa einmal im Monat zu einem Gedankenaustausch.

Die Überwachung durch das Gastland

Traf ich mich mit dem DDR-Militärattaché in unserem Hause, (Bild 16), zogen wir es vor, das Gespräch im Garten zu führen, denn wir beide gingen davon aus, dass jedes Wort innerhalb des Hauses mitgeschnitten wurde, was sich nach der politischen Wende auch konkret bestätigte, als in Zusammenarbeit zwischen dem BND und dem zuständigen Geheimdienst des Gastlandes sechs Abhörgeräte in unserem Haus hinter den Türrahmen in Wohn- und Esszimmer, in meinem Arbeitszimmer und in den Schlafzimmern gefunden und ausgebaut wurden.

Und natürlich wurde auch unser Telefon überwacht und abgehört. Daraus ergaben sich mitunter seltsame Zusammenhänge. Zweimal im Jahre 1989 wurde ich statt mit meinen Söhnen in Bonn mit der Privatwohnung des Staatssekretärs im Bundesinnenministerium Hans Neusel verbunden. Im Herbst desselben Jahres lief einer meiner privaten Anrufe in Bonn bei der Telefonvermittlung des Bundespräsidialamtes auf.

Auch sonst waren die entsprechenden Sicherheitsbehörden der ČSSR bis zur politischen Wende im Herbst 1989 bei der Überwachung von mir und auch meiner Familie nicht gerade zimperlich. Nach Rückkehr von einem Empfang des Generalstabes der Tschechoslowakischen Volksarme für eine Besuchergruppe des britischen Imperials Staff College, zu der als Lehrgangsteilnehmer auch der damalige Oberst i.G. Hanno Graf von Kielmansegg gehörte, versuchte Tochter Kerstin vergeblich ihren Videoplayer in Betrieb zu setzen. Später stellte ein Fachgeschäft in Weiden i. d. Oberpfalz fest, dass im Gerät alle Kabel hinter den Abspielkontakten durchtrennt worden waren. Wenige Tage nach diesem Abend vermisste meine Frau einen goldenen Brillantring. Unsere Maid beteuerte permanent ihre Unschuld, sie habe ihn nicht genommen. Etwa vier Wochen später tauchte der Ring wieder auf. Tochter Kerstin fand ihn in der Hausapotheke und zwar in einer durch uns bisher nicht angebrochenen Schachtel mit Aspirintabletten. Offensichtlich wurde unser Haus während unserer Abwesenheit des Öfteren durch Angehörige der ČSSR-Sicherheitsdienste heimgesucht. Wir fanden wiederholt an mehreren Stellen im Haus offensichtlich ostentativ verteilte Zigarettenkippen und mindestens dreimal fanden wir Hester, unseren relativ großen und auch wachsamen Hund, eine Mischung zwischen Berner Sennenhund und deutschem Schäferhund, bei unserer Rückkehr verstört und winselnd vor. Ein lokaler Tierarzt fand heraus, dass Hester offensichtlich im Zusammenhang mit dem Eindringen von Angehörigen des tschechoslowakischen Abwehrnachrichtendienstes in unser Haus durch ein Sprühgas ruhig gestellt worden war. All diese Vorkommnisse sollten wahrscheinlich - nicht nur nach meiner Beurteilung – u.a auch Hinweis, ja Warnung, sein, gewisse Grenzen bei der Auftragserfüllung nicht zu überschreiten.

Ein besonderes sicherheitsrelevantes Erlebnis hatten meine Frau und ich im März 1989 während eines Urlaubs in der Mala Fatra / Slowakei, den ich gemäß der Weisung für ausländische Militärattachés zeitgerecht der Verwaltung für Auswärtige Beziehungen des Generalstabes der tschechoslowakischen Armee angezeigt hatte. Als wir uns nach unserer Ankunft in unserem Hotel in der Kleinstadt Terchová registrieren ließen, standen in unserer Nähe vier Männer gelangweilt herum, die aber unsere Ankunft aufmerksam beobachteten. Einer von ihnen sah aus und war auch entsprechend mit einem Trenchcoat bekleidet wie der Schauspieler Colombo in der gleichnamigen US Krimiserie. In den folgenden Tagen waren diese Herren stets in unserer Nähe, selbst auf Wanderungen im Gebirge. Eines Tages unternahmen wir mit unserem Auto einen Ausflug, um die slowakische Landschaft und einige ihrer Orte besser kennenzulernen. Als wir in Ružemberok, einer ansprechenden Stadt in der mittleren Slowakei, parken wollten, waren wir plötzlich von mehreren Polizeifahrzeugen umgeben. Und in einem Platten- und Phonoladen leistete uns „Colombo" Gesellschaft, aufmerksam CDs mit Orgelkonzerten studierend. Auf der Weiterfahrt besuchten wir das slowakische Volkskundemuseum in St. Martin. St. Martin war zur Zeit des Kalten Krieges eines der Hauptrüstungszentren mit der größten Kampfpanzerfabrik des Warschauer Paktes. Als wir nach dem Museumsbesuch weiterfuhren, stellten wir fest, dass alle von der Hauptstraße abzweigenden Nebenstraßen und alle Kreuzungen durch die Polizei abgesperrt waren und man uns an einem Verlassen der Fahrtroute Richtung Terchová hinderte.

Am Abend stellte ich fest, dass an meinem auf dem bewachten Parkplatz des Hotels geparkten Privat-Kfz alle vier Radkappen fehlten. An der Rezeption nahm man meine Beschwerde ohne Kommentar zur Kenntnis, überraschte mich aber am nächsten Morgen freudestrahlend mit der Information, die Radkappen hätten sich wiedergefunden und seien sogar gewaschen.

Am letzten Abend vor der Rückreise nach Prag ging ich nach dem Abendessen noch einmal zum Auto, während meine Frau bereits in die kleine im 1. Stock gelegene Ferienwohnung zurückkehrte. Beim Öffnen der Zimmertür schlugen durch einen entstehenden Luftzug gleichzeitig zwei große Fenster zu und zerbarsten. Aufgrund eines sofortigen Anrufs bei der Hotelrezeption stürzten zwei Hotelangestellte mit den Worten *„Das ist nicht Ihr Fehler"* in das Appartement. Offensichtlich waren unsere „Betreuer" vom tschechoslowakischen Staatssicherheitsdienst während des Abendessens in das Appartement eingestiegen, um wahrscheinlich unser Gepäck zu durchsuchen, und hatten fluchtartig das Zimmer wieder verlassen und die Fenster nicht mehr schließen können, als meine Frau früher als erwartet zurückkam.

Nach Rückkehr nach Prag monierte ich bei der Verwaltung für Auswärtige Beziehungen die dreiste Überwachung während des Urlaubs, u.a. sogar auf unseren Wanderungen. Oberst Pekař, mit dem ich mich eigentlich stets gut verstand, weil er im Gegensatz zu manchem anderen tschechoslowakischen Offizier sich nicht nur locker gab, sondern auch in vielen Situationen großzügig war, antwortete, dass alles nur aus Sorge um unsere Sicherheit geschehen sei, denn man habe noch kurz vor unserer Ankunft in Terchová in der Nähe mehr als zwanzig große Braunbären festgestellt.

Misstrauische Beobachtung der deutschen Militärattachés durch NATO-Kameraden

Bemerkenswert fand ich aber auch immer wieder, dass jedes Gespräch in der Öffentlichkeit, etwa auf Veranstaltungen des Diplomatischen Korps oder des ČSSR-Verteidigungsministeriums, zwischen einem Angehörigen des DDR-Militärattachéstabes und meinem Stabe aufmerksam von den anderen Militärattachés, insbesondere von denen der NATO-Staaten und hier vor allen von den Briten und den Franzosen, registriert wurde. Dies zeigt auch eine Begebenheit am Spätnachmittag des 26. Oktober 1988 während eines Empfangs in der Residenz des ägyptischen Botschafters. Da ich am selben Abend noch eine weitere Verpflichtung hatte, verließ ich den Empfang bereits nach einer knappen Stunde. Als ich vom Garten der Residenz die große Freitreppe hinaufging, kam mir der DDR-Militärattaché Oberst Beutel entgegen, der gerade erst gekommen war. Als wir uns freundlich mit Handschlag begrüßten und einige Worte wechselten, ertönte aus dem Garten die Stimme des französischen Verteidigungsattachés Colonel Jean-Claude Monchot, der laut und unüberhörbar rief: *„La Grande Allemagne"*, und für einen kurzen Augenblick alle Gespräche verstummen ließ.

Zusammenarbeit und Kontakte im Militärattachékorps

Mit dem französischen Verteidigungsattaché, Colonel Monchot, arbeitete ich im Rahmen meines Auftrages und aufgrund bilateraler Abkommen zwischen der Bundesrepublik Deutschland und Frankreich grundsätzlich gut zusammen. Im Umgang war er eigentlich stets sachlich, freundlich und kameradschaftlich, doch in seinem Wesen und Verhalten mir gegenüber nicht immer ganz berechenbar. Dies wurde etwa zwei Monate später noch deutlicher als bei seinem Verhalten in der Ägyptischen Botschaft im Oktober. Der Chef des Generalstabes der Tschechoslowakischen Armee hatte für den 19. Dezember 1988 nachmittags das Militärattachékorps zum Jahresabschlussempfang in das Dům Armady (Haus der Armee) geladen. Colonel Monchot und ich kamen zur selben Zeit mit unseren Frauen auf dem Parkplatz vor dem Dům Armady an. Als wir aufeinander zugingen, um uns zu begrüßen, hob Colonel Monchot den rechten Arm und rief überlaut „Heil Standartenführer." Meine Begrüßung wurde nun nicht nur unfreundlich, sondern ich machte ihm sehr deutlich, dass ich mir so eine Äußerung und sein Verhalten verbäte. Monchot schwieg und die Atmosphäre war zwischen uns nicht nur in den folgenden Stunden mehr als frostig, sondern blieb auch einige Zeit eisig. Wochen später, etwa Ende Januar 1989, kam Botschafter Huber in der sog. Morgenrunde, die normalerweise routinemäßig zweimal in der Woche in der abhörsicheren Kabine der Botschaft stattfand und an der alle Angehörigen des Höheren Dienstes teilnahmen, auf die nicht immer positive Einstellung und das Verhalten mancher Angehöriger fremder Botschaften gegenüber Deutschland und ihre Haltung zu einer möglichen Wiedervereinigung beider deutscher Staaten zu sprechen. Ich erwähnte dabei die Vorfälle mit Colonel Monchot. Botschafter Huber, der selbst in kritischen und schwierigen Situationen nie die Contenance verlor, geriet nun aber doch etwas außer sich und ließ sich durch mich nicht davon abbringen, darüber mit seinem französischen Kollegen sprechen zu wollen. Ich habe niemals erfahren, ob dies dann auch geschah; ich vermute es aber, denn Colonel Monchot entschuldigte sich kurz darauf für sein Verhalten. Im Juli 1989 kehrte Colonel Monchot nach Ende seiner Verwendung in Prag nach Frankreich zurück und ging in den Ruhestand. Sein Botschafter,

Botschafter Jacques Humann, und seine Frau Elisabeth gaben ihm in kleinem Kreis ein Abendessen zum Abschied, an dem meine Frau und ich teilnahmen. Wir haben im Laufe der Jahre in Brüssel, Seoul und Prag an vielen offiziellen Abendessen teilgenommen. Dieses Essen ist mir aber als besonders harmonisch und weniger förmlich als sonst üblich in Erinnerung. Das lag möglicherweise auch daran, dass die Teilnehmer an diesem Essen ob der noch am Abend großen Hitze kurz entschlossen nach der Vorspeise selbst die gedeckten Tische vom Speisezimmer der Botschaft auf die angrenzende große und schöne Dachterrasse des Palais trugen und dadurch eine besonders gelockerte Stimmung entstand.

Sein Nachfolger, Colonel Bernard Emond, war von ganz anderem Charakter. Er bestach durch seine eher zurückhaltende Art. Nicht nur wir beide wurden Freunde, auch seine Frau Raymonde und Irene verstanden sich sofort gut, nicht zuletzt deshalb, weil Irene sich mit Raymonde, die nur wenig Englisch sprach, fließend auf Französisch unterhalten konnte.

Besonders gerne erinnere ich mich an die fruchtbare Zusammenarbeit mit meinem österreichischen Kameraden, Oberst i.G. Helmut Dorner, (Bild 17), und mit dem in Wien residierenden Militärattaché der Schweiz. Oberst i.G. Dr. Charles Ott, der in Prag nebennotifiziert war und, bis er im Herbst 1989 in die Schweiz zurückkehrte, mehre Male im Jahr nach Prag kam. Der stets gute Gedanken- und Informationsaustausch mit ihm war immer auf das Wesentliche begrenzt und ergebnisorientiert.

Ich hatte aber auch keine Scheu, mich mit den Militärattachékameraden des Warschauer Paktes zum Meinungsaustausch zu treffen, aber auch mit dem Militärattaché der Palestine Liberation Organisation (PLO) und dem Militärattaché Kubas, einem resoluten weiblichen Oberstleutnant.

Besonders hervorheben möchte ich auch die guten Kontakte zum Leiter des Militärattachéstabes der Volksrepublik China in Prag, Großoberst Wang Hongji, der von 1988 bis April 1990 in Prag auf Posten war. Er sprach aber leider weder Englisch noch Deutsch, nur wenig Tschechisch, dafür aber fließend Russisch. Bei unseren Treffen half seine Frau als Übersetzerin mit soliden Englischkenntnissen aus.

Großoberst Wang war stets sehr gastfreundlich und kooperationsbereit; sein dienstliches Interesse galt ausschließlich dem Warschauer Pakt, vor allem der Sowjetunion, und hier besonders dem Fernen Osten. Großoberst Wang und sein Stellvertreter Oberst Zhao Yuke fühlten sich mir seit Mai 1989 besonders dankbar verbunden. Beide hatten wiederholt den Wunsch geäußert, mit ihren Frauen Weiden in der Oberpfalz und Nürnberg zu besuchen und würden sich freuen, wenn meine Frau und ich sie begleiteten. Ich versprach es, kümmerte mich für beide Ehepaare um die schnelle Beschaffung eines diplomatischen Visums für Deutschland, und wir setzten den Reisetermin fest. Doch dann schlugen am 03./04. Juni 1989 in Peking chinesische Sicherheitskräfte gewaltsam und mit großer Brutalität gegen die Regierung gerichtete Demonstrationen der Bevölkerung nieder. Als Folge wurden der Verkehr und die Kontakte westlicher Botschaften mit den diplomatischen Vertretungen der Volksrepublik China aufgrund von Weisungen der Regierungen auf ein Mindestmaß beschränkt. Bei wörtlicher Auslegung und Befolgung einer entsprechenden Weisung des Auswärtigen Amtes hätte ich die bereits fest verabredete kurze Reise absagen müssen. Aufgrund der bisherigen guten Zusammenarbeit mit den chinesischen Militärattachés in Prag, die aufgrund der Ergebnisse nach meiner Beurteilung bisher stets ein Gewinn für die Bundesrepublik gewesen war, trug ich die Angelegenheit, meine Beurteilung und meine Absicht, die Reise mit den Chinesen wie geplant durchzuführen, telefonisch dem BMVg Fü SIII (Fü S III = Führungsstab Streitkräfte – Abteilung Militärpolitik) vor. Noch am selben Tag wurde mir aus Bonn mitgeteilt, ich könne selbst entscheiden, was ich machen wolle. Das tat ich dann auch und führte die kurze 3-tägige Reise mit den chinesischen Militärattachés wie geplant durch. An der darauf weiterhin guten, ja sogar noch besseren Zusammenarbeit mit ihnen sah ich, dass mein Entschluss richtig gewesen war.

Bei einer Verbindungsaufnahme im November 1988 mit dem Leiter des sowjetischen Militärattachéstabes Generalleutnant Ivan Petrovič Šport lernte ich den gerade neu eingetroffenen neuen Heeresattaché, Oberst Valerij Michajlovič Gluchov, (Bild 17), kennen. Oberst Gluchov sprach fließend Deutsch, und als ich ihm auf seine Frage nach meinem Heimatort, Greven an der Ems nannte, sagte er spontan, *„kenne ich gut und Fluss Ems sehr gefährlich, viele Strudel"*. Ich fand dann schnell heraus, dass Oberst Gluchow mehrere Jahre Angehöriger der sowjetischen Militärmission in der Bundesrepublik Deutschland mit Dienstsitz in Bünde / Westfalen gewesen war. Wiederholt war er auf Aufklärungsfahrten in Greven gewesen, wo er sich für Depots der damaligen Heimatschutztruppe der Bundeswehr interessiert hatte. Ich gewann im Laufe der Zeit den Eindruck, dass er meine Heimat fast besser kannte als ich. Drei Jahre blieb er in Prag, wir pflegten stets einen relativ unkomplizierten Umgang miteinander und verabredeten, uns „später einmal" gegenseitig zu besuchen. Dazu ist es aber nie gekommen. Weder schickte er mir, wie versprochen, seine Moskauer Adresse, noch gelang es mir, bei meinen zahlreichen Aufenthalten in Moskau nach Eintritt in den Ruhestand Kontakt zu ihm zu bekommen.

Ich behaupte, gerade weil ich intensiv den Kontakt und Meinungsaustausch mit den Offizieren „des andern Lagers" und auch zivilen Landeseinwohnern suchte und in der jeweils geeigneten Weise nutzte, erschloss sich mir ein für meine Auftragserfüllung und damit für die Bundesrepublik Deutschland umfassendes hilfreiches Lagebild, das manch anderem Militärattaché verborgen blieb, weil er sich entweder in undiplomatischer „Kalter-Krieger-Manier" eher als Stoßtruppführer präsentierte oder einfach gar nichts wagte. Nach dem geltenden Völkerrecht und den darauf fußenden nationalen deutschen Bestimmungen durfte ich mich bei meiner Auftragserfüllung nur aus offenen Quellen informieren. In der mir eigenen Art habe ich aber stets alle Quellen und Möglichkeiten so offen genutzt, wie sie sich mir darboten.

Umgliederung der Tschechoslowakischen Volksarmee in eine effektivere Struktur

Wie die übrigen NSWP-Staaten (Non Soviet States of the Warsaw Pact) folgte auch die ČSSR der vom sowjetischen Präsidenten Gorbatschov am 07.12.1988 vor der UN-Vollversammlung bekanntgegebenen Abrüstungsinitiative der Sowjetunion bei den konventionellen Streitkräften. Am 27. Januar 1989 kündigte der Staatsverteidigungsrat der ČSSR eine Reduzierung der Tschechoslowakischen Volksarmee bei den Kampftruppen um ca. 12.000 und der Verbände des Rückwärtigen Dienstes um ca. 8.000 Mann an, unter gleichzeitiger Überführung dieser 20.000 Soldaten in die Eisenbahntruppen bzw. in neu aufzustellende militärische Baueinheiten. Der Gesamtumfang der Tschechoslowakischen Volksarmee von ca. 200.000 Soldaten werde aber zunächst aufgrund der Umschichtung nicht verringert.

In der Verlautbarung des Staatsverteidigungsrates hieß es weiter, dass die personellen Maßnahmen ergänzt werden sollten durch Verschrottung von Waffensystemen bzw. deren Umrüstung für eine nicht näher präzisierte volkswirtschaftliche Nutzung, und zwar von:

- 850 Kampfpanzern
- 256 Schützenpanzern / gepanzerten Transport-Kfz
- 51 Kampfflugzeugen.

Im Rahmen der Reduzierung der Streitkräfte war ferner geplant bis 1991 drei Großverbände der mit Masse in Mähren dislozierten 4. Armee zu kadern und zwar die:

- 3. Motorisierte Schützendivision, KROMERITZ
- 4. Panzerdivision, HAVLICKUV BROD
- 9. Panzerdivision, TABOR.

Bis Ende 1989 waren laut Angaben des Ministeriums für Nationale Verteidigung der ČSSR die Abrüstungsschritte auf materiellem Gebiet angeblich wie folgt verwirklicht:

- von den 850 Kampfpanzern mehr als 50 %
- bei den 256 Schützenpanzern / gepanzerten Transport-Kfz bereits 45 Stück mehr als angeblich bis Ende 1989 vorgesehen; eine absolute Zahl wurde nicht genannt
- von den 51 Kampfflugzeugen mehr als zwei Drittel.

Aus der aktiven Gefechtsbereitschaft herausgenommen waren Ende 1989 sechs Panzerregimenter und ein Jagdfliegerregiment.

Mit einem Seitenhieb auf die NATO und vor allem auf die Bundesrepublik Deutschland betonte die ČSSR immer wieder besonders, dass es sich um eine einseitige Reduzierung der Streitkräfte handele.

Grundlage der tschechoslowakischen Sicherheitspolitik war bis Ende 1989 die feste Einbindung des Landes in die sozialistische Gemeinschaft der Mitgliedsstaaten des Warschauer Paktes. In sicherheitspolitischen Fragen, einschließlich der Abrüstung, vertrat die ČSSR uneingeschränkt die sowjetische Linie.

Der Verteidigungsrat der ČSSR kündigte ferner an, dass die Streitkräfte auf weitere Sicht für eine rein defensive Rolle umstrukturiert werden sollten. Im Rahmen meines Auftrages wurde mir bekannt, dass im Spätsommer 1989 eine Umgliederung in den Divisionen der der Bundesrepublik Deutschland gegenüberliegenden 1. Armee, aber auch der mehr im Innern des Landes bzw. gegenüber Österreich dislozierten 4. Armee begonnen hatte. So wurden die Panzerregimenter aus den MotSchützendivisionen ausgegliedert. Seit Herbst 1989 bestand die 1. PzDivision, Divisionskommando in SLANY, ca. 20 Kilometer westlich Prag, nur noch aus 1 MotSchützenregiment und 2, anstatt vorher 3 PzRegimentern. Die durch Reduzierung der Kampfpanzer von 41 auf 31 in den PzBtl der MotSchützenregimenter verringerte Kampfkraft wurde aber durch Neuaufstellung von PzAbwehrabteilungen ausgeglichen. Beachtenswert war nach meiner Beurteilung die personelle Aufstockung der 13. und 14. PzDivision im Militärbezirk OST / Slowakei zu starken Ausbildungsdivisionen.

Es deuteten zahlreiche gesicherte Aufklärungsergebnisse und Erkenntnisse darauf hin, dass die Tschechoslowakische Volksarmee die angekündigten und zum geringen Teil auch 1989 bereits umgesetzten Abrüstungsmaßnahmen für eine straffere und effektivere Organisation und für eine Steigerung der Kampfkraft nutzte. Unterstrichen wurde diese Beurteilung durch Ausstattung der Streitkräfte im Laufe des Jahres 1989 mit modernisierten und neuen Waffensystemen. Als Beispiele seien hier nur genannt die verstärkte Umrüstung zahlreicher Verbände der Landstreitkräfte auf die inzwischen im Lande, hauptsächlich in der Slowakei, in Lizenz produzierten sowjetischen Kampfpanzer T-72 und Schützenpanzer BMP-2, ferner der teilweise Ersatz der veralteten MIG-21 durch das moderne Jagdflugzeug MIG-29.

Begrenzter Abzug von Verbänden der Zentralen Gruppe der Sowjetischen Truppen (ZGT) in der ČSSR 1989

Im Rahmen der vom sowjetischen Präsident Gorbatschov Ende 1988 angekündigten Abrüstungsschritte wurde im Laufe des Jahres 1989 auch ein begrenzter Teil der in der ČSSR stationierten „Zentralen Gruppe der Sowjetischen Truppen" (ZGT), (Bild 18), mit ihren Waffensystemen in die Sowjetunion zurückverlegt. Dies geschah nicht nur wenig öffentlichkeitswirksam, sondern sogar unter Geheimhaltung und starken Sicherheitsvorkehrungen abgeschirmt von der zivilen Öffentlichkeit. Informationen wurden meinen Militärattachékameraden und mir dadurch stets nur später und dann auch nur begrenzt bekannt. Einmal jedoch hatte ich mehr Glück und konnte die Eisenbahnverladung und den Abtransport eines sowjetischen PzBtl unmittelbar beobachten.

Auf einem Empfang am Montagabend, dem 22. Mai 1989, in der Residenz des Schweizer Botschafters erfuhr ich vom Leiter des sowjetischen Militärattachéstabes, dass am folgenden frühen Morgen, dem 23. Mai 1989, im Rahmen des Teilabzuges der ZGT das PzBtl 280, Verband eines Gardemotschützenregiments der ZGT, im ca. 100 Kilometer entfernten nordböhmischen Bohusudov auf die Eisenbahn verladen und in die Sowjetunion zurückverlegt würde. Gegen 02.00 Uhr in der Frühe des folgenden Tages fuhr ich in Zivil mit meinem Büroleiter, Hauptfeldwebel Schusser, in seinem Privatwagen Richtung Bohusudov. Hauptfeldwebel Schusser war nicht nur ein guter und leistungsstarker Büroleiter des Militärattachéstabes, sondern sprach auch fließend Tschechisch. Bis zum 16. Lebensjahr hatte er in der ČSSR gelebt. Später konnte er, bis er nach Prag versetzt wurde, seine sehr guten tschechischen Sprachkenntnisse als Soldat der Fernmeldeaufklärung der Bundeswehr einbringen. Herr Schusser führte auf unserer Exkursion seine eigene private Videokamera mit, die uns, d.h. eigentlich mir, später nach Rückkehr aus Bohusudow noch von besonderem Nutzen war. Bei Ankunft in Bohusudov stellte ich fest, dass alle Straßen, die zum der Güterbahnhof führten, weiträumig durch die tschechoslowakische Polizei abgesperrt waren. Uns wurde, gleich wo wir es auch versuchten, die Durch- und Weiterfahrt verwehrt. Kurz entschlossen saß ich ab und gelangte zu Fuß auf Nebenwegen durch verschiedene Gärten von der Polizei unbemerkt auf das Gelände des Güterbahnhofs. Dort sah ich eine Gruppe sowjetischer Offiziere mit einem Generalleutnant an der Spitze. Ich meldete mich bei ihm auf Deutsch und Tschechisch mit Dienstgrad und Funktion. Nach kurzem Wortwechsel des Generals mit einem Oberstleutnant, offensichtlich sein Adjutant, der Deutsch sprach, hieß er mich herzlich mit Handschlag willkommen und lud mich zunächst zu Wodka und Kaviar in ein in der Nähe aufgebautes Zelt ein. Jetzt erfuhr ich, dass dieser General der Chef des Stabes der ZGT Generalleutnant Jurij Ščepin war. Er ließ mir durch seinen Adjutanten mitteilen, dass ich die gesamte Verladung des PzBtl ohne jede Einschränkung fotografieren und filmen könne (Bild 19).

Inzwischen war es auch Hauptfeldwebel Schusser gelungen, auf das Eisenbahngelände zu kommen, und er filmte mit seiner Videokamera – mit Ton – den Ablauf der Verladung des PzBtl. Aufmerksam geworden auf uns war aber ein Reporter und ein Kamerateam von Rude Pravo (auf deutsch „Rotes Recht") der Tageszeitung der kommunistischen Partei für den tschechischen Teil der ČSSR; in der Slowakei hieß sie Pravda („Wahrheit"). Einem Interview in Bild und Ton konnte ich nicht entgehen. Herr Schusser nahm aber das Interview von Anfang an in Bild und Ton auf. Am nächsten Morgen wurde ich in der Botschaft damit konfrontiert, dass Rude Pravo den Abzug des sowjetischen PzBtl als Aufmacher auf der Frontseite gebracht hatte, und das Interview mit mir im Inhalt verzerrt und mit wesentlichen Auslassungen fast in den Mittelpunkt stellte. Botschafter Huber war zunächst gar nicht glücklich darüber und meinte, Außenminister Genscher würde das überhaupt nicht gefallen. Rude Pravo hatte nämlich zwar berichtet, dass ich den Abzug des sowjetischen PzBtl als Schritt in die richtige Richtung begrüßte, hatte aber meine Beurteilung ausgelassen, dass bei der Masse der in Mitteleuropa stationierten sowjetischen Truppen und bei dem ungleichen Kräfteverhältnis zugunsten des Warschauer Paktes der Abzug eines PzBtl mehr oder weniger strategisch nicht ins Gewicht fallen würde. Das für mich zuständige Lagereferat im Bundesministerium der Verteidigung fand mein Aufklärungsunternehmen gut und maß dem Artikel in Rude Pravo wenig Bedeutung bei, nachdem ich konkret berichtet hatte. Auch Botschafter Huber war nach Betrachten des Videofilms und Hören meiner Äußerungen beruhigt.

Ab Sommer 1989 geriet die innenpolitische Lage in einigen Vasallenstaaten der Sowjetunion, vor allem in der DDR, der ČSSR, Polen und Ungarn dynamisch in Bewegung, was sich schließlich später dramatisch auf die sicherheits- und militärpolitische Lage und Entwicklung in Mittel- und Osteuropa auswirken sollte. Unser Gastland, die Tschechoslowakische Sozialistische Republik, und unsere Botschaft, die Botschaft der Bundesrepublik Deutschland, wurden davon in besonderer Weise betroffen.

Erste Flüchtlinge aus der DDR

Auf der Prager Kleinseite, unterhalb des Hradčin, liegt in der Vlašská Ulice, in der Wälschen Gasse, das Palais Lobkowicz (Bild 20). Seit 1975 hat die Botschaft der Bundesrepublik dort ihren Sitz. Für Kenner der Prager Barockarchitektur und natürlich auch für die Prager Bevölkerung ist das zwischen 1702 und 1710 erbaute Palais ein fester Begriff. Kein Reiseführer, der es unerwähnt lässt, kein Prager Kunstband, der nicht wenigstens die reich gegliederte Gartenfront zeigt. Ludwig van Beethoven hat sich zwischen 1794 und 1796 wiederholt in Prag aufgehalten und im Kuppelsaal des Palais Lobkowicz musiziert. Auch Carl Maria von Weber, der 1813 – 1816 Kapellmeister an der Deutschen Oper in Prag war, hat gemeinsam mit Fürst Ferdinand Lobkowicz dort musiziert und an Konzertabenden im Kuppelsaal mitgewirkt.

Im Spätsommer und Herbst 1989 wurde das Palais Lobkowicz Schauplatz der jüngsten deutschen Geschichte. Zwischen Anfang Juli und dem 9. November suchten über 20.000 Deutsche aus der DDR in drei Wellen Zuflucht in unserer Botschaft, in den Straßen der Umgebung und auf dem Prager Hauptbahnhof, und gelangten auf diesem Wege in die Freiheit.

Bereits 1984 hatten über das Jahr verteilt 384 Deutsche aus der DDR Zuflucht in unserer Botschaft gesucht, denen durch Bemühungen der Bundesregierung und mit Hilfe des DDR-Rechtsanwalts Wolfgang Vogel schließlich die Ausreise in die Bundesrepublik ermöglicht wurde. Unter ihnen befand sich auch die Nichte des damaligen DDR-Ministerpräsidenten Willi Stoph, die am 20. März 1984 mit ihrer Familie in der Bundesrepublik eintraf, nachdem sie in unserer Prager Botschaft Zuflucht gesucht hatte.

Zwischen der ČSSR und der DDR bestand visumfreier Reiseverkehr. Ab 1988 kamen ab und zu Deutsche aus der DDR, die sich meist als Touristen in der ČSSR aufhielten, um in unserer Botschaft um Hilfe bei einer Ausreise in die Bundesrepublik zu bitten. Ab Februar/März 1989 häuften sich diese Hilfeersuchen, und etliche Deutsche aus der DDR wurden auch als Zufluchtsuchende aufgenommen. Zwischen Februar und Juli 1989 hielten sich stets zwischen fünf und etwa 30 Zufluchtsuchende in der Botschaft auf. Kamen sie während der Dienststunden, kümmerte sich ein Beamter des Höheren Dienstes um sie, nahm ihre Personalien und ihren Antrag auf. Es gab damals eine Weisung des Auswärtigen Amtes, nur in besonderen Fällen Deutsche aus der DDR als Zufluchtsuchende in der Botschaft aufzunehmen, ansonsten aber anzuraten, zunächst in die DDR zurückzukehren und dort einen legalen Ausreiseantrag zu stellen. Die Botschaft übermittelte dann die Personalien nach Bonn, wo sich das Bundesministerium für Innerdeutsche Beziehungen (BMiB) auf geeignetem Weg bemühte, die Ausreise aus der DDR zu erreichen. Der Verteidigungsattaché und sein Stellvertreter waren zumindest während der üblichen Dienststunden nicht mit Zuflucht suchenden Bürgern aus der DDR befasst. Wie bei allen Vertretungen der Bundesrepublik im Ausland gab es auch in unserer Prager Botschaft an den Wochenenden und an Feiertagen einen Bereitschaftsdienst unter Führung eines Angehörigen des Höheren Dienstes. Daran beteiligten sich aus Gründen der Arbeitsentlastung freiwillig auch mein Stellvertreter und ich.

Am Buß- und Bettag, dem 21. November 1988, hatte ich Bereitschaft, saß in meinem Dienstzimmer und sah die über Nacht eingegangenen Telegramme durch, als ich einen Anruf des Geschäftsträgers der Britischen Botschaft erhielt. Im Botschafterzimmer säße eine deutsche Familie aus der DDR mit zwei Kindern auf dem Boden und weigere sich, die Botschaft zu verlassen. In einem Brief an Premierministerin Margaret Thatcher bäte sie um Asyl und Ausreise in die Bundesrepublik. Der britische Geschäftsträger, bemerkenswert nervös, bat mich, sofort herüberzukommen, denn das sei keine Angelegenheit der Britischen Botschaft. Dort nahm ich die Personalien der Familie auf und überzeugte sie gemäß der genannten Weisung in einem über einstündigen Gespräch, zunächst in die DDR zurückzukehren und dort einen Ausreiseantrag zu stellen; das BMiB werde sich darum kümmern. Der für die Sicherheit der Britischen Botschaft zuständige Beamte und ich brachten die Familie anschließend an der wie immer um die Botschaft herum auf Posten stehenden Polizei der ČSSR vorbei in unseren Privat-PKW in die Nähe des Hradčin und ließen sie dort ihres Weges ziehen. Auch wenn nach meiner Beurteilung kein Grund vorlag, von der Weisung des Auswärtigen Amtes abzuweichen, habe ich noch heute ein schlechtes Gewissen, dass ich diese Familie damals ihrem Schicksal überließ. Am folgenden Tag habe ich in der sogenannten Morgenrunde des Botschafters in der abhörsicheren Kabine auch klar gesagt, dass ich nicht noch einmal so handeln würde.

Am Samstag, dem 1. Juli 1989, hatte ich wieder Bereitschaft in der Botschaft, als mir der Wachhabende Bundesgrenzschutzbeamte des Hausordnungsdienstes gegen 11.00 Uhr telefonisch meldete, ein Polizist der ČSSR hindere mit Gewalt eine Familie mit drei Kindern daran, unsere Botschaft zu betreten. Gegenüber, ca. 40 Meter entfernt, befanden sich eine Polizeistation und an mehreren Häusern Fernsehkameras zur ständigen Überwachung der Botschaft, deren Pforte grundsätzlich nach Dienstschluss bzw. an Wochenenden und Feiertagen geschlossen war. Als ich nur wenige Augenblicke später eintraf, war es der Familie gelungen, mit Hilfe eines Grenzschutzbeamten, der schnell die Pforte geöffnet hatte und dabei auch noch den Polizisten zurückdrängen musste, sicher in die Botschaft zu kommen. Es war eine Familie, die nach dem dritten, inzwischen ebenfalls abgelehnten Ausreiseantrag über Nacht die DDR verlassen hatte. 1987 war sie nach dem ersten abgelehnten Ausreiseantrag aus dem Raum

Gerstungen in Thüringen in das ca. 115 Kilometer entfernte Sömmerda zwangsumgesiedelt worden und stand seitdem unter Beobachtung des MfS. Nach ihren Angaben hatte sie von dem sie beobachtenden Offizier des Staatssicherheitsdienstes erfahren, verbunden mit dem Rat, möglichst schnell zu verschwinden, dass gegen den Familienvater Sicherheitsmaßnahmen ergriffen werden sollten. Die Familie wurde durch mich in die Botschaft aufgenommen und verbrachte die nächsten drei Monate in einem Raum auf dem Dachboden, wo sich zu diesem Zeitpunkt schon seit einiger Zeit etwa 15 Deutsche aus der DDR aufhielten, die aber in der Mehrzahl bereits zwei Tage später dank der Bemühungen des BMiB in die Bundesrepublik ausreisen konnten. Im Laufe des Julis wuchs die Zahl der Zufluchtsuchenden zunächst nur langsam an. Im August aber meldeten sich mehr und mehr Deutsche aus der DDR bei uns und baten um Aufnahme; um den 15. August herum hatten ca. 70 Menschen aus der DDR in der Botschaft Zuflucht gefunden. Viele vermieden aus Furcht vor der tschechoslowakischen Polizei, die aber vorerst überhaupt nicht eingriff, den offiziellen Eingang und überkletterten den mehr als zwei Meter hohen Zaun auf der Rückseite des großen parkähnlichen Botschaftsgartens.

Hilfe von außen

Bis zum 20. August stieg die Zahl der Zufluchtsuchenden auf rund 125. Noch war die Versorgung der Flüchtlinge durch die Botschaft ohne Hilfe von außen durch normalen Einkauf in Prag gewährleistet. Schnell deutlich wurden aber unter anderem die stetig wachsenden sanitären Probleme, die der Botschafter mir gegenüber am selben Tag ansprach. Als ich ihm mitteilte, dass ich vorsorglich über die Standortverwaltung (STOV) der Bundeswehr in Weiden/Oberpfalz zwei Zentner Chlorkalk – für den gegebenenfalls notwendigen „Spatengang“ – beschafft hätte, war er anfangs wegen der dadurch entstehenden Schäden im Park nicht sonderlich begeistert. Die Lösung aber zahlte sich aus und half manches Problem zu lindern, da die vorhandenen Toiletten bei Weitem nicht ausreichten, und ein von der Botschaft angeforderter Toilettenwagen erst am 23. September zur Verfügung stand. Die Wartezeiten an den Toiletten lagen dann auch aufgrund der inzwischen sehr hohen Flüchtlingszahl im Durchschnitt immer noch bei 45 – 60 Minuten. Der Botschafter stimmte auch meinem Vorschlag zu, zunächst noch auf dem „Kleinen Dienstweg“ die Panzergrenadierbrigade (PzGrenBrig) 10 in Weiden und die dortige STOV in die Versorgung der Flüchtlinge einzuschalten und deren Hilfsmaßnahmen mit denen des Deutschen Roten Kreuzes (DRK) zu koordinieren.

Der damalige Kommandeur der PzGrenBrig10, Oberst Wolfgang Sand, und der Leiter der STOV, Oberamtsrat Max Tröster, halfen sofort. Kleinere Mengen an Versorgungsgütern wurden unverzüglich durch Kurierfahrzeuge der Botschaft, aber auch in Privat-PKW von Angehörigen des Militärattachéstabes herangeschafft. Am 25. August traf der erste Versorgungstransport des DRK ein, an Bord unter anderem zehn große, weiße Zelte zur Aufstellung im Garten. Von der Lieferung und Aufstellung schnell verfügbarer großer olivgrüner Bundeswehrzelte war nach Abstimmung mit dem Bundesministerium der Verteidigung (BMVg) und dem Auswärtigem Amt Abstand genommen worden.

Am gleichen Tage ordnete Botschafter Hermann Huber die Bildung eines Arbeitsstabes unter meiner Leitung zur Sicherstellung der Versorgung der DDR-Flüchtlinge an, da mit einem weiteren schnellen Anstieg der Zufluchtsuchenden zu rechnen war. Ich erhielt den Auftrag, mit meinem Stabe für die Flüchtlinge die notwendige Logistik/Infrastruktur und die Versorgung von außerhalb der ČSSR sicherzustellen.

Es zeigte sich aber schon bald, dass die gesamte Botschaft mit allen Abteilungen zum Arbeitsstab wurde und hervorragend zusammenarbeitete. Das BMVg, das in enger Abstimmung mit dem Auswärtigen Amt den Hilfsmaßnahmen für die Flüchtlinge in der Botschaft Prag zugestimmt hatte, gab mir völlig freie Hand, mich direkt mit allen Kommandobehörden und Dienststellen der Bundeswehr in Verbindung zu setzen, die zur Sicherstellung der Flüchtlingsversorgung eingebunden werden mussten.

Da in den Räumen des Palais die Flüchtlinge nur in begrenzter Zahl, in erster Linie Frauen und Kinder, untergebracht werden konnten – der Dienstbetrieb musste ja aufrechterhalten werden –, stellte das DRK nach und nach insgesamt über 40 Großraumzelte zur Verfügung, ferner vier Feldküchen, in begrenzter Zahl auch Decken und Liegen und – nicht zu vergessen – zahlreiche Helfer, zeitweise über 30 Personen. Die Masse der notwendigen Versorgungsgüter von außerhalb der ČSSR kam aber zwischen Mitte August und Anfang November 1989 aus Beständen der Bundeswehr oder wurde durch den Militärattachéstab über die PzGrenBrig 10 bzw. die Standortverwaltung Weiden direkt in Deutschland beschafft. Darunter waren beispielsweise 3.000 Betten und Matratzen von den Truppenübungsplätzen Hohenfels und Grafenwöhr, 5.769 Schlafsäcke, 3.600 Wolldecken, 2.000 Trainingsanzüge, 1.200 Pullover und 1.000 Feldjacken. 20.000 Babywindeln, je 50 Babyflaschen und kleine Plastikbadewannen; sogar 96 Kindernachttöpfe gehörten zum Sortiment. Mit ca. 2.500 qm Holzpaletten aus dem Munitionsdepot Schierling bzw. als Sonderanfertigung von einer Firma aus Niederbayern wurde der Garten des Palais und auch eine Anzahl Zelte ausgelegt, da durch zeitweise feuchte Witterung und die vielen Menschen die Grasnarbe bald völlig beseitigt war. Für ca. 236.000 DM wurde Verpflegung, hauptsächlich sogenannte Einsatzverpflegung, durch die Bundeswehr geliefert. Der Transport der Versorgungsgüter aus der Bundesrepublik erfolgte größtenteils durch zivile Speditionen, die insgesamt 35 Fahrten mit großen Lastzügen durchführten. Teile der Güter kamen auch auf dem Luftweg mit DRK-Flugzeugen oder wurden direkt durch Bedienstete der Botschaft mit angemieteten Kleinbussen von jenseits der Grenze geholt. Zu keiner Zeit wurden diese Versorgungslieferungen durch den tschechoslowakischen Zoll oder sonstige Behörden der ČSSR behindert; das Gleiche traf auch für alle Entsorgungsmaßnahmen der Botschaft zu. Später, als alles vorbei war, habe ich Rechnungen der Bundeswehr in Höhe von ca. 1,8 Millionen DM sachlich richtig gezeichnet.

Offizieller Besuch aus der DDR in unserer Botschaft

Doch ehe es soweit war, vergingen noch viele Wochen, und die Lage in der Botschaft wurde immer dramatischer. Eigentlich waren sich alle einig, dass wir nicht mehr als 400 Zufluchtsuchende in der Botschaft verkraften könnten. Am 11. September war die Zahl aber inzwischen auf 434 gestiegen. Eine politische Lösung war nicht in Sicht. Unter diesen Rahmenbedingungen traf nun am nächsten Tag Rechtsanwalt Dr. Wolfgang Vogel aus der DDR in der Botschaft ein, begleitet von seiner Frau und zwei weiteren Rechtsanwälten; einer der beiden war Dr. Gregor Gysi. An dem mehr als dreistündigen Gespräch mit den Flüchtlingen im Kuppelsaal der Botschaft, bei dem ich anwesend sein durfte, nahmen für die Bundesrepublik neben Botschafter Huber auch Staatssekretär Walter Priesnitz vom BMiB, Staatssekretär Franz Bertele von der Ständigen Vertretung der Bundesrepublik in Ostberlin und der spätere Staatssekretär des Auswärtigen Amtes Dieter Kastrup teil. Rechtsanwalt Vogel bemühte sich, die Flüchtlinge davon zu überzeugen, dass sie bei einer Rückkehr in die DDR entgegen den bisherigen Bestimmungen und Fristenregelungen sofort erneut einen Ausreiseantrag stellen könnten und dieser anders als früher schnell und flexibel bearbeitet würde. Besonders hob Vogel hervor, dass Straffreiheitgewährt werde, sogar Personen, die sich dem Dienst in der NVA entzogen oder „Republikflucht" versucht hätten. Keine Straffreiheit geben werde es allerdings für kriminelle Delikte wie Diebstahl, Raub oder Körperverletzung; solche schwarzen Schafe gab es auch unter den Flüchtlingen. Ich habe diese Gesprächsrunde trotz manch emotionaler Äußerungen von Seiten der Flüchtlinge als relativ sachlich in Erinnerung. Vogel blieb stets souverän und ruhig; Gysi sagte – zumindest nach meiner Erinnerung – kein einziges Wort.

Fast 300 Flüchtlinge, vor allem Familien mit kleinen Kindern, ließen sich von Rechtsanwalt Vogel überzeugen und kehrten noch am selben oder am folgenden Tag in von der DDR-Botschaft gecharterten Bussen in die DDR zurück, um von dort auf der Grundlage der von Vogel erläuterten neuen Regelungen legal eine Ausreise zu erreichen. Die übrigen noch in der Botschaft verbliebenen Flüchtlinge erklärten, sie misstrauten den Aussagen Vogels und insbesondere den angeblichen Zugeständnissen der DDR-Führung.

Personeller Wechsel beim DDR-Militärattachéstab

Im September wechselte der DDR-Militärattaché. Oberst Beutel trat in den Ruhestand und übergab seine Dienstgeschäfte an Oberst Heinz Schaefer. Für den 08. September verabredete Beutel mit mir seinen Abschiedsbesuch und den gleichzeitigen Antrittsbesuch von Oberst Schaefer. Er bat aber darum, diesen Besuch nicht wie üblich in unserer Botschaft zu machen, sondern stattdessen in meinem Hause, um, wie er sagte, jede Provokation zu vermeiden. Nicht nur aus praktischen Gründen stimmte ich dem Vorschlag zu, da die Repräsentationsräume der Botschaft inzwischen Flüchtlingsquartier waren, sondern auch ich wollte jeden Zwischenfall und Missklang vermeiden, denn selbst wenn der Besuch in Zivil stattgefunden hätte, konnte ich nicht ausschließen, dass er bekannt geworden wäre. Oberst Beutel gab sich bei seinem Abschied wie immer locker und drückte klug formuliert aus, dass Siegen durch Nachgeben möglicherweise hilfreich sein könnte – ohne allerdings die DDR oder die Bundesrepublik dabei zu erwähnen. Oberst Schaefer vertrat die offizielle Haltung der DDR in Bezug auf zwei souveräne deutsche Staaten und verteidigte die Reisebestimmungen und das Grenzregime der DDR. Am Schluss des Besuches betonte er aber deutlich seine Bereitschaft zu einer guten Zusammenarbeit.

Weitere Zuspitzung der Flüchtlingslage

Eine Entspannung der Flüchtlingssituation trat indessen nicht ein; im Gegenteil, der Flüchtlingsstrom schwoll weiter an. Gut zwei Wochen nach dem Besuch Wolfgang Vogels befanden sich am 24. September 865 Zuflucht suchende Deutsche aus der DDR in unserer Botschaft. Um mehr Zelte aufstellen zu können, wurden im Garten Sträucher und viele kleinere Bäume abgeholzt; im Palais wurden weitere Büros und vor allem der schöne und kunsthistorisch wertvolle Kuppelsaal für die Unterbringung weiterer Flüchtlinge geräumt. Im Eingangsbereich der Botschaft hinter dem Hauptportal standen die Bundeswehrbetten sogar vierstöckig. Auch atmosphärisch änderte sich einiges. Die Stimmung unter den Flüchtlingen schwankte stark und artikulierte sich immer öfter in Unmutsäußerungen nicht nur gegenüber dem DDR-Regime, sondern auch gegenüber der Bundesregierung, die doch bitte schneller für eine politische Lösung sorgen solle. Hilfreich war dann immer, dass die Bediensteten der Botschaft eigentlich rund um die Uhr zur Verfügung standen, um in persönlichen Gesprächen bei Rundgängen in den verschiedensten Quartieren ihr Engagement zu zeigen. Negativ kam allerdings noch hinzu, dass die Polizei und andere Sicherheitskräfte des Innenministeriums der ČSSR inzwischen immer wieder Flüchtlinge gewaltsam am Überklettern des Botschaftszaunes hinderten.

Am 26. September kam Rechtsanwalt Vogel erneut in die Botschaft, um die Flüchtlinge, deren Anzahl auf inzwischen ca. 1.600, (Bild 21), angestiegen war, zu einer Rückkehr in die DDR zu überreden. Er hatte nur noch bei wenigen Flüchtlingen Erfolg, denn die Stimmung unter den Flüchtlingen war seit seinem ersten Besuch total umgeschlagen. Sie waren kaum noch gesprächsbereit und forderten stattdessen fast aggressiv von ihm, die DDR-Regierung zur Aufgabe ihrer starren Haltung zu bewegen und ihnen allen ohne Einschränkungen die Ausreise in die Bundesrepublik zu gestatten. Die Haltung der DDR-Regierung in dieser Frage schien aber verhärteter denn je, und auch die Regierung der ČSSR zeigte keine Bereitschaft, bei einer politischen Lösung zu helfen, und verwies darauf, dass dies ausschließlich eine Angelegenheit zwischen den beiden deutschen Staaten sei.

Mit Bundesaußenminister Genscher auf dem Balkon

In unermüdlichen Bemühungen erzielte aber schließlich Bundesaußenminister Hans-Dietrich Genscher am Rande der UN-Vollversammlung in New York zwischen dem 27. und 29. September 1989 in Gesprächen mit DDR-Außenminister Oskar Fischer, ČSSR-Außenminister Jaromir Johannes und vor allem mit Unterstützung des damaligen sowjetischen Außenministers Eduard Schewardnadse den Durchbruch und eine humane Lösung. Unvergessen bleiben wird mir der dramatische und historische Augenblick, den ich auf dem Gartenbalkon des Palais Lobkowicz miterleben durfte, als dort am Abend des 30. September gegen 19.00 Uhr Bundesaußenminister Genscher der ersten Flüchtlingswelle die Ausreise in die Bundesrepublik verkünden konnte.

Ausreise der ersten Flüchtlingswelle

In von der DDR-Botschaft bereitgestellten Bussen wurden schon kurz darauf die ersten Flüchtlinge zum Bahnhof Prag-Liben transportiert. Acht Eisenbahntransporte mit zusammen fast 5.500 Flüchtlingen fuhren in jener Nacht auf den 1. Oktober nach Hof in Bayern. Die Transporte nahmen nicht den direkten und kürzesten Weg in die Bundesrepublik, sondern einen großen Umweg über die DDR. Dieses Zugeständnis hatte man in den Verhandlungen über die Lösung des Flüchtlingsproblems der DDR gemacht, sodass die DDR-Regierung behaupten konnte, sie habe diese Bürger ausgewiesen. Alle Transporte wurden durch Angehörige des Höheren Dienstes der Botschaft oder zusätzlich eingeflogene Beamte des Auswärtigen Amtes begleitet. Diese Begleitung nahm den meisten der Flüchtlinge die Angst vor der Fahrt durch die DDR, denn viele von ihnen befürchteten Repressalien oder sogar, aus dem Zug geholt zu werden. Zusammen mit dem Ständigen Vertreter des Botschafters, Botschaftsrat I. Kl. Peter Metzger, und dem Wirtschaftsreferenten, Botschaftsrat Werner Lauck, begleitete ich den sechsten der acht Transporte. Es war ein großes, einmaliges Erlebnis.

An Bord des Zuges befanden sich etwa 900 Flüchtlinge, vorwiegend junge Familien mit Kindern, aber auch eine größere Anzahl Jugendlicher, die in ihrer Begeisterung ob der Ausreise manchmal nur schwer zu bändigen waren. Schwierig wurde es vor allem dann, wenn sie auf den Unterwegsbahnhöfen die dort postierten Soldaten der NVA und der DDR-Grenztruppen zu provozieren versuchten, indem sie ihnen zum Beispiel DDR-Kleingeld mit vollen Händen vor die Füße warfen. Bis Dresden verlief die Fahrt ansonsten relativ normal, aber dann änderte sich der Verlauf unerwartet. Auf dem Dresdener Hauptbahnhof hielt der Zug, und ich nutze die Gelegenheit, auszusteigen, um zum ersten Mal in meinem Leben wenigsten für einen Augenblick auf dem Boden dieses Teils Deutschlands zu stehen. Unsanft stießen mich zwei Männer in Zivil, offensichtlich Angehörige des Staatssicherheitsdienstes, in den Zug zurück und verschlossen hinter mir die Tür derart, dass ein erneutes Aussteigen unmöglich war. Festgestellt wurde dann, dass auch alle übrigen Wagentüren des Zuges verriegelt waren. Den Grund dafür erfuhren wir erst später:

Der vorausfahrende Transport war auf dem Dresdner Hauptbahnhof von Demonstranten gestürmt worden, und einigen war es trotz Gewaltanwendung von Seiten der DDR-Sicherheitskräfte gelungen, an Bord des Zuges zu kommen.

Entlang der Bahnstrecke in der DDR wurde der Transport an zahlreichen Stellen von der Bevölkerung mit Jubel begrüßt. Die Menschen schwenkten nicht nur schwarz-rot-goldene Fahnen, aus denen sie das DDR-Staatsemblem herausgeschnitten hatten, sondern mindestens dreimal beobachtete ich Jugendliche, die große Bundesflaggen mit dem Bundesadler als Staatsemblem trugen. An vielen Stellen saßen Menschen auf den Hausdächern und winkten uns zu, Arbeitskolonnen der DDR-Reichsbahn standen neben der Strecke, winkten und bliesen in ihre Signalhörner. Mehrere Male beobachtete ich auch, wie selbst NVA-Soldaten und Polizisten der DDR durch Winken oder das Victory-Zeichen ihre Sympathie deutlich zum Ausdruck brachten. In Dresden waren Angehörige des DDR-Staatssicherheitsdienstes zugestiegen. In großen Beuteln sammelten sie die Ausweispapiere der Flüchtlinge ein, ohne ihnen, wie es zunächst vereinbart war, dafür eine Empfangsbestätigung auszustellen. Flüchtlinge, welche die Stasi-Mitarbeiter darauf ansprachen, erhielten zur Antwort, dass sie ihre Rechte als Bürger der DDR verwirkt hätten und jetzt staatenlos seien.

Die zweite Flüchtlingswelle

Als ich am Sonntagabend, dem 1. Oktober, nach Prag zurückkam, befanden sich bereits wieder fast 1.000 Flüchtlinge auf dem Gelände der Botschaft. Ihre Zahl schwoll im Laufe der nächsten drei Tage innerhalb des Botschaftsgeländes und auf dem Vorplatz vor dem Haupttor und den kleinen Straßen davor auf zusammen etwa 7.600 an, von denen sich etwa 5.000 auf dem Botschaftsgelände aufhielten. Jeder freie Platz wurde ausgenutzt; auf den Stufen der großen Treppe zu den Repräsentationsräumen im ersten Stock lagen jeweils mindestens drei Personen. Viele jugendliche Flüchtlinge hatten kleine Zelte mitgebracht und im Garten aufgeschlagen.

Am Montag, dem 02. Oktober, gegen 13.00 Uhr verließ ich die Botschaft – in Zivil –, um in einem Restaurant irgendwo in der Nähe etwas zu essen. Auf dem Platz vor der Botschaft drängte sich eine unübersehbare Menge von DDR-Flüchtlingen, die keinen Zugang mehr auf das völlig überfüllte Botschaftsgelände gefunden hatte. Alle Zufahrts- und Zugangsmöglichkeiten rund um die Botschaft waren seit Stunden durch die tschechoslowakische Polizei abgeriegelt, so auch eine Engstelle, ein Nadelöhr in der Vlašská Ulice zwischen unserer und der US Botschaft. Dort bemerkte ich, wie ein uniformierter tschechoslowakischer Polizist einen offensichtlich aus der DDR geflohenen jungen Mann von etwa zwanzig Jahren, in einer Hand trug er einen kleinen Koffer, mit Gewalt am Weitergehen in Richtung unserer Botschaft hindern wollte, indem er ihm den freien Arm auf den Rücken drehte. Ich griff sofort ein und „befreite" den jungen Mann dadurch, dass ich meinerseits einen Arm des Polizisten mit einiger Kraftaufwendung vom Körper des Flüchtlings lösen konnte und ihn gleichzeitig in Richtung unserer Botschaft stieß. Der Polizist rief lediglich sehr laut und erstaunt Pane Plukovniku – Herr Oberst –, ansonsten trat er ohne weitere Worte einige Meter zurück und verhielt sich ruhig. Im selben Augenblick bekam ich großen Beifall aus der US-Botschaft, wo zahlreiche Botschaftsangehörige in den Fenstern lagen und die Vorgänge rund um unsere Botschaft beobachteten. Ich setzte ohne weitere Probleme meinen Weg in Richtung Karlsbrücke fort. Wenige Tage später sprach mich Patricia, die Frau des US Heeresattachés, Colonel Dick Buckner, die eher zufällig in der Botschaft gewesen war, auf den Vorfall an, den auch sie beobachtet hatte. Sie meinte, man habe in ihrer Botschaft für einige Augenblicke um meine Sicherheit gefürchtet und überlegt, ob nicht sogar die Marines mir zur Hilfe eilen sollten. Außerdem erfuhr ich, dass angeblich die Botschaft über diesen Vorfall sogar nach Washington berichtet habe. – So wie damals der Bundesgrenzschutz unsere Botschaften bewachte und sicherte, wurden und werden auch heute noch die US Botschaften in aller Welt durch Soldaten des Marine Corps geschützt.

Die Versorgung der Flüchtlinge in unserer Botschaft war aufgrund der stetigen LKW-Versorgungstransporte aus Deutschland zwar gerade noch gewährleistet, aber die hygienischen Zustände und die Entsorgung auf jedem Gebiet wurden immer kritischer, ja nahezu katastrophal. Nach Ausreise der ersten Flüchtlingswelle in der Nacht vom 30. September auf den 01. Oktober war das Botschaftsgelände aufgrund des sofort einsetzenden neuen Zustroms von Flüchtlingen nur notdürftig gereinigt worden. In der Nacht vom 04. auf den 05. Oktober konnten schließlich alle Flüchtlinge nach demselben Verfahren und auf demselben Weg wie zuvor ausreisen. Bei dieser Aktion arbeiteten die DDR-Botschaft und auch die Sicherheitsorgane der ČSSR effektiv und pragmatisch mit. 118 Busse waren für den Transport zum Bahnhof und wiederum acht Eisenbahnzüge für die Reise in die Bundesrepublik notwendig.

Dann war zunächst Ruhe. DDR und ČSSR stellten für ihre Bürger den gegenseitigen visumfreien Reiseverkehr ein und unterbanden damit weitere größere Flüchtlingsströme. Immer wieder schaffte es aber doch eine Anzahl Deutscher aus der DDR, die Grenze zur ČSSR zu überwinden und fand zunächst kurzzeitige Zuflucht in unserer Botschaft – mit Stand 25. Oktober waren es 152, ehe sie am 28. Oktober in einem gecharterten Bus oder auch in ihren Privat-PKW ohne Umweg über die DDR direkt in die Bundesrepublik ausreisen konnten – bis zum Grenzübergang Rozvadov / Waidhaus begleitet durch Botschafter Huber und seiner Frau.

Die tschechoslowakische Seite

Das Geschehen rund um unsere Botschaft wurde von Anfang an mit wachsender Anteilnahme und schließlich sogar praktischer Unterstützung nicht nur von der tschechoslowakischen Zivilbevölkerung, sondern auch von der eingesetzten Polizei und zahlreichen Soldaten der ČSSR-Volksarmee aller Dienstgrade aufmerksam beobachtet. Ich erinnere mich noch gut daran, wie Polizisten während der zweiten Flüchtlingswelle, die am Vorabend noch mit brutaler Gewalt Flüchtlinge am Übersteigen des Gartenzauns der Botschaft hindern wollten, am nächsten Tage Flüchtlingen das Gepäck trugen, als diese mit Bussen zum Bahnhof gefahren werden sollten.

Bei mehreren Gelegenheiten äußerten Generäle der Volksarmee mir gegenüber ihre Sympathie und Anerkennung für die humanitären und logistischen Leistungen der Botschaft, gleichzeitig aber auch ihren Unmut über die in der DDR liegenden Ursachen der Flüchtlingsbewegung. Von diesen Generälen erfuhr ich ferner, dass alle Ereignisse bereits auch in verschiedenen Verbänden der Armee zu Diskussionen mit laut geäußerten Zweifeln am herrschenden kommunistischen System geführt hatten. Großes Interesse an den dramatischen Vorgängen zeigten natürlich auch meine Militärattachékameraden. Aus dem normalen Rahmen fiel dabei das Interesse meines chinesischen Kameraden, Großoberst Wang Jonghi, der mehrere Male das Gespräch mit mir suchte. Ihn kümmerten weniger die politischen Vorgänge und Entwicklungen in Deutschland; er war eigentlich nur daran interessiert – und das bis ins Detail –, wie Botschaft und Militärattachéstab die Probleme bei der Planung, Organisation und Durchführung der logistischen und infrastrukturellen Probleme bewältigen. Dankbar erinnere ich mich daran, dass auf eine entsprechende Bitte von mir der US Verteidigungsattaché nach Rücksprache mit der Botschafterin und Washington innerhalb von 24 Stunden grünes Licht signalisierte, gegebenenfalls Teile der aus der Bundesrepublik zugeführten Lebensmittel und sonstige Versorgungsgüter für den täglichen Verbrauch in der US Botschaft zu lagern. Zu einem kleinen Eklat kam es am 18. Oktober während eines Empfangs in der polnischen Botschaft, als mir der neue DDR-Militärattaché, Oberst Heinz Schaefer, in Gegenwart zahlreicher anderer Angehöriger des Diplomatischen Korps und der tschechoslowakischen Generalität vorwarf, mich durch mein Engagement für die Flüchtlinge völkerrechtswidrig zu verhalten und wegen angeblicher Anmaßung mir nicht zustehender konsularischer Befugnisse sowohl gegen das Wiener Übereinkommen von 1961 zur Regelung der diplomatischen Beziehungen als auch gegen das über die konsularischen Beziehungen von 1963 zu verstoßen. Ich ließ mich auf keine Diskussion ein, sondern erklärte nur kurz, warum für die Sicherstellung der Versorgung gerade auch der Militärattachéstab besonders gefordert sei. Außerdem bedeutete ich ihm, dass auch er gewiss in ähnlicher Lage den Auftrag seines Botschafters ausführen würde, aber aufgrund der politischen Gegebenheiten in der DDR niemals vor diese Entscheidung gestellt werden würde. Sogar Generäle der Volksarmee klatschten mir daraufhin Beifall, während Oberst Schaefer wortlos den Raum verließ.

Letztmalige Demonstration der ČSSR-Staatsmacht

Am 28. Oktober, dem Gründungstag der tschechoslowakischen Republik von 1918, fand vormittags in der Prager Innenstadt auf dem Wenzelplatz unter scharfen Sicherheitsvorkehrungen durch Polizei und Volksmiliz die öffentliche Vereidigung von 1.500 Soldaten der Volksarmee und der Truppen des Innenministeriums in Anwesenheit des damaligen Verteidigungsministers, Armeegeneral Milan Vaclavik, der Mitglieder des Zentralkomitees der Kommunistischen Partei (KP) und auch des eingeladenen Militärattachékorps statt. Die Zeremonie war als ausgesprochene Demonstration der Staatsmacht aufgezogen. Entsprechend fiel auch die Vereidigungsrede aus, gehalten vom damaligen Präsidenten des Parlaments der tschechischen Teilrepublik, Josef Kempný. Die Regierung sei offen für Meinungsaustausch und Diskussion mit allen, die an einem Umbau des Staates mitarbeiten wollten. Man habe aber nicht die Absicht, fruchtlose Debatten mit denen zu führen, die eine Rückkehr zum Kapitalismus anstrebten.

Nur wenige Stunden nach der Vereidigung zeigte, auf dem gleichen Platz, eine Bürgerdemonstration von etwa 15.000 Personen gegen Regierung und KP, die von der Polizei gewaltsam beendet wurde, deutlich das wachsende Aufbegehren der Bevölkerung.

Die dritte Flüchtlingswelle

Am Morgen des 30. Oktober erfuhr die Botschaft, dass mit Wirkung vom 01. November, 0 Uhr, die Visumpflicht zwischen DDR und ČSSR wieder aufgehoben werden sollte. Alle ahnten jetzt, was erneut auf uns zukommen würde. Und ich war froh, dass ich meinem „zweiten Gesicht“ und dem Grundsatz „Reserven sind das Kapital des Sieges“ gefolgt war, den ich als Fähnrich 1956 auf der Heeresoffiziersschule in Hannover von meinem Taktiklehrer, Major und späteren Generalleutnant und Inspekteur des Heers Horst Hildebrandt, gelernt hatte. Daher habe ich nach der zweiten Fluchtwelle Anfang Oktober nicht, wie vom Auswärtigen Amt gewünscht, alle restlichen Versorgungsbestände nach Deutschland zurückgeliefert. Meine Vorsorgemaßnahmen, für die ich einige Male zwar sogar mit Worten wie z.B. *„Das würde dem Minister (Genscher) aber gar nicht gefallen, was Sie hier* *machen"* in der Botschaft kritisiert worden bin, die aber vom Botschafter im Grunde doch für richtig gehalten wurden, zahlten sich nun aus. In den tiefen und kalten Gewölben des Palais Lobkowicz lagerte noch für etwa 1.000 Personen Verpflegung für ca. eine Woche. Auch hatte ich eine Feldküche des DRK und fast 1.000 Betten der Bundeswehr nach Abebben der Flüchtlingsströme Anfang Oktober in der Botschaft behalten. Ebenso hatte ich zehn große Zelte des DRK nicht zurückgeliefert, sondern bei der PzGrenBrig 10 in Weiden „zum Trocknen" zwischengelagert. Doch all das würde an Vorsorge bei der zu erwartenden Entwicklung der Lage nicht genügen.

Der (neue) Ständige Vertreter des Botschafters, Botschaftsrat I. Kl. Dr. Armin Hiller (der Botschafter war nicht im Lande), stimmte meinem Vorschlag und meiner Absicht zu, unverzüglich nach Weiden zu fahren, um dort notwendige Absprachen zu treffen und die Versorgungsmaßnahmen so zu regeln, dass nur noch auf die Weisung für Abruf und Beginn zu warten war.

Beurteilung der Lage und Entschluss vom 30. Oktober erwiesen sich als richtig. Am Morgen des 01. November um 06.00 Uhr befanden sich bereits wieder 315 Zuflucht suchende Deutsche aus der DDR auf dem Gelände der Botschaft; um 16.30 waren es ca. 1.400, und im Laufe des Abends war die Zahl auf über 2.000 angewachsen. An diesem Abend dampfte aber auch bereits wieder eine Feldküche, die ersten zehn Zelte, aus Weiden durch ein ziviles Transportunternehmen antransportiert, waren wieder aufgebaut, und die kurzfristig, aber entschlossen vorbereitete Versorgung lief auf vollen Touren und wurde sogar in der Nacht und den ganzen folgenden Tag durch weitere Versorgungstransporte mit Etagenbetten, Matratzen, Decken und Bekleidung verstärkt. Das DRK schaffte innerhalb von etwa 60 Stunden zusätzlich über 30 große Zelte aus Hannover heran. Durch umfangreiche Verpflegungslieferungen von Seiten der Bundeswehr, des DRK und durch Einkauf von Frischverpflegung in Prag war die Ernährung der Flüchtlinge zu jeder Zeit und auf Tage hinaus sichergestellt. Dies war auch dringend notwendig, denn am Nachmittag des 03. November war die Zahl der Zufluchtsuchenden auf dem Botschaftsgelände auf ca. 5.000 angewachsen.

Bei der dritten und größten Fluchtwelle überschwemmten zwischen dem 01. und 09. November vermutlich 7.000 bis 10.000 Zuflucht suchende Deutsche aus der DDR die Botschaft, den Raum darum herum und den Prager Hauptbahnhof. Die genaue Zahl konnte auch damals nicht ermittelt werden. Am 03. November abends stimmte die Regierung der ČSSR einer Ausreise aller DDR-Flüchtlinge von Prag direkt ohne Umwege in die Bundesrepublik zu. Die Ausreise ging zunächst nur sehr schleppend voran, weil die DDR-Botschaft zuvor in einem bürokratischen Verfahren mit fast 24-stündiger Bearbeitungsfrist für alle Flüchtlinge „Entlassungsurkunden aus der DDR-Staatsbürgerschaft" und Ausreisepapiere ausstellen wollte, dies nach meinen Aufzeichnungen wegen des rapide anschwellenden Flüchtlingsstroms schließlich aber aufgab. Die Ausreise in die Bundesrepublik erfolgte in Bussen und zahlreichen Zügen, die – mit der Botschaft als Schalt- und Koordinierungsstelle – von der Deutschen Bundesbahn und der Tschechoslowakischen Staatsbahn (ČSD) bereitgestellt wurden, aber auch in fahrplanmäßigen Zügen der ČSD mit einer normalen Fahrkarte, für deren Kauf den Flüchtlingen auf dem Hauptbahnhof durch Angehörige der Botschaft bei Bedarf das Fahrgeld bar auf die Hand gegeben wurde. Die Botschaft hatte für mehrere Tage auf dem Hauptbahnhof einen Meldekopf eingerichtet, in dem ich selber zweimal Dienst tat. Viele Deutsche aus der DDR, die auf der Flucht von der Maueröffnung am 09. November überrascht worden waren, reisten von Prag in ihren Trabis gleich auf kürzestem Wege in die Bundesrepublik weiter. Eine unbestimmte Anzahl von Flüchtlingen kehrte nach der Maueröffnung aber auch sofort wieder in die DDR zurück. Etwa um den 12. November herum hatten schließlich alle Deutschen aus der DDR, die mit der dritten Welle Zuflucht bei unserer Botschaft gesucht hatten, Prag wieder verlassen.

Trotz oft widriger Umstände konnte der dem Botschafter und seinen Mitarbeitern gestellte Auftrag, der sich aus der politischen und geschichtlichen Entwicklung in Deutschland ergeben hatte, erfolgreich erfüllt werden. Dies war aber nur dadurch möglich, weil alle Bediensteten der Botschaft und die zusätzlichen Helfer, die in die Flüchtlingsbetreuung eingebunden waren, in einem hervorragenden Teamwork und mit einem der Aufgabe entsprechendem Geist und politischem Bewusstsein zusammenarbeiteten. Möglich wurde die Auftragserfüllung aber nicht zuletzt auch dadurch, dass von Anfang an durch das Auswärtige Amt und das Bundesministerium der Verteidigung, durch das DRK und die Verbände und Dienststellen der Bundeswehr unbürokratisch und oft auch unkonventionell, schnell und gezielt Unterstützung gegeben wurde.

Im Februar 1990 verlieh mir Bundespräsident Richard von Weizsäcker das Bundesverdienstkreuz am Bande. Auf meinen Vorschlag hin erhielten diese Auszeichnung auch mein damaliger Stellvertreter, Oberstleutnant i.G. Rainer Fiegle und mein Büroleiter, Hauptfeldwebel Horst Schusser. In einer kleinen Feier, an der auch unsere Frauen teilnahmen, wurde uns der Orden durch Botschafter Huber überreicht.

Die dramatischen Ereignisse 1989 im Palais Lobkowicz, einem Ort deutscher Geschichte in Prag, und die Öffnung der Berliner Mauer am 9. November waren anschließend mit ein Zündfunke für die Bürgererhebung und die folgenden revolutionären Veränderungen in der Tschechoslowakei.

Ende der kommunistischen Ära

Vergeblich versuchten Truppen und Spezialeinsatzkommandos des Innenministeriums am 17. November mit Gewalt das Aufbegehren der Bevölkerung, die in der gesamten Innenstadt demonstrierte, im Keim zu ersticken. Innerhalb weniger Tage wuchsen die täglichen Demonstrationen in Prag auf Millionenstärke an. Alleine, oft aber auch zusammen mit meinem österreichischen Kameraden, Oberst i. G. Helmut Dorner, verfolgte ich als Beobachter unmittelbar im Geschehen die Entwicklung der innenpolitischen Lage und ihre Auswirkungen auf die Innere Sicherheit. Soldaten der Volksarmee sah man zwar kaum in Prag, dafür aber umso mehr Polizei und vor allem sehr viele Streifen von mit Maschinenpistolen bewaffneten Kräften der als regimetreu bekannten Volksmiliz. Schließlich wurde vom Volk der Rücktritt der Regierung erzwungen. Anfang Dezember war das seit über 40 Jahren herrschende kommunistische Regime zerbrochen und beiseite gefegt.

Weil die Streitkräfte, die wachsam und auch zunächst mit großem inneren Vorbehalt die sich dynamisch entwickelnden innenpolitischen Ereignisse verfolgten, nicht eingriffen, gelang ein Machtwechsel fast ohne gewalttätige Auseinandersetzungen zwischen Staatsmacht und Volk. Es gab allerdings konkrete Hinweise für den Zeitraum November bis Anfang Dezember, dass die Tschechoslowakische Volksarmee für einen Einsatz gegen die Bürgererhebung missbraucht werden sollte. Bei den Befürwortern eines solchen Einsatzes handelte es sich aber nur um einen geringen Teil der Generalität und der Stabsoffiziere, vorwiegend aus dem Bereich der Politoffiziere, der bereit war, auch um den Preis eines Bürgerkrieges das bisherige totalitäre Regime zu erhalten. Ausschlaggebend waren aber nach meiner Beurteilung die Auffassung und Haltung des damaligen Generalstabschefs Generaloberst Miroslav Vacek. Nach meinen aus soliden und verlässlichen Quellen stammenden Informationen überzeugte er auf einer außerordentlichen Kommandeurtagung Ende November 1989 zuerst die Truppenführer und schließlich auch den Generalsekretär der KP, Miloš Jakeš, und Staatspräsident Gustav Husák, dass es nicht darum ginge, wie und was gegen die Bürgerbewegung zu unternehmen sei, sondern wie ein Einsatz der „Volksarmee“ gegen das eigene Volk auf jeden Fall vermieden werde müsse.

Der Oberbefehlshaber der Zentralen Gruppe der Sowjetischen Truppen (ZGT) in der ČSSR hielt außerdem nicht nur seine Truppen – vermutlich auf Weisung aus Moskau – in den Kasernen, sondern er sprach sich gegenüber dem tschechoslowakischen Politbüro, wie ich aus einer guten Quelle erfuhr, auch gegen den Einsatz der Tschechoslowakischen Streitkräfte gegen die Bürgererhebung aus.

Generaloberst Vacek, der in der Regierung des Ministerpräsidenten Čalfa unter Staatspräsident Havel, der ersten Regierung nach dem Zusammenbruch des kommunistischen Regimes, gegen starken Widerstand aus den Reihen des Bürgerforums, Verteidigungsminister wurde, wurde 1990 durch Staatspräsident Havel noch zum Armeegeneral befördert.

Die wachsende Zahl teilnehmender Soldaten in Uniform – wie die zivilen Bürger mit den Nationalfarben am Revers – an den landesweiten Demonstrationen für eine Ablösung des kommunistischen

Regimes und das „Militärforum“, das in vielen Standorten gegründet wurde und das zivile „Bürgerforum“ unterstützte, zeigten sehr schnell, dass sich ambitionierte Offiziere bei einem Einsatz der Armee gegen die Bürgererhebung nicht auf die Mehrheit der Streitkräfte hätten verlassen können.

Erste Fühler der Tschechoslowakischen Armee Richtung BW und NATO

Deutlich, ja drängend, signalisierte die Militärführung der ČSSR bereits im Dezember 1989 das Interesse an baldigen Kontakten mit den Armeen der NATO, insbesondere mit der Bundeswehr. Auf dem Jahresabschlussempfang des Generalstabschefs für die in der ČSSR akkreditierten Militärattachés brachte am 20. Dezember der 1. stellvertretende Generalstabschef, Generalleutnant Dipl. Ing. Josef Vincent, der in Vertretung des als Nachfolger von Generaloberst Vacek neu ernannten Generalstabschefs, Generalleutnant Anton Slimák, den Empfang durchführte, diesen Wunsch das erste Mal expressis verbis zum Ausdruck. In seiner Rede betonte er das Interesse der ČSSR an Kontakten zur NATO und zu den Streitkräften der NATO-Mitgliedsstaaten *„insbesondere zur Bundeswehr“*. Wie auf Kommando wandten sich in diesem Augenblick alle übrigen anwesenden Militärattachés mir zu. Der Heeres- und Luftwaffenattaché der DDR sagte dann wenige Minuten später zu mir: *„Na, die sind aber schnell. Wir erwarten zwar eine Änderung der ČSSR-Sicherheits- und Militärpolitik, aber so ein schneller Schwenk überrascht nun doch“*.

Noch am selben Abend berichtete ich die Äußerungen des 1. Stellvertretenden Generalstabschefs nach Bonn. Später erfuhr ich von Oberstleutnant i.G. und späteren Generalleutnant Heinz Marzi, Luftwaffenadjutant des damaligen Generalinspekteurs, dass mein Bericht bereits am folgenden Morgen Admiral Wellershoff, der sich bereits in der Weihnachtsdienstbefreiung befand, unverzüglich nach Hause überbracht worden war.

Prager Jahreswechsel 1989/90

Das Bild und das Treiben, das Prag zum Jahreswechsel 1989 / 90 bot, standen in krassem Gegensatz zum Bild des Vorjahres. Während am Silvesterabend 1988 kaum jemand auf den Straßen zu sehen war, waren jetzt Straßen, Plätze und vor allem die Moldaubrücken, insbesondere die Karlsbrücke voller fröhlicher und festlich gestimmter Menschen. Auch meine Frau Irene, Tochter Kerstin und ich erlebten den Jahreswechsel zusammen mit einigen Militärattachékameraden und ihren Frauen mit einem Glas Champagner auf der Karlsbrücke mit einem großen Gefühl der Freude und Dankbarkeit, dass alles in unserem Umfeld in den vergangenen Wochen und Monaten so gut abgelaufen war. Unsere Söhne, Ulf und Axel, die über die Feiertage aus Deutschland zu uns gekommen waren, feierten diesen geschichtsträchtigen Jahreswechsel zusammen mit unzähligen Bürgern Prags auf dem Wenzelplatz.

Bald jedoch schon hatte uns die Realität wieder eingeholt. Die Tschechoslowakei stand mit ihrer zurück gewonnenen Freiheit vor großen, zunächst fast unlösbar scheinenden Aufgaben und war auf der Suche nach einem neuen Selbstverständnis und neuer Sicherheit.

Beginn des Abzuges der sowjetischen Truppen aus der Tschechoslowakei

Seit der friedlichen Revolution im November 1989 und der dadurch erreichten Ablösung des kommunistischen Regimes und seiner Zwangsherrschaft liefen in der Tschechoslowakei inzwischen tiefgreifende Umbruchprozesse ab. Diese Prozesse hatten alle Bereiche in Staat und Gesellschaft erfasst. Neben dem Bemühen um eine allgemein staatlich-politische Normalisierung im Sinne eines demokratischen Rechtsstaates und einer schwierigen wirtschaftlichen Neuordnung war die grundlegende Neuorientierung der tschechoslowakischen Sicherheits- und Militärpolitik besonders signifikant in ihren Auswirkungen. Der bereits im Dezember 1989 fast ultimativ geforderte Abzug der in der Tschechoslowakei stationierten sowjetischen Truppen, der Invasoren von 1968, zeigte deutlich Beginn und Richtung der neuen tschechoslowakischen Sicherheits- und Militärpolitik auf, die nationalen Interessen vor den Interessen des Warschauer Paktes den Vorrang gab. Nach schwierigen Verhandlungen wurde im Februar 1990 in Moskau der Vertrag unterschrieben, der den endgültigen Abzug der sogenannten Zentralen Gruppe der Sowjetischen Truppen (ZGT) aus der Tschechoslowakei in drei Etappen bis zum 30. Juni 1991 vorsah. Der Abzug der ZGT verlief 1990 nicht nur planmäßig, sondern war am 31. Dezember 1990 am Ende der zweiten Etappe in einigen Bereichen dem Plan sogar voraus. Ende 1990 hatten im Durchschnitt bereits fast 80 % des Personals und der Waffensysteme der ZGT das Land verlassen.

Neuer Staatsname

Am 23. April 1990 wurde der bisherige Staatsname von Tschechische und Slowakische Sozialistische Republik (ČSSR) in Tschechische und Slowakische Föderative Republik (ČSFR) geändert.

ČSFR und Warschauer Pakt

Mit der Forderung nach Abzug der ZGT ignorierte die Tschechoslowakei nicht nur Warschauer Pakt-Interessen, vor allem der Führungsmacht Sowjetunion, sondern auch die Auffassung der Sowjetunion über die seit dem 09. März 1990 laufenden Verhandlungen in Wien über die Begrenzung der konventionellen Streitkräfte in Europa (KSE). Abgesehen davon, dass die ČSFR den 1968 aufgezwungenen Stationierungsvertrag von Anfang an als null und nichtig ansah, beurteilte sie das Gleichgewicht der Kräfte in Europa durch den Abzug der sowjetischen Truppen als nicht gefährdet. Die Forderungen nach dem Abzug der sowjetischen Truppen waren Anfang 1990 das deutliche Zeichen, dass sich die tschechoslowakische Sicherheits- und Militärpolitik aus dem Rahmen des moskauzentrierten proletarischen Internationalismus zu lösen begann. Im Frühherbst 1990 begann die ČSFR alle militärischen Bindungen zum Warschauer Pakt abzubrechen. So wurde z.B. das für Krisen und Kriegsfall ständig bereitzuhaltende Verbindungskommando des Generalstabes zum Hauptquartier des Westlichen Kriegsschauplatzes in Liegnitz / Polen unter Führung des Chefs der Hauptverwaltung Landstreitkräfte aufgelöst. Außerdem wurden die Fernmeldeverbindungen zum Warschauer Pakt-Oberkommando in Moskau und zum Hauptquartier in Liegnitz gelöst und die Auflösung des Verbindungskommandos der Tschechoslowakischen Armee beim Warschauer Pakt Oberkommando bzw. des sowjetischen Verbindungskommandos bei der Tschechoslowakischen Armee eingeleitet. Ende 1990 befanden sich lediglich noch kleine Reste des Verbindungskommandos der Tschechoslowakischen Armee in Moskau bzw. der Sowjetarmee in Prag, und zwar nur noch mit dem Auftrag, bei der Abwicklung der bis zum 30. Juni 1991 aufzulösenden militärischen Struktur des Warschauer Paktes mitzuwirken. Als bedeutsamste und schwerwiegendste Auflösungserscheinung der militärischen Struktur des Warschauer Paktes war zu vermerken, dass die Tschechoslowakei ihre Streitkräfte der operativen Kontrolle des Warschauer Pakt-Oberkommandos entzog. Die Tschechoslowakei favorisierte ebenfalls eine schnelle Auflösung des politischen Teils des Warschauer Pakts nach Abstimmung mit den anderen bisherigen Bündnispartnern, vor allem Polen und Ungarn, bis spätestens 1992. Eine volle Übereinstimmung in dieser Frage gab es mit Polen und Ungarn aber zu der Zeit noch nicht. Aufgrund der Entwicklung der innenpolitischen Lage in der Sowjetunion und der damit verbundenen Auswirkungen auf die sicherheitspolitische Lage in der Region war aber eine einseitige Aufkündigung auch des politischen Teils des Warschauer Paktes durch die Tschechoslowakei noch in 1991 nicht auszuschließen.

Die ČSFR auf der Suche nach neuer Sicherheit

Die Lage und weitere Entwicklung der Tschechoslowakischen Streitkräfte und die Militärpolitik der Tschechoslowakei wurde seit dem Jahreswechsel 1989/90 klar bestimmt durch die Grundlagen der neuorientierten tschechoslowakischen Außen- und Sicherheitspolitik, die ihren Ursprung in den revolutionären Veränderungen vom November 1989 hatte und zwar:

- Loslösung der Außen- und Sicherheitspolitik aus dem Rahmen des Moskauzentrierten „proletarischen Internationalismus“, zunächst noch ohne Aufgabe der bestehenden Warschauer Pakt-Bündnisverpflichtungen

- Einbindung in die europäischen Friedens-, Integrations- und Abrüstungsprozesse
- hohe Priorität einer aktiven und konstruktiven Nachbarschaftspolitik.

Im Januar 1990 stellte die ČSSR auf dem Symposium über Militärdoktrinen in Wien den ersten Entwurf einer eigenen rein defensiv orientierten Militärdoktrin vor. In verblüffender Offenheit gestand sie dabei ein, wie offensiv ihre Armee gegen die Bundesrepublik Deutschland bisher ausgerichtet war. Die Masse der Tschechoslowakischen Armee stand bisher in Süd-West-Böhmen als erste Staffel der Kräfte des Warschauer Paktes mit eindeutiger Stoßrichtung gegen die Bundesrepublik Deutschland. Während des Symposiums über Militärdoktrinen in Wien kam es auch zu einer ersten Begegnung und einem Gespräch zwischen dem Generalinspekteur der Bundeswehr, Admiral Dieter Wellershoff, und dem neuen Chef des Generalstabes der tschechoslowakischen Armee, Generalleutnant Anton Slimák (02.12.1989 – 01.05.1991).

Man könnte die eingeleitete Neuorientierung der tschechoslowakischen Außen- und Sicherheitspolitik als ein Wiedereinpendeln auf eine Linie beschreiben, die der geografischen Lage des Landes entsprach und die damit den internationalen Interessen in vollem Umfang Rechnung trug.

Der im Dezember 1989 fast ultimativ geforderte sowjetische Truppenabzug aus der Tschechoslowakei muss auch unter dieser Zielvorstellung betrachtet werden. Der sowjetische Truppenabzug aus der Tschechoslowakei hatte von der Sache her ja nicht nur den einen oft in den Vordergrund gerückten Aspekt des bilateralen Problems von 1968 – Stationierungsvertrag aus tschechoslowakischer Sicht von Anfang an null und nichtig –, sondern zwei weitere Aspekte:

- die Wiener Verhandlungen über die Begrenzung konventioneller Streitkräfte in Europa (KSE) und vor allem auch
- die Warschauer Pakt-Interessen.

Die tschechoslowakische Regierung war im Gegensatz zur Sowjetunion der Auffassung, dass durch den geforderten Abzug der sowjetischen Truppen von ca. 75.000 Mann aus der Tschechoslowakei das Gleichgewicht der Kräfte in Zentraleuropa nicht beeinträchtigt würde. Sie wollten diesen Abzug deshalb auch nicht im Zusammenhang mit den Wiener KSE-Verhandlungen sehen. Eine mögliche Verringerung der US Streitkräfte in der Bundesrepublik könne und dürfe nur im Zusammenhang mit einer Reduzierung der sowjetischen Truppen in der DDR gesehen werden. Über die Lage des Warschauer Paktes und die Rolle der Tschechoslowakei in diesem Bündnis wurde in Prag laut nachgedacht. Der Chef des Generalstabes der tschechoslowakischen Armee, Generalleutnant Slimák, äußerte sich dazu am 16. Februar 1990 wie folgt: *"In der Öffentlichkeit wird von der operativen Unterstellung unserer Armee unter die sowjetische Führung gesprochen. Wie ist das in Wirklichkeit? Ich würde nicht sagen, dass dies alleine aus der Tatsache hervorgeht, dass sowjetische Truppen hier anwesend sind. Wir sind Mitglied des Warschauer Paktes. Zurzeit entstehen Forderungen, und darüber wird auch in der UDSSR nachgedacht, wie und durch was der Übergang zu einer politisch-militärischen Organisation erreicht werden könnte. Die einzige Verbundenheit der einzelnen Armeen besteht zur Zeit noch darin, dass eine gemeinsame Führung existiert. In Friedenszeiten ist unsere Armee aber alleine unserer nationalen Führung unterstellt. Aber aus den Protokollen über die Herauslösung der Streitkräfte aus der nationalen Verfügbarkeit in verbündete Streitkräfte gehen bestimmte Verpflichtungen hervor. Diese Protokolle wurden immer bisher für fünf Jahre festgeschrieben. Das wird aber jetzt aus mehreren Gründen nicht mehr möglich sein. Erstens sind da die Wiener Verhandlungen, und man muss deren Abkommen in Betracht ziehen. Zweitens ermöglichen es – oder auch nicht – die Mittel des Staatshaushaltes diese, in den Protokollen gemachten Aufgaben zu realisieren. Drittens muss man Rücksicht auf die Menschen nehmen."*

Generalleutnant Vincent, Erster Stellvertretender Generalstabchef und bis Januar 1990 auch Chef der Operationsabteilung des Generalstabes, erklärte mir in einem persönlichen Gespräch am 09. April 1990 in unserem Hause während eines Empfangs für den damaligen Stabsabteilungsleiter FüS III, Generalmajor Klaus Naumann, und seine Delegation: *„Der Streitkräfteumfang von fast 200.000 Soldaten ist der*

Tschechoslowakei durch die Verpflichtungen im Warschauer Pakt aufgezwungen worden".

Auf einer Pressekonferenz am 11. April 1990 antwortete Verteidigungsminister Vacek auf die Frage eines Journalisten, gegen wen die Tschechoslowakische Armee eigentlich noch sei. Diese Frage stelle er sich auch selber. Die politische Lage habe sich verändert, wenn wir nur wüssten, gegen wen und wohin es geht. Jedoch, die ČSFR sei noch Mitglied des Warschauer Paktes und halte an dem Abkommen unter Berücksichtigung der gegenwärtigen politischen Lage fest. Sie strebe aber eine Angleichung der in diesem Zusammenhang gültigen Verträge an die derzeitige politische Lage und Entwicklung in Europa an.

Am 21. April 1990 aß ich zusammen mit Verteidigungsminister Vacek vor dem Grenzübertritt nach Deutschland anlässlich des Treffens mit Verteidigungsminister Stoltenberg in Karlsbad zu Mittag. Auf eine direkte Frage von mir, ob die Tschechoslowakei auf weitere Sicht gegebenenfalls im Warschauer Pakt etwa den Status und die Rolle wie Frankreich in der NATO einnehmen könne, erklärte Verteidigungsminister Vacek: *"Unsere Rolle und Haltung im Warschauer Pakt wird wesentlich durch die derzeitige sicherheitspolitische Lage und die weitere Entwicklung in Europa bestimmt. Die Möglichkeiten, die Sie ansprechen, würde ich aber zurzeit nicht überschätzen."* Diese Antwort von Verteidigungsminister Vacek schloss meines Erachtens aber überhaupt nicht aus, ja, ich sah darin sogar einen weiteren Hinweis, dass die Tschechoslowakei tatsächlich konkret darüber nachzudenken schien, ob das Land überhaupt auf weitere Sicht militärisch im Warschauer Pakt verbleiben sollte. Untermauert sehe ich meine Beurteilung noch durch folgende Bemerkung des Generalstabchefs, Generalleutnant Anton Slimák, mir gegenüber in der Residenz unseres Botschafters am 26. März 1990 im Zusammenhang mit Gedanken über eine mögliche Vereinigung Deutschlands. *"Die Vereinigung der beiden deutschen Staaten und auch ihrer Armeen wird schneller geschehen als die Schaffung eines neuen europäischen Sicherheitssystems. Dies wird dann einen noch stärkeren Verfall der militärischen Bündnisstruktur des Warschauer Paktes zur Folge haben, als es jetzt schon der Fall ist."*

Parallel zum Verfall des Warschauer Paktes war die Tschechoslowakei auf der Suche nach einem europäischen Sicherheitssystem, das ihr Schutz und Bestand garantieren konnte. Die durch die friedliche Revolution im November 1989 erreichte politische Wende und Freiheit wurde von der Tschechoslowakei gleichzeitig als Rückkehr nach Europa betrachtet. Sie machte deutlich, dass sie durch Einbindung in den europäischen Integrations- und Abrüstungsprozess nicht nur Verantwortung übernehmen, sondern die europäische Sicherheit auch aktiv mit gestalten wollte. Initiativen der Tschechoslowakei auf diesem Gebiet, wie z.B. der Vorschlag vom April 1990 über die Bildung einer europäischen Sicherheitskommission stießen sowohl bei den NATO-Mitgliedstaaten als auch den früheren Warschauer Pakt-Bündnispartnern aber nur auf geringe Resonanz. Eine engere Sicherheitskooperation zwischen Tschechoslowakei, Polen und Ungarn gab es nur in gedanklichen Ansätzen. Praktische Auswirkungen waren nicht zu erkennen. Im Grunde wurde ein solcher Cordon sanitaire von der Tschechoslowakei auch abgelehnt, da er als eine gegen Deutschland gerichtete Front gesehen werden könnte. Eine enge Anlehnung der Tschechoslowakei an die NATO – wenn nicht gar die volle Mitgliedschaft des Landes – wurde von starken Kräften im Parlament, Regierung und Armee favorisiert. Als wesentlicher Grund wurde dafür immer wieder genannt, dass die ČSFR jetzt sicherheitspolitisch in der Luft hänge und selbst ein enger sicherheitspolitischer Verbund mit Polen und Ungarn keine Garantie für Schutz und Bestand des Staates gäbe.

Besonders hervorzuheben in diesem Zusammenhang war der offizielle Besuch von NATO-Generalsekretär Manfred Wörner in der Tschechoslowakei vom 05. bis 09. September 1990 und die Akkreditierung des tschechoslowakischen Botschafters in Belgien auch bei der NATO.

Wörners Besuch in Prag war zwar ein Besuch auf internationaler Ebene, er hatte aber darum gebeten, dass unsere Botschaft als sog. Lead Nation seinen Besuch organisiere. In diesem Zusammenhang bat er auch darum, dass der Verteidigungsattaché, also ich, ihm für ca. 30 Minuten unter vier Augen über die militärpolitische Lage in der Tschechoslowakei vortragen solle. Er hatte ausdrücklich darum gebeten, dass dieses Gespräch nur zwischen ihm und mir stattfinden solle. Es fand statt in der Gästevilla des Verteidigungsministers, in dem Generalsekretär Wörner während seines viertägigen Prag-Besuches wohnte. Auf meinen Hinweis, dass wir vielleicht vorsichtig sein sollten, wir würden gewiss hier abgehört, wischte er diesen Einwurf mit folgenden Worten vom Tisch:: *„Natürlich, davon sollten wir ausgehen, aber wir sollten trotzdem, und das will ich so, ganz offen sprechen"*. Aus den vorgesehenen 30 Minuten wurden dann schließlich 90 Minuten. NATO-Generalsekretär Wörner wollte bis ins Detail durch mich informiert und orientiert werden, und zwar von der Gliederung der Tschechoslowakischen Armee über die Kampfkraft bis zum Inneren Gefüge.

In zahlreichen Gesprächen mit tschechoslowakischen Politikern und führenden Militärs, so teilte NATO-Generalsekretär Wörner mir mit, sei ihm gegenüber immer wieder betont worden, dass ein wiedervereinigtes Deutschland, mit dem die Tschechoslowakei durch eine ca. 810 Kilometer lange Grenze verbunden sein würde, und die Bundeswehr von der Tschechoslowakei nicht als Bedrohung empfunden werden würde, sondern eher bereits als Garant auch der Sicherheit der Tschechoslowakei. Nachdrücklich sei aber auch zum Ausdruck gebracht worden, dass die Tschechoslowakei nicht nur ein Vorfeld und Filter Deutschlands für neue mögliche Gefahren aus dem Osten sein wolle. Deutlich sei der politische Wille, den sicherheits- und militärpolitischen Verbund mit Deutschland konkret auszubauen und schließlich durch eine gegenseitige Sicherheitsgarantie zu untermauern.

Auswirkungen der politischen Veränderungen auf das Innere Gefüge der Streitkräfte

Die Beseitigung des kommunistischen Machtsystems wirkte sich sofort in einem dynamischen Prozess auch auf die Streitkräfte aus. Den Fahneneid, aus dem noch vor Jahresende zunächst jeder Bezug auf die kommunistische Partei gestrichen wurde, ersetzte die Regierung dann drei Monate später, am 15.03.1990, durch eine sehr sachlich gehaltene neue Fassung, die in ihrer Wortwahl deutlich die nationale Identität und Unabhängigkeit der Tschechoslowakei betonte. Im Gegensatz zum bisherigen Fahneneid fehlte im neuen Eid auch jeder

Hinweis auf die Waffenbrüderschaft mit den übrigen Warschauer Pakt-Staaten, vor allem mit der Sowjetunion. Im alten Eid hieß es ja u.a.: *„...und an der Seite der Sowjetarmee und der Armeen der übrigen sozialistischen Staaten“*.

Die politische Hauptverwaltung im Ministerium für Nationale Verteidigung und alle ihr nach geordneten Dienststellen und Funktionen bis zur Einheitsebene wurden aufgelöst. Der bisher einseitig auf die kommunistische Partei ausgerichtete politische Unterricht wurde abgeschafft. Von den ca. 12.000 Politoffizieren, davon mindestens 5.300 hauptamtlich, wurden zwei Drittel aus dem aktiven Wehrdienst entlassen, bzw. erhielten andere Verwendungen. Im Offizierkorps und teilweise auch unter den länger dienenden Unteroffizieren zeigten sich aber in den ersten Monaten des Jahres 1990 offene Anzeichen von Unzufriedenheit, ja Verbitterung über einen Machtwechsel, der von vielen Offizieren und Unteroffizieren nicht gewünscht worden war. Am 01. Dezember 1989 waren nach Angaben von Verteidigungsminister Vacek vor der Föderalversammlung 82 % der Offiziere und 55 % der länger dienenden Unteroffiziere, aber nur 5 % der Grundwehrdienstleistenden eingeschriebene Mitglieder der kommunistischen Partei.

Die bereits im Dezember 1989 begonnene Säuberung des Offizierkorps einschließlich der länger dienenden Zeitsoldaten wurde 1990 fortgesetzt. Bis zum Mai 1990 wurden von den 136 Generälen der Streitkräfte 76 aus dem Dienst entfernt bzw. nahmen freiwillig ihren Abschied. Im April 1990 begannen vor Personalgutachterausschüssen sogenannte Attestationsverfahren für alle noch im Dienst befindlichen Berufs- und Zeitsoldaten. Diese Verfahren wurden Ende Oktober 1990 zunächst wieder ausgesetzt und eine neue Regelung angeordnet, weil Parlament und Presse scharfe Kritik an der Art der Durchführung übten: *„Die alten Genossen überprüfen sich gegenseitig“*.

Einschließlich mit den mehrheitlich bereits bis zum Frühjahr aus dem Dienst entfernten Politoffizieren wurden bis Ende 1990 ca. 10.000 Soldaten von Amts wegen aus der Tschechoslowakischen Armee entlassen. Allerdings verließen gemäß offiziellen Angaben auch ca. 12.000 Soldaten, vor allem junge Offiziere, freiwillig die Armee, weil sie mit dem angeblich zu langsamen demokratischen Umbau der

Streitkräfte und der zu schleppenden Humanisierung des Wehrdienstes nicht einverstanden waren. Am 15. März 1990 wurde von der Tschechoslowakischen Föderalversammlung der Grundwehrdienst von 24 auf 18 Monate verkürzt. Bereits im Januar aber war diese Maßnahme als ein Vorgriff auf die gesetzliche Regelung in der Truppe auf die bereits dienenden Soldaten angewandt worden und führte zur vorzeitigen Entlassung eines Grundwehrdienstjahrgangs.

Ebenfalls zum 15. März 1990 trat ein Gesetz über den zivilen Ersatzdienst – Dauer 27 Monate – in Kraft. Für diese Option, die auch für bereits dienende Soldaten galt, genügte ein formloser Antrag; eine Gewissensprüfung erfolgte nicht. Gemäß offiziellen Angaben des Sprechers des Verteidigungsministeriums vom 19. Dezember 1990 hatten bis Ende des Jahres 19.151 bereits dienende Wehrpflichtige einen Antrag auf Ableistung des zivilen Ersatzdienstes gestellt.

Laut offiziellen Angaben des Verteidigungsministeriums hatte die personelle Gesamtentwicklung in der Tschechoslowakischen Armee seit Jahresbeginn 1990 dazu geführt, dass die tatsächliche Ist-Stärke der Streitkräfte am Jahresende nur noch bei knapp 160.000 Soldaten lag. Gleichzeitig wirkten sich die zahlreich fehlenden Führer und Unterführer negativ auf das Innere Gefüge und die Einsatzbereitschaft der Verbände aus.

Auch eher negativ war die Artikulierung einer inneren Opposition in den Streitkräften zu beurteilen. Eine sogenannte "Freie Legion", eine Vereinigung rechtsorientierter Offiziere und Soldaten, verlangte u.a. die totale Entfernung aller ehemaligen kommunistischen Offiziere aus der Tschechoslowakischen Armee. Meines Erachtens ein irrationales Begehren, wenn man bedenkt, dass 82 % aller Offiziere eingeschriebene Mitglieder der kommunistischen Partei gewesen waren.

Die Ansätze der Gründung einer "Union slowakischer Offiziere" und öffentliche Forderungen slowakischer Offiziere, ja sogar des Ministerpräsidenten der Slowakischen Teilrepublik nach Verfügungsgewalt über eigene slowakische Verbände zeigten auf, dass sich der verschärfende Nationalitätenstreit zwischen Tschechen und Slowaken in der Zukunft auch auf die Tschechoslowakische Armee insgesamt negativ auswirken würde.

So wie im zivilen Bereich war seit der politischen Wende auch in der Tschechoslowakischen Armee die Kriminalität stark gestiegen. Laut Aussagen des Pressesprechers des Verteidigungsministeriums vom 05. Dezember 1990 wurden in der ersten Hälfte von 1990 2.548 strafbare Handlungen verfolgt, eine Steigerung von 69 % gegenüber dem gleichen Zeitraum des Vorjahres. Ferner seien zwischen Mai und Oktober des Jahres 1990 insgesamt 483 Soldaten desertiert, im ganzen Jahr 1989 dagegen nur 118.

Der seit Anfang 1990 durchgeführte demokratische Umbau und die Humanisierung des Wehrdienstes zeigten trotz zahlreicher guter Maßnahmen offensichtlich nur begrenzten Erfolg. Zu den Maßnahmen des demokratischen Umbaus gehörten u.a. die Einrichtung der Institution des Vertrauensmannes nach dem Vorbild der Bundeswehr, ferner eine großzügige Ausgangs- und Urlaubsregelung und bessere Truppenbetreuung. Negativ wirkten sich aber vor allem noch die unzureichende Dienstaufsicht auf dem Gebiet der Menschenführung, ja die mangelnde Eignung vieler Vorgesetzter als Führer und Erzieher überhaupt aus.

Durch Übernahme des Konzepts der Inneren Führung der Bundeswehr sollte die Tschechoslowakische Armee auf weitere Sicht eine grundlegende Verbesserung in der inneren Lage der Armee, vor allem der Dienstmotivation der Soldaten, aber auch der Wehrmotivation der Bevölkerung verwirklichen. Um dieses Ziel zu erreichen, bedurfte es nach meiner Beurteilung aber nicht nur der weiteren tatkräftigen Unterstützung von außen, sondern vor allem auch noch des Umdenkens zahlreicher Offiziere der Tschechoslowakischen Armee, die sich nach meinen Erfahrungen bis zu diesem Zeitpunkt nur halbherzig aus den Denkstrukturen des früheren kommunistischen Zwangssystems gelöst hatten. Diese alten, überholten Denkstrukturen wurden z.B. dadurch deutlich, dass bei vielen Offizieren der Tschechoslowakischen Armee ein am 06. Dezember 1990 von der Föderalversammlung verabschiedetes Gesetz zur parlamentarischen Kontrolle der Armee auf keine positive Resonanz stieß.

Die Truppe dagegen, hier vor allem die Grundwehrdienstleistenden, reagierten auf den politischen Machtwechsel mit Forderungen nach schneller Demokratisierung in der Armee, mehr Mitwirkung im dienstlichen Alltag, humanerer Menschenführung und vor allem nach einer Verkürzung des Grundwehrdienstes von 24 auf 18 Monate. Teilweise gab es sogar Forderungen nach sofortiger Verkürzung des Grundwehrdienstes auf 12 Monate. Demonstrationen von Soldaten in der Öffentlichkeit und auch Hungerstreiks ganzer Einheiten in einigen Standorten unterstrichen diese Forderungen. Auslöser der Soldatenproteste war die Ankündigung des Verteidigungsministers, dass die bereits dienenden Soldaten nicht in den Genuss der Verkürzung des Grundwehrdienstes von 24 auf 18 Monate kommen sollten. Trotz Forderungen, vor allem von Seiten des Bürgerforums, das auch sofort einen Grundwehrdienst von nur 12 Monaten wollte, konnte sich hier jedoch Verteidigungsminister Vacek durchsetzen. Es gab aber bereits feste Pläne und Absichten von Seiten des Bürgerforums, dieses Thema sofort nach den für den 08./09. Juni 1990 geplanten ersten Freien Wahlen wieder auf die Tagesordnung der Föderalversammlung zu setzen. In diesem Zusammenhang ist es auch noch wichtig zu erwähnen, dass, ebenfalls seit dem 15. März 1990 gesetzlich geregelt, bereits die Wahl zwischen Wehrdienst und einem 27-monatigen Zivildienst ohne Gewissensprüfung möglich war. Es genügte ein formloser Antrag.

Die Unzufriedenheit und Verbitterung unter vielen Offizieren und Unteroffizieren, deren Selbstverständnis und politisches Weltbild durch die sogenannte Samtene Revolution zerbrochen war, auf der einen Seite und Proteste, Demonstrationen und Hungerstreiks, teilweise auch Aufsässigkeit von Teilen der Truppe auf der anderen Seite, zeigten in den ersten Monaten von 1990 ein instabiles Inneres Gefüge der Tschechoslowakischen Armee. Ein Personalwechsel von Generälen, 76 von ca. 135 schieden bis Ende Mai 1990 aus, und Stabsoffizieren in Spitzenstellen des Verteidigungsministeriums und der höheren Kommandobehörden der Armee, in Führungspositionen bei der Truppe und unter den Politoffizieren durch zur Ruhesetzung oder Stellenwechsel aufgrund der innenpolitischen Systemänderung unterstreichen diese Beurteilung.

Durch Flexibilität in ihren Maßnahmen, viel Geduld und energischer Überzeugungsarbeit vor Ort bei den Verbänden und Einheiten gelang es Verteidigungsminister und Truppenführern, die Verbände relativ schnell und fest wieder in den Griff zu bekommen. Sie nutzten dabei geschickt den betont nationalen Trend der sogenannten Samtenen Revolution, die den Bürgern die Nation als das gemeinsame Vaterland der Tschechen und Slowaken wieder bewusster machen wollte.

In einem persönlichen Gespräch sagte mir Verteidigungsminister Vacek Ende April 1990 wenn er die Lage der Armee mit der Lage bei den inneren Sicherheitsorganen vergleiche, könne er behaupten, das Innere Gefüge der Armee wieder fest im Griff zu haben. Es gäbe zwar noch instabile Bereiche, vor allem im Heer, u.a. wegen der noch nicht voll bereinigten Personallage bei den Politoffizieren. Auch massive überzogene Forderungen von Sprechern aus dem Mannschafts- und Unteroffizierbereich nach Mitbestimmung verbreiteten immer wieder Unruhe. Er lenke das jetzt aber alles in die richtigen Bahnen und sei deshalb besonders dankbar für die zugesagte Unterstützung der Bundeswehr im Bereich der Inneren Führung.

Nach Auffassung der neuen politischen Kräfte des Landes sollte die Armee total entpolitisiert werden und zukünftig apolitisch sein. Aufgrund des neugefassten Wehrgesetzes hatte deshalb die Mitgliedschaft von Soldaten in politischen Parteien während der aktiven Dienstzeit zu ruhen.

Seit Anfang April 1990 mussten sich alle Berufssoldaten vor besonderen Ausschüssen einer Beurteilung auf charakterliche und fachliche Eignung unter Berücksichtigung der Zeit seit 1968 unterziehen. Politische und militärische Führung sahen dieses in den Streitkräften nicht unumstrittene Verfahren als eine Selbstreinigung der Armee.

Die bisher überproportionale Stärke des Militärs im Verhältnis zur Gesamtbevölkerung (bei ca. 15 Millionen Einwohnern kamen damals auf etwa 75 Einwohner 1 Soldat, im Vergleich dazu in der Bundesrepublik Deutschland 1 Soldat auf ca. 120 Einwohner) fand keinen Niederschlag in der innenpolitischen Wertigkeit. Weder wurde der Soldatenberuf hoch eingeschätzt, noch hatten in der Vergangenheit seit Gründung der ersten Republik im Jahre 1918 die führenden Militärs im Staate je bestimmenden Einfluss. Weder 1938/39, 1948 noch 1968 konnten die Streitkräfte sich für das Volk sichtbar gegen äußere oder innere Feinde der Tschechoslowakei bewähren. Eine daraus resultierende Geringschätzung durch die Bevölkerung wirkte sich negativ auf das Selbstbewusstsein und Selbstverständnis des Offizierkorps aus. Das Verdienst des Offizierkorps in der sogenannten Samtenen Revolution von 1989 kann nach meiner Beurteilung darin gesehen werden, dass es anpassungsfähig in richtiger Beurteilung der Lage durch Nichteingreifen zugunsten des autoritären kommunistischen Regimes wahrscheinlich einen Bürgerkrieg verhindert hat. Aktiv beteiligt und nach außen sichtbar haben sich an der Bürgererhebung, zunächst durch Teilnahme an Demonstrationen, später durch Gründung und aktive Mitarbeit im sogenannten Militärforum nach meiner Kenntnis und Eigenbeobachtung aber nur Mannschaften und Unteroffiziere.

Beginn militärpolitischer Beziehungen und militärischer Kontakte zwischen der Bundesrepublik Deutschland und der ČSFR

Im Zusammenhang mit der Neuorientierung der Tschechoslowakei in Richtung Westen wurde mir seit dem 20. Dezember 1989 durch ihre militärische Führung immer deutlicher signalisiert, dass man möglichst bald mit der Bundeswehr militärpolitische Beziehungen und militärische Kontakte aufnehmen wolle. Ich unterstützte dieses Begehren intensiv durch meine schriftliche und mündliche Berichterstattung und stieß damit in Bonn mehr und mehr auf offene Ohren und Herzen.

Am 09.02.1990 konnte ich im BMVg dem damaligen Stabsabteilungsleiter Fü S III (Militärpolitik), Generalmajor Klaus Naumann, meine Beurteilung und Vorschläge zu einer möglichen Aufnahme militärpolitischer Beziehungen und militärischer Kontakte mit den inzwischen in Tschechoslowakische Armee unbenannten Streitkräften meines Gastlandes vortragen. Noch am selben Tage orientierte er Bundesverteidigungsminister Gerhard Stoltenberg, und ich erhielt den Auftrag, bei Rückkehr nach Prag unverzüglich persönlich im dortigen Verteidigungsministerium die Bereitschaft der Bundesrepublik Deutschland zur baldigen Aufnahme militärpolitischer Beziehungen und militärischer Kontakte kundzutun.

Diese Absicht wurde vom 08.–11.04.1990 auf einer Konferenz in Prag, zu der die deutsche Seite mit einer Delegation des Fü S III unter Leitung von Generalmajor Naumann gekommen war, in eine konkrete Absprache und in einen Plan der Zusammenarbeit umgesetzt (Bild 22). Zu Beginn der Konferenz hatte Generalmajor Naumann jedoch unmissverständlich die sicherheits- und militärpolitische Position des NATO-Mitglieds Deutschland dargelegt.

Noch während dieser Konferenz gelang es – nicht zuletzt aufgrund meines Drängens – ein erstes, zwar nur wenige Stunden dauerndes, aber für die zukünftige Zusammenarbeit beider Armeen wichtiges und richtungweisendes Treffen zwischen den Verteidigungsministern beider Länder, Bundesverteidigungsminister Dr. Gerhard Stoltenberg und Verteidigungsminister Generaloberst Vacek, zu organisieren, das dann bereits wenige Tage später, am 21 April, in Fürth bei Nürnberg stattfand (Bild 23).

Die Ankunft der Delegation des BMVg – in Uniform – am 09. April auf dem Prager Flughafen und der erste Aufenthalt des tschechoslowakischen Verteidigungsministers kurz darauf in der Bundesrepublik Deutschland, eines Verteidigungsministers, der noch wenige Monate zuvor als Generalstabschef Pläne und Befehle des Warschauer Paktes für ein mögliches offensives Vorgehen gegen uns in seiner Schublade hatte, markierten den Wendepunkt in unseren gegenseitigen militärpolitischen Beziehungen und den Beginn einer unumkehrbaren Entwicklung.

Die Aufnahme der militärpolitischen Beziehungen und militärischen Kontakte zwischen Bundeswehr und Tschechoslowakischer Armee wurde von allen in Prag akkreditierten Militärattachés, insbesondere denen der NATO-Mitgliedsstaaten, aufmerksam beobachtet. In der Woche nach dem Treffen zwischen Stoltenberg und Vacek orientierte ich in meinem Stabe meine NATO-Kameraden in einem außerordentlichen Treffen über das Ergebnis der Konferenz vom 08.–11.04.1990 und des Fürther Treffens zwischen den Verteidigungsministern Stoltenberg und Vacek. In Einzelgesprächen informierte ich wenige Tage danach auch die Militärattachés Österreichs und der Schweiz, aber auch die Militärattachés der DDR, Polens und Ungarns. Die Militärattachés der Sowjetunion und der Volksrepublik

China suchten bald danach in diesem Zusammenhang auch das Gespräch mit mir, nachdem deren Stellvertreter bereits vergeblich versucht hatten, meinen Stellvertreter, Oberstleutnant i.G. Rainer Fiegle, während verschiedener gesellschaftlicher Anlässe auszuhorchen.

Bei der Besprechung mit den NATO-Militärattachés wurden zahlreiche Fragen gestellt, aber nur einer gab einen Kommentar ab. Mein britischer Kamerad drehte sich beim Gehen in der Tür um und sagte: *„Well, I see, the Germans are again ahead of the game."*

Nun, die NATO-Staaten folgten im Sommer und Herbst 1990 der Bundesrepublik auf dem eingeschlagenen Weg und weiteten im Gegensatz zu uns sehr bald die Beziehungen um Gebiete aus, z.B. Rüstungskooperation, die von der Bundesrepublik Deutschland aus grundsätzlichen politischen Erwägungen zunächst nicht angestrebt wurden.

Die bekannte, nicht immer positive Politik der damaligen britischen Premierministerin, Margret Thatcher, nach dem Mauerfall gegenüber Deutschland im Zusammenhang mit der sich anbahnenden Wiedervereinigung, färbte sich offensichtlich auch auf den britischen Militärattaché in Prag ab. Während des jährlichen Empfangs des US Botschafters zum Nationalfeiertag am 04. Juli 1990 kam mein österreichischer Kamerad zu mir und informierte mich, dass sich der Brite gerade bemühe, dem Assistenten des DDR-Militärattachés, Hauptmann Verner, mögliche negative Folgen einer deutschen Wiedervereinigung klar zu machen, u.a. mit Kindheitserinnerungen über Angriffe der Deutschen Luftwaffe auf britische Städte während des 2. Weltkrieges. Als ich mich beiden näherte, verstummte ihr Gespräch sofort und der britische Kamerad gab sich mir gegenüber natürlich diplomatisch freundlich.

Die zu den NATO-Staaten positiv aufwachsenden militärpolitischen Beziehungen und militärischen Kontakte konzentrierten sich zunächst schwerpunktmäßig auf die Bundesrepublik Deutschland.. Die ČSFR zeigte aber deutlich, dass sie nicht nur Vorfeld und Filter Deutschlands für neue mögliche Gefahren aus dem Osten sein wollte. Immer klarer wurde der politische Wille, den sicherheits- und militärpolitischen Verbund mit Deutschland schnell konkret auszubauen und schließlich durch eine gegenseitige positive Sicherheitsgarantie zu untermauern.

Nur kurze Zeit nach Beginn des Golfkonflikts bot die Tschechoslowakei dem Königreich Saudi Arabien, mit dem es damals noch keine diplomatischen Beziehungen unterhielt, aufgrund des möglichen Einsatzes von ABC-Waffen durch den Irak Unterstützung durch Entsendung einer ABC-Abwehreinheit an. Gemäß eines am 22.11.1990 in Riad geschlossenen Vertrages war dann ab Mitte Dezember 1990 eine ABC-Abwehreinheit der Tschechoslowakischen Armee mit ca. 200 Soldaten in Saudi Arabien, ca. 20 Kilometer südlich der Grenze zu Kuweit, stationiert. Mit diesem Engagement stellte die ČSFR eindeutig und beispielhaft ihre Rückkehr in die freie Welt unter Beweis. Staatspräsident Havel sagte öffentlich: *"Diese Geste soll deutlich zeigen, auf wessen Seite die Tschechoslowakei steht".*

Annäherung der deutschen Militärattachéstäbe in Prag

Inzwischen gewann die mögliche Wiedervereinigung Deutschlands an Konturen. Nach den ersten freien Wahlen in der DDR im März 1990 war dort unter Ministerpräsident de Maizière der ehemalige evangelische Pfarrer Rainer Eppelmann Verteidigungs- und Abrüstungsminister geworden. Entsprechend änderte sich auch die offizielle Amtsbezeichnung des DDR-Militärattaché von Heeres- und Luftwaffenattaché in Verteidigungs- und Abrüstungsattaché.

In etwa gleichlautenden Weisungen wurden etwa im Mai sowohl ich als auch der DDR-Militärattaché von unseren Verteidigungsministerien dahin gehend orientiert, dass es begrüßt würde, wenn die Kontakte zueinander intensiviert würden. DDR-Oberst Schaefer und ich griffen dies sofort auf. Wir besuchten uns fortan häufiger in unseren Botschaften, aber unsere Gespräche fanden nun nicht mehr in den Repräsentationsräumen unserer Botschaften statt sondern in unseren Dienstzimmern.

Meine Wahl zum Doyen des Militärattachékorps

Anfang Juni 1990 wurde ich Doyen des Militärattachékorps. Mein Vorgänger, ein bulgarischer Generalmajor, seit über 8 Jahren in Prag, wurde wie alle übrigen Militärattachés aus dem Lager des Warschauer Paktes nun nach der politischen Wende in der Tschechoslowakei zurückversetzt. Sie waren alle über die bei uns übliche Verwendungsdauer auf ihren Posten gewesen. Es war ein offenes Geheimnis, dass dies nicht zuletzt auf Wunsch der tschechoslowakischen Regierung geschah, damit auf keinen Fall ein Militärattaché Doyen des Militärattachékorps werden konnte, dessen Entsendestaat nicht der sogenannten sozialistischen Staatengemeinschaft angehörte. Meine zusätzliche – internationale – Aufgabe brachte nun eine besondere Verpflichtung mit sich, ging es doch darum, aus den beiden bisherigen Lagern im Militärattachékorps eine Gemeinschaft zu formen. Für mich ist es auch jetzt noch immer eine besondere Freude und Genugtuung, dass dies mit Hilfe meiner Kameraden „aus Ost und West“ in hervorragender Weise gelang und wir dadurch gegenüber den zuständigen Stellen des Gastlandes einig und geschlossen auftreten konnten (Bild 24).

In Erinnerung geblieben sind mir einige Vorkommnisse im Attachékorps, die mich als Doyen besonders forderten. Im März 1991 teilte mir der US Verteidigungsattaché, Oberst i.G. Edwin J. Motyka, in einem Schreiben mit, dass es in dem sog. Wifes Club des Militärattachékorps Probleme mit dem (weiblichen) kubanischen Militärattaché, Oberstleutnant Baras Leon, gebe. Der Wifes Club traf sich regelmäßig zu Kaffeenachmittagen oder Luncheon, meistens in der Residenz eines der Militärattachés, oder unternahm auch gemeinsame Fahrten zu besonderen Stätten im Lande; oft sogar mit dankenswerter offizieller Unterstützung durch die Verwaltung für Auswärtige Beziehungen des Generalstabes. An diesen Treffen nahm auch Frau Oberstleutnant Leon teil, stets aber begleitet durch einen Dolmetscher.

Für die erste Märzwoche 1991 hatte nun Frau Oberstleutnant Leon alle Militärattachéfrauen zu Kaffee und Kuchen in ihre Wohnung eingeladen, mit Ausnahme der Frau des US Verteidigungsattachés und der Frau seines Stellvertreters. Die US Seite erwartete nun, dass alle Attachéfrauen den Kaffeenachmittag der Kubanerin boykottierten. Frau Leon hatte Unfrieden ins Attachékorps gebracht, deren eigentliche Ursache in den widrigen politischen Verhältnissen zwischen den USA und Kuba lagen. Kurzfristig bat ich Frau Leon zu mir und überzeugte sie, dass es hilfreicher für jede Seite wäre, wenn sie sich zukünftig auf ihre Aufgabe als Militärattaché und Mitglied des Militärattachékorps beschränke. Der Wifes Club sei eine eigene, andere Welt, in die sie nicht gehöre, da sie dort nicht als Frau eines Militärattachés auftrete, sondern nur in ihrer Funktion gesehen werde und dadurch für Missklänge sorge. Ihr Platz sei ausschließlich im Militärattachékorps, wo sie ungeachtet ihrer staatlichen und politischen Herkunft gleichberechtigt sei. Frau Leon zeigte sich sehr offen und verständnisvoll für meine Auffassung und Argumente. Sie sagte den Kaffeenachmittag unter irgendeinem mir nicht mehr in Erinnerung gebliebenen Grund ab und hielt sich fortan an die von mir aufgezeigte Linie. Oberst i.G. Motyka bedankte sich wenige Tage später bei mir mit einem erneuten Schreiben, in dem er besonders betonte, wie sehr er an einer guten Zusammenarbeit mit mir auch in der Zukunft interessiert sei. In diesem Zusammenhang kann ich aber auch feststellen, dass es zwischen uns beiden stets eine für beide Seiten fruchtbare Zusammenarbeit gegeben hat.

Ein Jahr später sorgten wenig diplomatische Äußerungen des italienischen Verteidigungsattaché, Brigadegeneral Raffaelo Graziani, – er hatte stets eine schnelle Zunge, war aber sonst ein angenehmer und guter Kamerad – über Ägypten während eines Dinners beim französischen Heeresattaché, Oberstleutnant i.G. Henri Klus, die der ebenfalls anwesende ägyptische Verteidigungsattaché, Generalmajor Ismail Hussein Mostafa Elbehri, mithörte, für starke Verstimmung zwischen beiden Kameraden. Nach einem Gespräch mit beiden Attachés entschuldigte sich Brigadegeneral Graziani in einem langen Brief bei seinem ägyptischen Kameraden, in dem er betonte, dass er sich offensichtlich missverständlich ausgedrückt habe, denn er bewundere im Gegenteil Ägypten und seine Kultur.

Ende 1992 musste sich der Verteidigungsattaché der PLO in Prag, Oberstleutnant Salah Mohammed Zeidan, einer Bypass-Operation unterziehen. Zur PLO und den Angehörigen ihrer Botschaft gab es von deutscher Seite damals keine besonderen Kontakte. Ich hielt es aber in meiner Eigenschaft als Doyen für selbstverständlich, dass ich den PLO-Militärattaché im Krankenhaus besuchte. Kurz darauf wurde mir von mehreren Seiten zugetragen, dass daran der inzwischen gewechselte US Verteidigungsattaché Anstoß genommen hatte. Bei der nächsten Besprechung mit allen in Prag residierenden Militärattachés, die ich jeden Monat durchführte, machte ich deutlich, dass ich diesen Besuch nicht als der deutsche Militärattaché gemacht hatte, es aber als Doyen als eine große Kameradschaftspflicht angesehen hätte, Oberstleutnant Zeidan zu besuchen.

Die größte Herausforderung an mich als Doyen des Militärattachékorps lag jedoch bereits am Anfang meiner internationalen Aufgabe; es war der Top Hat Club.

Der Top Hat Club Prag

Die Ursprünge dieses Clubs liegen ein wenig im Dunkeln. Er wurde etwa 1954 auf eine britische Initiative hin gegründet als eine lose Vereinigung von Militärattachés der NATO-Staaten und anderer eher westlich orientierter Nationen, die damit die gewisse gesellschaftliche Isolation durchbrachen, die sie in der kommunistischen dem Westen gegenüber feindlich gesinnten ČSSR, Mitglied des Warschauer Paktes, erfuhren.

Der Top Hat Club hatte keine Satzung und folgte keinen bestimmten formellen Regeln. Seinen Namen bekam der Club dadurch, dass als Wahrzeichen ein grauer Zylinder in London beschafft wurde, auf dessen Hutband derjenige Militärattaché seinen Namenszug hinterließ, zu dessen Abschied ein Dinner gegeben wurde. Es war üblich, dass dieser Kamerad während des zu seinen Ehren gegebenen Dinners diesen Zylinder auch wenigstens zeitweise trug. Gastgeber des jeweiligen Abschiedsdinners war derjenige Militärattaché, der voraussichtlich als nächster in sein Heimatland zurückkehren würde. Pflicht für alle Mitglieder des Top Hat Clubs war das Tragen einer Clubkrawatte während gemeinsamer Veranstaltungen, für die als Dresscode „informal" vorgeschrieben war. Wer das vergaß, hatte dann eine Strafe von 10,00 DM zu zahlen. Neben den in unregelmäßigen Zeitabständen stattfindenden Abschiedsdinner für ein Clubmitglied gab es jährlich zwei besondere Veranstaltungen: eine Car Rallye mit anschließendem Barbecue und eine Weihnachtsparty in der Residenz eines Mitgliedes mit gutem Essen und Geschenken. Der jeweilige

Gastgeber regelte im Vorfeld, welcher Militärattaché wem ein Geschenk zu machen hatte. Als besondere Erinnerung benutze ich noch heute einen silbernen Schuhlöffel, den ich 1989 von meinem indischen Kameraden bekam. An allen Veranstaltungen nahmen natürlich auch unsere Frauen teil.

Dann kam Ende 1989 nach der sog. Samtenen Revolution die politische Wende in der Tschechoslowakei und auch in den übrigen Staaten des Warschauer Paktes begann die Demokratisierung der inneren politischen Verhältnisse. Sehr schnell änderte sich dadurch auch die personelle Zusammensetzung des Militärattachékorps, des Diplomatischen Korps überhaupt. Nach meiner Wahl zum Doyen des Militärattachékorps im Juni 1990 kam ich sehr schnell zu der Auffassung, dass aufgrund der geänderten politischen Gegebenheiten es wenig hilfreich wäre, wenn auch zukünftig neben dem Militärattachékorps ein gesonderter Club wie der Top Hat Club existieren würde. Fragen von Militärattachés, die dem Top Hat Club nicht angehörten, aber auch Äußerungen einiger Mitglieder des Top Hat Clubs bestärkten mich in meiner Auffassung. Gegen Ende 1990 teilte ich in einem Brief meine Auffassung allen Top Hat Clubmitgliedern mit. Entweder müsse der Club allen Angehörigen des Militärattachékorps geöffnet werden oder man solle ihn auflösen. Wie erwartet, stieß ich bei den Briten und dem kanadischen Kameraden mit meinen Ideen und Vorschlägen auf energischen Widerstand. Einige Mitglieder des Top Hat Clubs unterstützten mich aber in meiner Auffassung, die meisten verhielten sich indifferent. Ich ließ aber in meinem Bemühen, ein geschlossenes Attachékorps zu schaffen nicht locker. Ende 1991 löste sich der Club auf.

Seit dem Jahr 2000 treffen sich auf meine Initiative hin alle zwei Jahre die meisten der Militärattachés, die zu meiner Zeit als Doyen in Prag auf Posten waren, zu einem Wiedersehen. Das Treffen findet stets in einem anderen Land statt.

Die letzten Tage des Militärattachéstabes der DDR in der ČSFR

Mitte Juni 1990 informierte mich der Verteidigungs- und Abrüstungsattaché der DDR, Oberst Schäfer, telefonisch darüber, dass sein bisheriger Assistent, Hauptmann Verner, in die DDR zurückversetzt werden solle. Er werde aber einen neuen Assistenten bekommen, einen Oberstleutnant, der bisher in Helsinki bei der DDR-Botschaft auf Posten gewesen sei. Eigentlich sei er kein Oberstleutnant, sondern Fregattenkapitän und gehöre der Volksmarine der DDR an, werde aber die Uniform des Heeres tragen. Ich äußerte sofort mein großes Erstaunen über den geplanten Personalwechsel, denn es zeichnete sich ja bereits die Währungsunion ab, und wir waren uns im Grunde darüber im Klaren, dass über lang oder auch vielleicht kurz, es zu einer Wiedervereinigung Deutschlands kommen würde. Ich entgegnete, ich würde sofort telefonisch das BMVg informieren und mich wieder melden. Unverzüglich orientierte ich die Stabsabteilung Fü S III. Bereits etwa 30 Minuten später erhielt ich telefonische Weisung aus Bonn, Oberst Schäfer zu informieren, dass die geplante personelle Veränderung in seinem Stabe nicht im Sinne der Bundesrepublik Deutschland, nicht im Sinne des Bundesverteidigungsministeriums sei. Oberst Schäfer sicherte mir zu, unverzüglich seinem Verteidigungsministerium über die Auffassung des BMVg zu berichten und mich über das Ergebnis seines Berichts zu informieren. In den folgenden Wochen fragte ich ihn wiederholt nach einem Ergebnis. Er antwortete stets, er habe keinerlei neue Informationen aus Berlin, Hauptmann Verner bleibe aber zunächst auf seinem Posten.

Am 08. und 09. August 1990 besuchte der Minister für Verteidigung und Abrüstung der DDR, Rainer Eppelmann, Prag. Oberst Schäfer teilte mir mit, Zweck des Besuches von Minister Eppelmann seien die künftigen militärpolitischen Beziehungen und militärischen Kontakte zwischen der Tschechoslowakischen Armee und der Nationalen Volksarmee der DDR. Außerdem wolle Minister Eppelmann die Gedenkstätte in Lidice besuchen und dort einen Baum pflanzen. Nun, er pflanzte später keinen Baum dort, sondern schließlich nur einen Rosenstock. Zum Abschluss des Eppelmann-Besuches gab DDR-Botschafter Ziebarth in seiner Botschaft einen Empfang. Eingeladen zu diesem Empfang waren auch Botschafter Huber und ich. Da Botschafter Huber außer Landes war, nahm an seiner Stelle zusammen mit mir sein Ständiger Vertreter, Dr. Hiller, teil.

Begleitet wurde Minister Eppelmann durch eine große Anzahl höherer Offiziere der NVA, angeführt durch Admiral Theodor Hoffmann, dem damaligen und zugleich letzten Chef der Nationalen Volksarmee der DDR. Beim Empfang anwesend waren auch Verteidigungsminister Vacek, der Chef des Generalstabes der Tschechoslowakischen Armee, Generalleutnant Slimák, und einige weitere Generäle und Obersten. Ich stellte fest, dass außer Dr. Hiller und mir keine Teilnehmer einer anderen Botschaft, weder von Ost noch West, anwesend waren.

Sehr schnell kam es zu einem Gespräch zwischen Admiral Hoffmann und mir. Als ich ihn fragte, wie er denn nun schließlich entschieden habe in der Frage Wechsel des Stellvertreters beim DDR-Militärattachéstab, antwortete er: *"Herr Oberst, Ihre Reaktion, Ihr Signal auf die Ankündigung eines möglichen Wechsels des Stellvertreters von Oberst Schäfer war ja klar und deutlich. Aber gehen Sie doch bitte zu Minister Eppelmann und stellen ihm die gleiche Frage."* – Was ich dann auch sofort tat. Minister Eppelmann antwortete mir, dass er inzwischen entschieden habe, dass wegen der wahrscheinlich baldigen Vereinigung beider deutschen Staaten alle Verteidigungs- und Abrüstungsattachés der DDR-Botschaften im Ausland bereits jetzt in Kürze abgezogen würden und nur die Assistenten bzw. Stellvertreter vor Ort blieben. Nun schaltete sich einer der zivilen Begleiter von Minister Eppelmann ein und zwar der mir bis dahin nicht bekannte persönliche Berater des Ministers, Dietmar Herbst, ehemaliger Religionslehrer und enger Freund des Ministers, und fragte mich: *"Herr Oberst, wie stellen Sie sich denn die weitere Entwicklung beim Militärattachéstab der DDR-Botschaft vor im Falle einer Vereinigung beider deutschen Staaten?"* Ich antwortete, gewiss in dem Augenblick nicht sehr diplomatisch: "Nun, der Militärattachéstab wird aufgelöst und abgewickelt." Daraufhin sagte Herr Herbst: *"Herr Oberst, ich würde eine eher partnerschaftliche Lösung begrüßen."* Auf meine Frage, was er denn damit meine, erwiderte er: *"Nun, Deutschland wird größer, Ihr Verantwortungsbereich wird möglicherweise größer und wegen zahlreicher neuer zusätzlicher Aufgaben könnten Sie gewiss auch noch einen weiteren*

Stellvertreter gebrauchen." Meine Antwort war: "Ich schlage vor, dass wir unser Gespräch zu diesem Thema jetzt sofort beenden, denn es nimmt nun eine Wendung ein, die wahrscheinlich meine Kompetenzen als Verteidigungsattaché der Bundesrepublik Deutschland überschreiten." Der DDR-Verteidigungs- und Abrüstungsattaché bei der DDR-Botschaft in Prag, Oberst Schaefer, wurde dann tatsächlich Ende August abberufen. Vor seinem Weggang luden seine Frau und er meine Frau und mich zu einem Abschiedsessen in einem tschechoslowakischen Restaurant ein, und wir verbrachten einen sehr harmonischen Abend zusammen. Zum Abschied überreichte mir Oberst Schaefer seinen Offiziersdolch, den Offiziersdolch der Offiziere der Nationalen Volksarmee als Geschenk.

Sehr bald stand fest, dass aufgrund des während der 2-plus-4-Verhandlungen erzielten Ergebnisses Deutschland zum 3. Oktober 1990 wiedervereinigt werden würde. Gemäß Absprache zwischen dem Bundesministerium der Verteidigung und dem Ministerium für Nationale Verteidigung der DDR löste ich am 20. September 1990 den Militärattachéstab bei der Botschaft der DDR in der Tschechoslowakei auf. Als ich am Spätvormittag des 20. September zusammen mit meinem damaligen Stellvertreter, Oberstleutnant i.G. Rainer Fiegle, in der DDR-Botschaft eintraf, fanden wir dort einen tadellos aufgeräumten und sauberen Militärattachéstab vor aber mit leeren Schreibtischen und leeren Aktenschränken. Ich übernahm nicht ein einziges Schriftstück. Angeblich, so Hauptmann Verner, habe man nie Kopien der Berichte aufbewahrt und auch anderen Schriftverkehr stets sehr schnell vernichtet. Als ich dann eher durch Zufall in einen der leeren Aktenschränke schaute, fand ich dort in einer Ecke einige Gedenkmünzen, die an bestimmte Jahrestage der NVA erinnerten. Etwas abseits davon lag eine ca. 6 Zentimeter im Durchmesser große vergoldete Gedenkmünze mit dem Bild des sowjetischen Spions Richard Sorge, der 1944 von den Japanern in Tokyo hingerichtet worden war. Sein Bild war umrahmt von der Aufschrift „Dr. Richard Sorge, 1895-1944“. Als ich diese Münze in die Hand nahm, sagte Hauptmann Verner: *"Herr Oberst, bitte lassen Sie diese Gedenkmünze doch hier, die sollten Sie nicht mitnehmen.“* Auf meine Frage, was es denn mit dieser Gedenkmünze auf sich habe, antwortete er: *"Diese Art Münzen haben wir immer verdienten Kundschaftern als Dank überreicht."* Die Richard Sorge-Münze ist mit damaliger Zustimmung des BMVg noch heute in meinem Besitz.

Übernommen habe ich damals zwar keine Akten aber immerhin ein zwölfteiliges versilbertes Essbesteck, einen noch nicht ausgepackten Robotron-PC und 90.492,70 tschechische Kronen in bar. Der Betrag entsprach nach damaligem Mittelkurs 3.619,71 DM. In einem gesonderten Übernahmeprotokoll zahlten Hauptmann Verner und ich diesen Betrag dann noch am selben Vormittag bei der Zahlstelle unserer Botschaft ein. Silberbesteck und Robotron-PC wurden mit der Kurierpost nach Deutschland geschickt.

Konkrete Auswirkungen der neuen tschechoslowakischen Sicherheits- und Militärpolitik auf die Streitkräfte

Mit Wirkung vom 15. November 1990 setzte die Tschechoslowakische Armee alle Operationspläne gegen die Bundesrepublik Deutschland außer Kraft.

Mit einer umfassenden Redislozierung der Land- und Luftstreitkräfte und der Luftverteidigung nach Mähren und in die Slowakei trug ferner die Tschechoslowakei der neuen eigenen und rein defensiv orientierten Militärdoktrin Rechnung. Nach damaliger Planung sollten ca. 38 bis 40 % der Tschechoslowakischen Armee, und nach offiziellen Angaben damit die Masse der Streitkräfte, zukünftig in der Slowakei stehen. Ebenfalls etwa im November 1990 begann eine Reorganisation des Verteidigungsministeriums und des Generalstabes und der Organisation der Land- und Luftstreitkräfte bzw. der Luftverteidigung des Landes. Statt bisher zehn aktiver Divisionen sollte es zukünftig nur noch sieben aktive Divisionen – und die auch noch mit unterschiedlichem Bereitschaftsgrad – geben. Drei Divisionen der bisherigen aktiven Verbände wurden zu Mobilmachungsdivisionen herabgestuft. Mit der Umstrukturierung der Verbände begann gleichzeitig eine Reorganisation der Befehls- und Kommandostruktur. Statt der bisherigen Einteilung in Militärbezirke und Armeen wurden drei Landeskommandos mit Sitz in Tabor (West), Olmütz (Mitte) und

Trenčin / Slowakei (Ost) gebildet. Die Divisions- und Regimentsgliederung der Landstreitkräfte wurde aber beibehalten.

Die Luftstreitkräfte reduzierten bei gleichzeitiger Reorganisation ihren Bestand von 430 auf 315 Flugzeuge. Der am 23. April 1990 abgeschlossene und auch von der ČSFR unterschriebene KSE-Vertrag verlangte eigentlich vom Land nur eine Reduzierung auf 345 Flugzeuge. Die Luftverteidigungsverbände wurden ebenfalls der neuen Militärdoktrin entsprechend umstrukturiert und landesweit disloziert, wodurch die Slowakei mit den bisher von der ZGT genutzten Standorten voll einbezogen wurde.

Generalinspekteur der Bundeswehr zum 1. offiziellen Besuch in der ČSFR

Vom 16. bis 18. Oktober 1990 besuchte der Generalinspekteur der Bundeswehr, Admiral Wellershoff, mit einer Delegation auf Einladung des Chefs des Generalstabes der Tschechoslowakischen Armee, Generalleutnant Slimák, die ČSFR (Bild 25). Generalleutnant Slimák betonte gegenüber Admiral Wellershoff, dass zuletzt die bereitwillige, schnelle und unbürokratische Unterstützung durch die Bundeswehr auf zahlreichen Gebieten den demokratischen Umbau der tschechoslowakischen Armee beschleunige. Um aber die Tschechoslowakischen Streitkräfte wieder zu einer verlässlichen, wirkungsvollen und uneingeschränkt einsatzfähigen Kraft zu machen, die für die liberale Welt genutzt werden könne, bedürfe es neben praktischer und tatkräftiger Unterstützung von außen auch energischer geistiger Anstöße von deutscher Seite.

Neuer ČSFR- Verteidigungsminister

Leider erfuhr der Besuch des Generalinspekteurs einen kleinen Missklang. Am 17. Oktober 1990, am zweiten Besuchstag von Admiral Wellershoff in der Tschechoslowakei, wurde durch Staatspräsident Havel – nach außen überraschend – der Verteidigungsminister, Armeegeneral Vacek, aus seinem Amt abberufen und "mit Dank und in Ehren" verabschiedet. Äußerer Anlass waren die sehr differenzierten Ergebnisse einer parlamentarischen Untersuchung über die Rolle der

Armee während der friedlichen Revolution im November 1989. Armeegeneral Vacek war ja zu der Zeit der Bürgererhebung Chef des Generalstabes der Armee. Die Untersuchungskommission war zu dem Schluss gekommen, dass konkrete Einsatzpläne der politischen und militärischen Führung für ein Niederwerfen der Bürgererhebung bestanden hatten. Neben Verteidigungsminister Armeegeneral Vacek gerieten nun fast alle zurzeit (noch) führenden Generale der Tschechoslowakischen Armee ins Zwielicht.

Staatspräsident Havel bescheinigte Verteidigungsminister Armeegeneral Vacek zwar, dass er als Generalstabschef letztendlich dafür gesorgt habe, dass die Volksarmee nicht gegen das Volk missbraucht worden war, betonte aber gleichzeitig, die Zeit sei reif, den Vorrang des Primats der Politik auch durch einen zivilen Minister an der Spitze des Verteidigungsministeriums deutlich zu machen. Verteidigungsminister Vacek, Jahrgang 1935, der seit seinem Amtsantritt am 04.12.1989 wegen seiner KP-Mitgliedschaft ab dem 18. Lebensjahr in den vorangegangenen Monaten von Parlament und Öffentlichkeit oft scharf angegriffen worden ist, bekam schließlich von vielen Seiten auch mehr und mehr vorgeworfen, den demokratischen Umbau der Tschechoslowakischen Armee bewusst zu verzögern. Trotz zahlreicher Veränderung in den führenden Positionen, gehörten immer noch fast alle Offiziere in den Spitzenstellen der Streitkräfte zu den alten Kadern des abgelösten kommunistischen Systems. Diesen Offizieren gegenüber war Verteidigungsminister Armeegeneral Vacek aufgrund seiner eigenen politischen Vergangenheit nicht unabhängig und konnte deshalb auch mit vielen Entscheidungen im Zusammenhang mit dem demokratischen Umbau der Armee trotz guten Willens und loyaler Haltung zum neuen politischen System nicht durchdringen, bzw. sie nicht konsequent durchsetzen. Am 18.10.1990 ernannte Staatspräsident Havel den bisherigen Vizeminister im Außenministerium, Luboš Dobrovský, zum neuen Verteidigungsminister. Wenige Tage später meldete sich abends gegen 20 Uhr bei mir im Haus ein Offizier der Verwaltung für Auswärtige Beziehungen des Generalstabes der Tschechoslowakischen Armee. Er habe den Auftrag, mir mitzuteilen, dass Verteidigungsminister Dobrovský die für seinen Vorgänger bereits vor Monaten ausgesprochene Einladung zu einem offiziellen

Besuch in der Bundesrepublik Deutschland Mitte November wahrnehmen werde. Ich möge dieses doch bitte sofort nach Bonn melden, da er großen Wert darauf lege, dass in den so positiv aufwachsenden Beziehungen zwischen der Bundesrepublik Deutschland und der Tschechoslowakei, zwischen der Bundeswehr und der Tschechoslowakischen Armee keinerlei Bruch oder Probleme aufträten.

In Prag fanden vor dem Besuch von Verteidigungsminister Dobrovský – wie seit längerem geplant – vom 06. bis 09. November 1990 die ersten Generalstabsgespräche der Bundeswehr mit der Tschechoslowakischen Armee statt. Der Hauptpunkt der Besprechung war der Abschluss eines Verwaltungsabkommens zur Sicherstellung der gegenseitigen geplanten Besuche in der Zukunft.

An Scharnhorsts 200. Geburtstag, am Montag, dem 12. November 1990, jährte sich zum 35. Male der Jahrestag der Gründung der Bundeswehr. Ich gab deshalb in meinem Hause für das Militärattachékorps und für Offiziere und weitere Gäste aus dem Verteidigungsministerium und dem Generalstab der Tschechoslowakischen Armee einen Empfang. Zu den insgesamt 76 Teilnehmern dieses Empfangs gehörte u.a. auch der neue Verteidigungsminister Dobrovský, der fast zwei Stunden blieb und sich sehr angeregt mit vielen Militärattachés und auch mit mir über aktuelle militärpolitische, aber auch persönliche Fragen unterhielt.

Wenige Tage später begleitete ich dann vom 15. bis 17. November Verteidigungsminister Dobrovský zu seinem ersten offiziellen Besuch in die Bundesrepublik Deutschland. Nach dem Empfang mit militärischen Ehren auf der Hardthöhe führte er zunächst politische Konsultationen mit Bundesverteidigungsminister Dr. Stoltenberg. Weiter durchgeführt wurde in diesen Tagen ein Truppenbesuch beim Jagdbombergeschwader 34 in Memmingen und bei der Panzerbrigade 24 in Landshut.

Am 17. November nachmittags besuchte die Delegation die Firma Klaus Maffei in München und beobachtete dort die Produktion des Kampfpanzers Leopard. Verteidigungsminister Dobrovský ließ es sich nicht nehmen, selbst auf der Teststrecke von Klaus Maffei einen Kampfpanzer Leopard mit relativ hoher Geschwindigkeit zu fahren und war natürlich entsprechend begeistert von diesem Gefechtsfahrzeug. Zum Abschluss des Besuches gab der damalige Innenminister Bayerns, Edmund Stoiber, Verteidigungsminister Dobrovský und der Delegation ein offizielles Abendessen, das grundsätzlich in sehr harmonischer Atmosphäre verlief. Als aber Innenminister Stoiber in seiner Tischrede auch die Sudetenfrage und die damit verbundene Problematik ansprach, war deutlich zu spüren, dass dies Minister Dobrovský nicht gefiel, was mir anschließend vom tschechoslowakischen Verteidigungsattaché in Bonn, Oberst Jaroslav Zímá, auch bestätigt wurde. Insgesamt aber verlief der Besuch in Deutschland in einer ausgezeichneten Atmosphäre und hat mir in den folgenden Monaten und Jahren meine Arbeit sehr erleichtert.

Verbindungsaufnahme der Abzugsbeauftragten WGT und ZGT / Besuch von Austerlitz

In besonderer Erinnerung ist mir der Besuch von Generalmajor Hartmut Foertsch, Leiter des Verbindungskommandos und Beauftragter der Bundesregierung für den Abzug der sowjetischen Truppen aus der ehemaligen DDR vom 01. bis 05. Dezember 1990 in Prag. Er kam nach Prag zur Verbindungsaufnahme und zum Erfahrungsaustausch mit Generalmajor Svetozár Nadovič. Generalmajor Nadovič war im Zusammenhang mit dem Abzug der sowjetischen Truppen aus der Tschechoslowakei der Leiter des dortigen Verbindungskommandos zum Hauptquartier der ZGT. Generalmajor Nadovič war ein gesprächsfreudiger Offizier, den ich schon seit langem kannte und der militärgeschichtlich besonders interessiert war. Im Rahmen des Besuchsprogramms fuhr er am Sonntag, dem 02. Dezember, dem 185. Jahrestag der Drei-Kaiser-Schlacht von Austerlitz, mit uns nach Mähren auf das historische Schlachtfeld. Bei schwachem Wind, Nebel und leichtem Regen – das gleiche Wetter wie am eigentlichen Tag der Schlacht – erfuhren wir dort durch Generalmajor Nadovič und die ihn begleitenden tschechoslowakischen Offiziere eine hervorragende Darstellung der Drei-Kaiser-Schlacht.

Ende der sowjetischen Truppenpräsenz in der ČSFR

Mit Volksfesten und einem großen Wohltätigkeitskonzert mit dem Dirigenten und weltbekannten Cellisten Mstislaw Rostropowitsch, das in Anwesenheit von Staatspräsident Havel mit geladenen Gästen, an dem auch ich zusammen mit meiner Frau teilnahm, auf dem Hradčin stattfand, feierte Ende Juni 1991 die ČSFR den Abschluss des endgültigen Abzuges der sowjetischen Truppen von ihrem Territorium. Die ČSFR hatte nach der Revolution im November 1989 die sog. Zentrale Gruppe der Sowjetischen Truppen (ZGT), deren sofortigen und schnellen Abzug sie Anfang 1990 ja fast ultimativ gefordert hatte, unter dem Trauma von 1968 immer als eine potentielle Bedrohung und Gefahr für den neuen demokratischen Staat beurteilt. Am 21.06.1991 verließ der Befehlshaber Generaloberst Eduard Arkadjevič Vorobjov als letzter der ehedem 73.500 Mann starken ZGT das Land. Der Abzug der ZGT war zügig und im Grunde reibungslos innerhalb eines Jahres von statten gegangen. Zurück blieben aber lt. tschechoslowakischen Angaben durch die ZGT verursachte Schäden, vor allem auf ökologischem Gebiet, in Höhe von mindestens 1,2 Milliarden Kronen, nach damaligem Mittelkurskurs fast 67 Millionen DM.

Als potentielle Gefährdung in ihrer linken Flanke sah die ČSFR nun aber die in Deutschland stationierten Kräfte der sog. Westgruppe der sowjetischen Truppen (WGT) an. Besonders deutlich wurde dies während der krisenhaften Entwicklung im Zusammenhang mit dem schließlich fehlgeschlagenen Militärputsch in der Sowjetunion im August 1991. Da auch die ČSFR an einem schnellen Abzug der WGT interessiert war, favorisierte sie in Verhandlungen mit der Sowjetunion einen Transit von starken Teilen der WGT durch die ČSFR, allerdings unter strengen Auflagen und Sicherheitsvorkehrungen. Die mögliche Einnahme von mindestens 600 Millionen DM an Transportkosten dürfte aber mit dazu beigetragen haben, die Furcht vor möglichen Zwischenfällen während des Transits zu dämpfen.

Am 31.03.1991 löste sich die militärische Struktur des Warschauer Paktes (WP) auf, dessen Mitglied die ČSFR seit der Gründung im Jahr 1955 gewesen war. Mit der Unterzeichnung eines Schlussprotokolls am 02.07.1991 in Budapest durch die Mitglieder zerbrach auch die politische Organisation des östlichen Bündnisses.

Da aber die ČSFR bereits im Frühherbst 1990 begonnen hatte, alle militärischen Bindungen zum WP abzubrechen und vor allem ihre Streitkräfte schon der operativen Kontrolle des WP-Oberkommandos entzogen hatte, war die Besiegelung des militärischen und schließlich auch des politischen Endes des WP für die ČSFR nur noch ein rein formal juristischer Akt.

Sicherheits- und Militärpolitik der ČSFR 1991-1993

Diese Politik war ausgerichtet auf:

- aktive Beteiligung am KSZE-Prozess
- Integration in den Rahmen der europäischen Gemeinschaft, zunächst durch eine angestrebte Assoziierung
- Neue bilaterale Verträge über gute Nachbarschaft und freundschaftliche Zusammenarbeit (bisher mit Frankreich, Italien, Ungarn, Polen, der Sowjetunion und Deutschland (Paraphierung am 07.10.1991)
- bilaterale Abkommen und Vereinbarungen über militärpolitische Beziehungen und militärische Zusammenarbeit mit Polen und Ungarn, vor allem aber mit den NATO-Staaten Deutschland, USA und – in Anfängen und zunächst nur langsam aufwachsend – mit Frankreich, Italien und Großbritannien. Auch mit den Niederlanden und Belgien zeichnet sich eine entsprechende Entwicklung ab
- enge Anlehnung an die NATO und Ausbau institutionalisierter Kooperationsformen (z. B. Nordatlantischer Koordinationsrat). Die Tatsache, dass nach Lage der Dinge eine Vollmitgliedschaft in der Allianz sofort nicht durchsetzbar war, wurde in Prag akzeptiert und pragmatisch zu der Forderung nach Sicherheitsgarantien für die neu entstanden Demokratien in Mittel-Osteuropa umformuliert.

Dabei behielt die tschechoslowakische Politik ihr grundsätzliches Ziel einer gleichberechtigten Teilhabe an der Sicherheits- und Verteidigungsgemeinschaft der (west)europäischen Demokratien – ob im Rahmen der NATO oder anderer zukünftiger Strukturen – durchaus im Visier.

Die mit Österreich noch unter dem kommunistischen Regime im April 1989 vereinbarten militärpolitischen Beziehungen und militärischen Kontakte waren wenig intensiv, wurden aber durch kurze Arbeitstreffen zwischen ČSFR-Verteidigungsminister Dobrovsky und seinem österreichischen Kollegen am 27.11.1991 in Allensteig/Niederösterreich, bzw. dem Generalsstabschef der ČSA, Generalleutnant Pezl, sowie dem österreichischen Generaltruppeninspektor, General Maizen, am 06.12.1991 in Bratislava/Slowakei neu belebt. Im Vergleich mit den übrigen NATO-Staaten waren die militärpolitischen Beziehungen und militärischen Kontakte bzw. die militärische Zusammenarbeit zwischen Deutschland und der ČSFR zunächst schneller, konkreter und in jeder Hinsicht positiv aufgewachsen. Deutlich zeichnete sich aber bald eine stärkere und konkretere Hinwendung auf diesen Gebieten zu den USA ab.

Die ČSFR maß zwar den bilateralen militärpolitischen Beziehungen und der bilateralen militärischen Zusammenarbeit mit allen Nachbarn Bedeutung bei. Mit Ungarn und Polen waren die am 21.01.1991 (Ungarn) bzw. 27.02.1991 (Polen) abgeschlossenen Abkommen aufgrund der wehrgeographischen Lage der drei Staaten sogar von besonderer Qualität. Die CSFR lehnte aber eine militärische Allianz mit den beiden Staaten u. a. aus folgenden Gründen ab:

- eine militärische Allianz zwischen Polen, ČSFR und Ungarn wäre ein Cordon sanitaire gleichermaßen gegen Deutschland und die Staaten ostwärts ihrer Grenzen, ohne jedoch effektiv die Sicherheit dieser drei Länder zu garantieren
- die ČSFR wollte an dem erklärten Ziel festhalten, auf weitere Sicht über die bilateralen Beziehungen mit den NATO-Staaten hinaus voll in die Verteidigungsgemeinschaft der westlichen Staaten integriert zu werden und sah deshalb eine solche Allianz der drei ehemaligen Mitgliedstaaten auf dem Wege dahin eher als hinderlich an
- es wurde eine zu dominierende Rolle Polens befürchtet.

Den Bemühungen um eine verstärkte Ausformung einer europäischen Verteidigungsidentität, deutlich sichtbar geworden durch die Kohl-Mitterand-Initiative vom 14.10.1991, maß die ČSFR große Bedeutung bei. In diesem Zusammenhang musste auch das Angebot der ČSFR gesehen werden, der Westeuropäischen Union (WEU) Truppen für einen möglichen Einsatz im ehemaligen Jugoslawien zur Verfügung zu stellen.

Die ČSFR zeigte überhaupt verstärkt ihre Bereitschaft zur Übernahme internationaler Verantwortung, um z. B. durch militärische Präsenz in Konfliktgebieten ihre Solidarität mit der freien Welt unter Beweis zu stellen. Besonders deutlich sichtbar wurde dies durch Entsendung einer ABC-Abwehreinheit während des Golf-Krieges zur Unterstützung Saudi Arabiens und der mit ihm verbündeten alliierten Expeditionsstreitkräfte.

Die sicherheitspolitischen Interessen der ČSFR wurden durch Parlament, Regierung und die führenden Generäle der Tschechoslowakischen Armee immer wieder deutlich artikuliert. Eine klare und eindeutige offizielle Risikobewertung fehlte aber bisher. Vom Verteidigungsminister und vom Generalstabschef wusste ich nur aus persönlichen Gesprächen, dass beide das aus dem Zerfall der Sowjetunion entstandene Konfliktpotential und die damit zusammenhängenden Risiken derzeit als die größte äußere Gefahr für die ČSFR ansahen.

Ein militärisch starker und nationalistisch orientierter selbständiger Staat Ukraine wurde in diesem Zusammenhang sogar als Bedrohung empfunden. Nicht unterschätzt wurde dabei auch die Gefahr, dass bei einem Bruch der staatlichen Einheit der ČSFR aufgrund des sich weiter steigernden Nationalitätenstreits die Slowakei auf weite Sicht vor allem in den Bannkreis der Ukraine kommen könnte.

Bei einer Soll-Friedensstärke (F-Stärke) von 198.000 Soldaten betrug die Ist-Stärke der Streitkräfte mit Stand 01.01.91 ca. 160.000 Soldaten. Mit Stand 31.10.1991 lag gemäß Aussagen des Chefs des Generalstabes die Ist-Stärke sogar nur noch bei ca. 149.000 Mann.

Im Zusammenhang mit der Reorganisation der Streitkräfte sollte die Ist-F-Stärke bis 1995 nur noch ca. 85.000 Soldaten betragen. Dabei wurde aber immer häufiger betont, diese angestrebte Reduzierung könne nur verwirklicht werden, wenn die sicherheitspolitische Lage und Entwicklung in der Region dies zulasse.

Die Reduzierung der Ist-Stärke von ca. 160.000 auf ca. 149.000 Soldaten stand aber im ursächlichen Zusammenhang mit der Wehrdienstverweigerung einer großen Anzahl von bereits dienenden Wehrpflichtigen, die ein sehr liberales Zivildienstgesetz extensiv ausnutzten. Laut offiziellen Angaben betrug die Gesamtzahl der Wehrdienstverweigerer, die bereits ihren Dienst bei den Streitkräften angetreten hatten, zwischen dem 15.03.1990 (Verabschiedung des Zivildienstgesetzes durch die Föderalversammlung) und dem 31.10.1991 ca. 43.000. Eine seit Frühjahr 1991 von Verteidigungsminister Dobrovsky angestrebte Novellierung dieses Gesetzes, um eine Wehrdienstverweigerung nach Dienstantritt zu erschweren, scheiterte bis Ende 1991 schon alleine in den Wehr- und Sicherheitsausschüssen der Volks- bzw. Nationalitätenkammer der Föderalversammlung.

Im März 1991 verabschiedete die Föderalversammlung der ČSFR die bereits im Januar desselben Jahres als Entwurf vorgestellte eigene rein defensiv orientierte Militärdoktrin. Diese Militärdoktrin ging davon aus, dass die ČSFR z. Zt. von niemandem direkt bedroht werde, aber in der Lage sein müsste, sich unter Ausnutzung der Mobilmachungsreserven landesweit hinlänglich zu verteidigen. Aus dieser Militärdoktrin resultierte die bereits Anfang 1991 begonnene Reorganisation und Redislozierung der Streitkräfte. Die erste Phase der Reorganisation war mit Ende des Ausbildungsjahres 1990/91 am 31.10.1991 abgeschlossen worden. Zu diesem Zeitpunkt waren die Stäbe der 1. und 4. Armee aufgelöst worden, da die Armee-Ebene in der neuen Struktur entfiel. Betroffen von der Reorganisation waren bis dahin insgesamt 194 Verbände und selbstständige Einheiten. U.a. wurden die bisher aktive 4. MotSchtzDiv in Havlickuv Brod / Ostböhmen und 19. MotSchDiv in Pilsen / Westböhmen in Mobilmachungsdivisionen umgewandelt. Dagegen wurden die bisher lediglich als Ausbildungs-Divisionen fungierende 13. PzDiv in Topolcany / Slowakei und 14. MechDiv in Presov / Slowakei zu einsatzbereiten Kampfdivisionen reorganisiert mit einer Durchschnitt-Ist-Stärke von 70 %. Kampf- und Kampfunterstützungstruppen dieser Divisionen sollten zu 100 % aufgefüllt werden. Ferner wurde in der Slowakei, bisher identisch mit dem Militärbezirk Ost (ab 01.01.1992 Befehls- und Kommandobereich des neuen Militärkommandos Ost), etwa im August mit der Aufstellung von gekaderten Verbänden der territorialen Verteidigung begonnen und zwar zunächst:

- 2 Infanteriebrigaden
- 4 Infanterieregimente
- 1 Gebirgsjägerregiment.

Diese Verbände der territorialen Verteidigung sollten nur mit leichten Infanteriewaffen ausgerüstet werden. Ihr Einsatz war geplant für:

- Wach- und Sicherungsaufgaben
- Grenzschutz/Verstärkung der Grenzpolizei
- Kampf gegen luftgelandeten Feind und feindliche Banden.

Die drei neuen Militärkommandos (West) in Tabor / Südböhmen ab 01.01.1991, Mitte in Olomouc / Mähren ab 01.02.1991 und Ost in Trencin / Slowakei ab 01.01.1991) entsprachen in etwa den damaligen Korps-/ Territorialkommandos der Bundeswehr. Ihnen wurden alle Verbände des Feld- und Territorialheeres unterstellt.

Nach Abschluss der Reorganisation 1993 sollte die ČSA bestehen aus:

- 4 aktiven, fast vollständig aufgefüllten Divisionen mit einer Durchschnitts-Ist-Stärke im Frieden von 70 %
- 3 teilgekaderten Divisionen mit einer Durchschnitts-Ist-Stärke im Frieden von ca. 30 %
- 8 Mobilmachungs-Divisionen.

Im Generalstab wurden auch Überlegungen angestellt, ob ab 1994 die Regiments- und Divisionsgliederung/-ebene aufgegeben und zur reinen Brigadegliederung übergegangen werden sollte mit direkter Unterstellung der Brigaden unter die jeweiligen Militärkommandos.

Parallel zur Reorganisation der Streitkräfte verlief seit Anfang Oktober 1991 ihre Redislozierung. Bis dahin war die Masse der Kräfte als 1. Staffel des Warschauer Paktes in West- und Südwestböhmen stationiert, mit eindeutiger Stoßrichtung gegen die alten Länder der Bundesrepublik Deutschland. Im Rahmen der Redislozierung sollten zwar die Kräfte gemäß der neuen Militärdoktrin so über das Staatsgebiet verteilt werden, dass einer Bedrohung von jeder Seite begegnet werden kann, aber der Kräfteschwerpunkt war jedoch eindeutig in der Slowakei zu erkennen.

Kampfkraft der tschechoslowakischen Streitkräfte

Die Kampfkraft war 1991 relativ niedrig. Die Gründe dafür lagen nicht alleine in der noch andauernden Reorganisation und Redislozierung sondern waren vielfältiger Art.

Aufgrund der personellen Veränderungen seit der politischen Wende im November 1989 bestand ein großes Fehl an Offizieren. Die verbliebenen Offiziere steckten zudem in ihrem taktischen und operativen Denken noch tief in den starren Befehlskategorien des Warschauer Pakts, sprich der Sowjetunion, und waren noch nicht fähig, verantwortungsfreudig und flexibel im Sinne unseres Auftragsdenkens zu handeln.

Außerdem fehlte in den Streitkräften der solide Unterbau in Form eines Unteroffizierskorps. Der gründliche Ausbilder und energische Führer der kleinen Kampfgemeinschaft, auch erfahren und geschickt in der Menschenführung, war noch nicht vorhanden. Die Notwendigkeit des Aufbaus eines solchen Unteroffizierskorps – die Bundeswehr galt hier als Vorbild – war zwar inzwischen erkannt worden, die Realisierung steckte aber noch in den ersten Ansätzen.

Negativ bemerkbar machte sich auch eine sehr geringe Dienstmotivation vieler Offiziere, deren bisheriges politisches Weltbild zerbrochen war und die noch kein neues Selbstverständnis gefunden hatten. Wenig hilfreich war dabei die ebenfalls sehr niedrige Wehrmotivation der Bevölkerung, die in der Armee immer noch eher ein Machtinstrument sah als ein Mittel zur Selbstbehauptung eines demokratischen Staates. Die oben aufgeführten Gründe hatten insgesamt negative Auswirkungen auf Ausbildung und Einsatzwert. Hinzu kamen weitere Gründe, deren Ursache in den zu geringen Haushaltsmitteln lag. Der Wehrhaushalt hatte 1991 einen Gesamtumfang von nur

26,5 Mrd. Kronen, nach damaligem Wechselkurs ca. 1,5 Milliarden DM. Nach derzeitigem Sachstand sollte der Wehrhaushalt zwar in den folgenden Jahren über den Umfang von 1991 hinausgehen. Da die Inflationsrate Ende Oktober 1991 in der ČSFR aber bei ca. 40 % lag, war vorherzusehen, welch große finanziellen Probleme bereits 1992 auf die Streitkräfte zukommen würden.

Die Kampfkraft der Luftstreitkräfte z. B. war trotz – noch – moderner Ausrüstung z.B. durch die nur geringe Anzahl der Flugstunden, Einsatzpiloten nur ca. 60 pro Jahr, und aufgrund fehlender Haushaltsmittel für genügend Flugbenzin stark beeinträchtigt.

Das Wehrmaterial der Streitkräfte war in der Art und Qualität noch vollständig WP-Standard. Eine Modernisierung und auf weitere Sicht notwendige schrittweise Erneuerung, zu der die bisher leistungsfähige tschechoslowakische Rüstungsindustrie durchaus fähig war, würde aber ohne ausländische Finanzhilfe nicht möglich sein.

Besonders schwerwiegend und negativ war aber die Tatsache, dass die ČSFR und damit auch die Streitkräfte noch zu fast 90 % auf die Versorgung mit Erdölprodukten aus der ehemaligen Sowjetunion, vor allem aus der Ukraine, angewiesen waren. Bemühungen der ČSFR-Regierung in jüngster Zeit bei der NATO und im BMVg um vorsorglichen Anschluss bereits jetzt an das zentraleuropäische Pipelinesystem der NATO bzw. an das Betriebsstoffversorgungsnetz der Bundeswehr verdeutlichten das Problem.

Auch das immer noch nicht wieder gefestigte Innere Gefüge wirkte sich negativ auf den Einsatzwert der Streitkräfte aus. Seit Dezember 1990 bis Oktober 1991 wurden im Rahmen des demokratischen Umbaus und Neubeginns weitere zahlreiche Offiziere entlassen, darunter weitere 88 Generäle und eine nicht näher bekannte Anzahl von Stabsoffizieren, die in ihrem Denken offensichtlich dem alten Regime noch zu sehr verhaftet waren. Gleichzeitig wurden ca. 1.000 zwischen 1968 und 1971 aus der Armee ausgestoßene Offiziere rehabilitiert und unter Beförderung zu teilweise hohen Dienstgraden wieder eingestellt. Sie wurden auf Dienstposten versetzt, für die es ihnen in den meisten Fällen an Fachwissen und Erfahrung fehlte und welche für sie zuvor durch Offiziere des alten Regimes geräumt werden mussten. Die Folge waren starke Spannungen zwischen den führenden Offizieren der alten Struktur, die im Dienst verblieben waren, und den Rehabilitierten.

Zu den rehabilitierten Offizieren gehörte auch der zunächst als Oberst wieder eingestellte und in der Zwischenzeit zweimal beförderte 64-jährige Generalleutnant Karel Pezl, (Bild 26), der im April 1991 Generalleutnant Slímák als Chef des Generalstabes ablöste. Er war aber abhängig von Generälen und Obersten aus der Zeit des alten Regimes, die noch viele Schlüsselstellungen im Verteidigungsministerium, im Generalstab und in der Truppe besetzten. Wiederholt erklärte Verteidigungsminister Dobrovsky im Parlament, diese Offiziere des alten Regimes würden zunächst noch als Fachleute weiterhin benötigt.

Bekannt gewordene Kritik und Widerspruch durch führende Offiziere aus der Zeit des alten Regimes an Maßnahmen der politischen Führung für den demokratischen Umbau der Armee und die Humanisierung des Wehrdienstes ließen darauf schließen, dass das neue Konzept durch Teile des Offizierskorps bisher noch nicht voll angenommen und umgesetzt worden war, und der Primat der Politik noch nicht von allen Offizieren voll akzeptiert wurde. Daraus resultierend wuchsen bei mir Zweifel, ob Verteidigungsminister und Generalstabschef die Armee voll unter Kontrolle hatten. Dies hätte im Falle einer akuten Staatskrise, z. B. Bruch der Föderation aufgrund noch unwägbarer Entwicklungen in dem sich verschärfenden Nationalitätenstreit, negative sicherheitspolitische Konsequenzen über die Tschechoslowakei hinaus haben können.

Führende rehabilitierte und wieder einberufene Offiziere vertraten die Auffassung, falls nicht der Mut aufgebracht werden würde, unter Inkaufnahme einer eingeschränkten Führungsfähigkeit auf zwei bis vier Jahre, bald mit einem großen Wurf die überwiegende Mehrzahl der Offiziere aus der Zeit des alten Regimes, die noch in Spitzen- und Schlüsselstellen saßen, aus den Streitkräften zu entfernen, würde es mindestens zehn bis zwölf Jahre dauern, ehe die Tschechoslowakische Armee zu einer demokratisch aufgebauten Armee würde.

Am 4. Oktober 1991 verabschiedete die Föderalversammlung der ČSFR wohl auch deshalb das sog. Lustrationsgesetz. Aufgrund dieses Gesetzes mussten sich bestimmte Staatbedienstete auf eine

Verbindung zum früheren Staatsicherheitsdienst überprüfen lassen und ggf. mit einem fünfjährigen Berufsverbot rechnen. Durch dieses Gesetz waren ca. 5.600 Offiziere ab Oberst aufwärts und alle Militärattachés gleich welchen Dienstgrades betroffen. Das Lustrationsgesetz sorgte im Offizierskorps für große Verunsicherung, obwohl der Verteidigungsminister aus Gründen der Einsatzbereitschaft zunächst ggf. betroffene Offiziere im Dienst behalten durfte. Laut Pressemitteilungen war Verteidigungsminister Dobrovsky der Auffassung, dass nur ca. 1 % der betroffenen Offiziere die ČSA verlassen müssten.

Affäre „Godewind"

Der Büroleiter des Militärattachéstabes, Hauptfeldwebel Horst Schusser, überflog jeden Morgen die wichtigsten tschechoslowakischen Tageszeitungen und markierte Meldungen und Berichte, die möglicherweise für meinen Auftrag wichtig sein konnten. Am Freitagmorgen, 03. Januar 1992, machte er mich auf eine kleine, aber brisante Meldung in der Zeitung „Mlada Fronta" aufmerksam, wonach das deutsche Handelsschiff „Godewind" vom polnischen Hafen Stettin aus 16 Kampfpanzer T-72 aus tschechoslowakischen Beständen nach Syrien transportieren werde. Um sicher zu gehen, nahm ich unverzüglich Verbindung mit einem stets gut informierten Landeseinwohner auf, der mir bereits kurze Zeit danach den Wahrheitsgehalt der Zeitungsmeldung bestätigte. Da Botschafter Huber an diesem Tag nicht im Dienst war, legte ich meinen fernschriftlichen Bericht an das BMVg, nachrichtlich Auswärtiges Amt, vor Abgang, wie in meiner Dienstanweisung vorgeschrieben, seinem Ständigen Vertreter, Botschaftsrat I. Kl. Dr. Armin Hiller, zur Kenntnisnahme und Gegenzeichnung vor. Auf seine entsprechende Frage bejahte ich, dass mir durchaus bewusst sei, dass der Sachverhalt im Zusammenhang mit dem deutschen Kriegswaffenkontrollgesetz ggf. für die Reederei der „Godewind" negative Konsequenzen haben könne, aber auch möglicherweise nicht vorhersehbare Auswirkungen auf die deutsch-tschechoslowakischen Beziehungen.

Vier Wochen später, am Montag, dem 03. Februar 1992 brachte „Der Spiegel" in seiner neuesten Ausgabe, 6 / 1992, unter der Überschrift „26 Tage geschlafen. Das Kanzleramt ignorierte Hinweise auf einen illegalen Waffen-Transport – und ließ im Mittelmeer ein Schiff kapern" einen längeren Artikel, in dem ich als der eigentliche Urheber der Aktion namentlich genannt wurde, der rechtzeitig auf den Waffentransport aufmerksam gemacht habe. Aufgrund meiner Berichterstattung war schließlich nach offensichtlich wohl eher zögerlicher Abstimmung zwischen verschiedenen Ressorts der Bundesregierung die Deutsche Marine gegen die „Godewind" zum Einsatz gekommen. Nachdem ein Hubschrauber vom Typ „Sea Lynx" die „Godewind" Ende Januar im Mittelmeer zwischen Sizilien und Malta fand, stoppte der Zerstörer „Mölders" den Frachter und zwang ihn zur Umkehr. Die Fregatte „Bremen" begleitete das Schiff auf seiner Rückfahrt nach Stettin noch bis zum spanischen Hafen Cartagena. In Stettin wurden die Kampfpanzer T-72 dann Ende Februar 1992 auf das polnische Handelsschiff „Samarcja" umgeladen und erneut auf die Reise nach Syrien geschickt.

Die Fregatte „Bremen" war mir nicht unbekannt. Im Sommer 1986 hatte ich während meiner Zeit als Stellvertretender Kommandeur der Panzergrenadierbrigade 32 Schwanewede bei Bremen zusammen mit anderen geladenen Gästen auf diesem Schiff einen Tag auf der Fahrt zwischen Wilhelmshaven und Bremen verbracht.

Die „Godewind-Affäre" sorgte im Februar 1992 zeitweise auch in Prag für einige Aufregung, da man im tschechoslowakischen Außenministerium anfangs nur schwer einsehen wollte, dass nicht die tschechoslowakischen Kampfpanzer, sondern die Durchsetzung deutschen Strafrechts gegen eigene Staatsbürger im Zusammenhang mit dem Kriegswaffenkontrollgesetz im Mittelpunkt der gegen das Schiff, den Kapitän und die Reederei ergriffenen Maßnahmen standen. In Unkenntnis über die tatsächlichen Hintergründe und den zeitlichen Ablauf richtete sich die tschechoslowakische Kritik zunächst auch gegen den Zeitpunkt der deutschen Godewind-Aktion, während der – aber rein zufällig – die KSZE-Außenministerkonferenz am 30./31. Januar in Prag stattfand. Nach entsprechenden Klarstellungen der Bundesregierung klangen diese Irritationen dann aber schnell wieder ab.

Bundespräsident Richard von Weizsäckers Kümmern um gute Nachbarschaft

Dreimal erlebte ich während meiner Prager Zeit Bundespräsident Richard von Weizsäcker in der Tschechoslowakei. Sein erster Besuch auf Einladung von Staatspräsident Havel währte nur wenige Stunden. Beide Präsidenten setzten an einem historisch denkwürdigen Tag, am 15. März 1990, einundfünfzig Jahre nach der Zerschlagung der Tschechoslowakei durch das Deutsche Reich, mit ihren eindrucksvollen Reden im Vladislav-Saal auf dem Hradčin nicht nur ein deutliches Zeichen gegen das Vergessen, sondern vor allem auch für einen notwendigen Neubeginn der Beziehungen zwischen Nachbarn, die sich gegenseitig viel Leid angetan hatten.

Bei seinem offiziellen Staatsbesuch in der ČSFR vom 07.–11. Oktober 1991 durfte ich den Bundespräsidenten u.a. nach Theresienstadt begleiten, wo er einen Kranz am Denkmal für die während der NS-Zeit im dortigen KZ ermordeten Menschen niederlegte (Bild 27). Während dieses Staatsbesuches paraphierten die Außenminister beider Staaten, Genscher und Dienstbier, den deutsch-tschechoslowakischen Nachbarschaftsvertrag.

Nach der Teilung der Tschechoslowakei in Tschechische und Slowakische Republik mit Wirkung vom 01. Januar 1993 war ich Zeitzeuge als Bundespräsident von Weizsäcker am 05. Februar 1993 zusammen mit den Staatspräsidenten der übrigen Nachbarstaaten Tschechiens im Krönungssaal der Prager Burg an der Vereidigung von Vaclav Havel nunmehr als Staatspräsident der Tschechischen Republik teilnahm.

Unterzeichnung des deutsch-tschechoslowakischen Nachbarschaftsvertrages durch Bundeskanzler Kohl

Am 27./28. Februar 1992 kam Bundeskanzler Helmut Kohl zur Unterzeichnung des deutsch-tschechoslowakischen Vertrages über gute Beziehungen und freundschaftliche Zusammenarbeit nach Prag.

Als er am Morgen des 27. Februar mit einer Maschine unserer Luftwaffe in Prag landete, herrschte kaltes Winterwetter mit einer leichten Schneedecke und glatten Straßen. In der protokollarischen

Rangfolge gem. Diplomatenverzeichnis warteten die Angehörigen des höheren Dienstes unserer Botschaft in einer Linie aufgestellt, um den Kanzler zu begrüßen. Als er das Flugzeug verließ, stieß er sich ob seiner körperlichen Länge offensichtlich heftig am oberen Rand des Türrahmens. Für nur einen ganz kurzen Moment schüttelte er sich, ließ sich aber nichts anmerken und schritt weiter die Treppe des Flugzeuges herunter, um dann kurz zu verhalten, weil ihm von rückwärts etwas zugeflüstert wurde. Bundeskanzler Kohl antworte aber laut *„Wenn der Oberst da unten keinen Mantel trägt, dann brauche ich auch keinen"*. Beim Abschreiten der Ehrenformation der Tschechoslowakischen Armee wäre Bundeskanzler Kohl fast ausgeglitten, da offensichtlich zu wenig Sand gestreut worden war.

Die Unterzeichnung des deutsch-tschechoslowakischen Nachbarschaftsvertrages fand in einem Saal auf dem Hradčin statt, wo für die zahlreichen Ehrengäste extra ein leicht erhöhtes Holzpodest errichtet worden war. Auch ich stellte mich dort in der ersten Reihe auf, als kurz vor der Vertragsunterzeichnung ein mir unbekannter Beamter des Auswärtiges Amtes zu mir kam und mich bat, doch in den Hintergrund zu treten, da eine deutsche Uniform so sichtbar möglicherweise beim Gastgeber zu Irritationen führen könnte. Offensichtlich hatte der Betreffende bzw. sein Auftraggeber noch nichts von den inzwischen hervorragenden deutsch-tschechoslowakischen militärpolitischen Beziehungen und militärischen Kontakten gehört und legte deshalb auch eben mehr Wert auf die Optik als auf die realen sicherheits- und militärpolitischen Entwicklungen. Ich lehnte das Ansinnen mit einem energischen Nein ab und blieb auf meinem Platz.

Am Nachmittag des ersten Besuchstages legte Bundeskanzler Kohl auf dem Wenzelsplatz ein Blumengebinde an der Stelle nieder, wo sich 1968 Jan Pallach aus Protest gegen die Niederschlagung des tschechoslowakischen Volksaufstandes durch sowjetische Truppen verbrannt hatte. Der obere Teil des Wenzelsplatzes war abgesperrt und von zahlreichen Bürgern Prags und auch deutschen Touristen gesäumt. Für einige Minuten stand ich alleine auf diesem Platzteil und meldete dann dem Bundeskanzler bei seiner Ankunft. Nach meiner Meldung antwortete er mit einem lauten für alle hörbaren *„Guten Tag, Herr Oberst"* und schüttelte mir kräftig die Hand (Bild 28).

Armee und Nationalitätenstreit

Das Verhältnis der Tschechen und Slowaken in der Tschechoslowakischen Armee entsprach dem der Gesamtbevölkerung von etwa zwei zu eins. Im höheren Offizierskorps waren die Slowaken überrepräsentiert. Abgesehen von der Bildung einer Vereinigung slowakischer Soldaten, die zusammen mit nationalistischen und separatistisch orientierten Parteien und Gruppierungen nicht nur eine eigene slowakische Nationalgarde, sondern auch einen souveränen und selbständigen slowakischen Staat forderte, war die Armee bis 1991 aus dem Nationalitätenstreit zwischen Tschechen und Slowaken herausgehalten worden. Offiziell gab es angeblich auch weiterhin im Offizierskorps keinen Dissens darüber, dass der gemeinsame Staat mit nur einer Armee erhalten bleiben sollte. Seit dem Frühherbst 1991 etwa verdichten sich aber Hinweise, dass es inzwischen intern nicht nur im Verteidigungsministerium und im Generalstab, sondern auch in der Truppe immer häufiger zu teilweise heftigen Diskussionen zwischen Tschechen und Slowaken über den Nationalitätenstreit und die möglichen Auswirkungen auf den Fortbestand der gemeinsamen Armee gekommen war. Oft sollten dabei in Prag und im übrigen Militärbezirk West Offiziere tschechischer Nationalität die radikaleren Wortführer gewesen sein und für eine Trennung der beiden Teilrepubliken eingetreten sein. Aus dem Militärbezirk Ost drangen Gerüchte, die besagten, dass die zahlreichen, großen Waffendiebstähle bei dort stationierten Verbänden im Zusammenhang mit einer Radikalisierung nationalistischer und separatistisch orientierter Gruppen stehen sollten und nicht ohne Unterstützung interessierter Offiziere hätten durchgeführt werden können.

Obwohl offiziell zwar verneint, gab es aber nach persönlichen Angaben von mehreren Offizieren bereits seit Mitte 1991 im Generalstab eine Projektgruppe, die die praktischen Auswirkungen hinsichtlich Teilung von Personal und Material der Armee untersuchte, falls es zu einem Bruch der tschechoslowakischen Föderation kommen würde.

Teilung der Tschechoslowakei

Am 31.Dezember 1992 ging die Tschechoslowakei als einheitlicher Staat unter. An ihre Stelle traten zwei souveräne Staaten: die Tschechische Republik und die Slowakische Republik. Damit verschwand fast 75 Jahre nach seiner Gründung ein Staat von der Landkarte, der für die europäische und deutsche Geschichte dieses Jahrhunderts eine wichtige, zeitweise sogar eine schicksalhafte Rolle gespielt hatte. Der Staat Tschechoslowakei wurde 1918 nach dem 1. Weltkrieg im Zuge des Verfalls der K.u.K.-Monarchie gegründet (s. auch Vertrag von Trianon vom 04.06.1920). Im Rahmen der K.u.K.-Monarchie war vorher die Slowakei unter dem Namen Oberungarn Teil des Königreiches Ungarn, der tschechische Landesteil (Böhmen, Mähren und ein Teil Schlesiens) das Königreich Böhmen. Ihre Entstehung verdankte die Tschechoslowakei politischen Entscheidungen der Siegermächte des I. Weltkrieges, die Europa nach ihren Vorstellungen neu ordnen wollten. Sie konstituierten die Republik als einen Vielvölkerstaat, in dem die – sich als Staatsvolk verstehenden – Tschechen neben Deutschen, Slowaken, Polen, Ungarn und Russen aber keine Mehrheit hatten. Das „ panslawistische " Band zwischen Tschechen und Slowaken erwies sich von Anfang an als brüchig und diente in der Ersten Republik vor allem als Gegengewicht zur deutschen Minderheit, die bis 1945 mehr als ein Drittel der Bevölkerung in den böhmischen Ländern stellte. Nach der Vertreibung der ca. 3 Millionen Deutschen 1945 mussten sich Tschechen und Slowaken in einem kommunistischen Staat arrangieren, der sie einem zentralistischen Diktat unterwarf, an dem die 1969 eingeführte scheinförderalistische Verfassung nichts änderte. Seit der Staatsgründung 1918 rangen die Slowaken um nationale Eigenständigkeit und Gleichberechtigung gegenüber dem sog. Pragozentrismus. Unter dem kommunistischen Regime galt offiziell, dass das Nationalitätenproblem durch den proletarischen Internationalismus für immer beseitigt worden war. Das Verhältnis der beiden künstlich zusammengeführten Nationalitäten war aber immer durch eine unterschiedliche Kultur, Mentalität und Geschichte geprägt, ohne dass es aber – sieht man von den Besonderheiten des Tiso-Staates 1939-45 einmal ab – durch Irredentismus und offenen Separatismus oder gar durch Hass und Feindschaft gekennzeichnet gewesen wäre. Tschechen und Slowaken lebten seit 1918 erst in der Tschechoslowakischen Republik (ČSR), dann in der Tschechischen und Slowakischen Sozialistischen Republik (ČSSR) und später in dem Anfang 1990 in Tschechische und Slowakische Föderative Republik (ČSFR) umbenannten Staat mit spürbarer Distanz, im übrigen aber in friedlicher Normalität zusammen. Es gab keine tschechoslowakische Identität, wohl aber ein Gefühl tatsächlicher Zusammengehörigkeit.

Das Ende der Tschechoslowakei wurde ebenso wenig wie ihre Anfänge von einer die Trennung einfordernden Volksbewegung bewirkt, sondern - fast könnte man von einer Parallele sprechen – wiederum von Politikern betrieben und durchgesetzt. Die Bevölkerung wurde im Grunde weder gehört noch befragt – ein Demokratiedefizit und eine politische Hypothek, deren Aufarbeitung in beiden Republiken m.E. bis heute noch nicht vollständig gelungen ist. Gravierende Trennungsfolgen trafen – wenn auch in unterschiedlichem Maße – beide ČSSR-Nachfolgestaaten. Zu diesen objektivierbaren Belastungen, die sich durch das Auseinanderdividieren der Volkswirtschaften, aus Veränderungen der binnen- und außenwirtschaftlichen Handels- und Warenströme, des Kapitalverkehrs, des Arbeitsmarktes und der Sozialsysteme und vor allem auch der Streitkräfte ergaben, traten psychologische Belastungen. Es gab in der untergegangenen Tschechoslowakei nicht nur Tschechen und Slowaken, sondern nach 75 Jahren Zusammenleben in einem gemeinsamen Staat viele „föderale Tschechoslowaken", welche die Trennung immer noch mit tiefer Verunsicherung erleben. Die etwa 220 km lange tschechoslowakische Grenze trennt nicht nur zwei Staatsgebiete. Sie verläuft bis heute mitten durch Familien, trennte Städte, Regionen, Betriebe und Industrien, die einen gewachsenen Bezug zueinander hatten. Die Tatsache, dass die Auflösung der ČSFR „politisch" bewirkt und nicht „demokratisch" legitimiert wurde, macht es für nicht unerhebliche Bevölkerungsteile der älteren Generation besonders schwierig, eine neue und ungeteilte tschechische oder slowakische Loyalität aufzubauen.

So wie die Auflösung der ČSFR als Staat im Verhältnis 2:1 ist auch die Teilung der Armee auf der gleichen rechnerischen Planungsgrundlage friedlich und in geordneten Bahnen verlaufen. Tschechische und Slowakische Armee befanden sich aufgrund der Teilung des Staates erneut im Umbruch und in der Reorganisation. Mit Unterstützung der NATO und ihrer Mitgliedsstaaten, nicht zuletzt Deutschlands und der USA, waren aber die Armeen beider Staaten bis zu meinem Weggang aus Prag im Dezember 1993 auf einem guten Weg auf weite Sicht die Kompatibilität mit den Streitkräften der westlichen Allianz zu erreichen.

Nach der Teilung der ČSFR war ich bis zum 31.09.1993 auch in Bratislava, der Hauptstadt der Slowakei, der Form nach akkreditiert. Vor Ort war aber ab März 1993 tatsächlich und ständig mein bisheriger Stellvertreter, Oberstleutnant i.G. Lothar Schreiber, bis am 01. 10.1993 dort mit dem Aufbau eines eigenen und selbständigen Militärattachéstabes bei unserer Botschaft begonnen wurde.

Entwicklung der militärpolitischen Beziehungen und militärischen Kontakte zwischen Deutschland und der ČSFR / ČR

Bis Ende 1993 wuchsen die gegenseitigen militärpolitischen Beziehungen und militärischen Kontakte zwischen der Tschechischen und Slowakischen Föderativen Republik bzw. der Tschechischen Republik und der Bundesrepublik Deutschland schnell, konkret und grundsätzlich positiv auf. Ich bin sogar der festen Überzeugung, dass die Streitkräfte beider Länder auf dem Weg der Überwindung der bisherigen Konfrontation und bei der daraus resultierenden friedlichen Zusammenarbeit im Rahmen der gesamtpolitischen Beziehungen zwischen unseren Ländern allen anderen Ressorts damals weit voraus waren.

103 tschechoslowakische / tschechische Offiziere hatten zwischen Januar 1990 und Dezember 1993 Lehrgänge bei der Bundeswehr besucht. Zwischen unseren Verteidigungsministerien und den Streitkräften beider Länder fanden in diesem Zeitraum insgesamt 243 weitere gemeinsame Vorhaben statt, angefangen von den gegenseitigen Besuchen und Konsultationen der Verteidigungsminister und Generalstabschefs, den Generalstabsgesprächen, den gegenseitigen Besuchen der Inspekteure / Befehlshaber der Teilstreitkräfte bis zu den Kontakten der Divisionen im grenznahen Raum. In dieser Zahl

sind die Kontakte und Vorhaben nicht enthalten, die zwischen der 1. Gebirgsdivision, der 4. PzGrenadierdivision und der Division / Wehrbereichskommando VII der Bundeswehr und der 20. MechDivision und der 1. PzDivision der tschechoslowakischen / tschechischen Armee auf kurzem Wege bis hinunter auf die Kompanieebene direkt vereinbart wurden.

Zwischen 1991 und 1993 waren alle Inspekteure der Teilstreitkräfte und der Inspekteur des Sanitätswesens der Bundeswehr zu offiziellen Besuchen in der ČSFR. Nicht unerwähnt bleiben sollen aber auch die offiziellen Besuche in der ČSFR des Oberbefehlshabers Alliierte Streitkräfte Mitteleuropa, General Henning von Ondarza (14.-17.09.1992) und des Stellvertretenden Obersten Befehlshabers Alliierte Streitkräfte Europa, General Dieter Clauß (07.-11.10.1992) (Bild 29).

Einen herausragenden Platz in der gegenseitigen Vertrauensbildung und praktischen Zusammenarbeit nahm, neben den bereits erwähnten offiziellen Besuchen in der ČSFR von NATO-Generalsekretär Wörner und Generalinspekteur der Bundeswehr Admiral Wellershoff bereits in 1990, der offizielle Besuch von Bundesverteidigungsminister Dr. Gerd Stoltenberg vom 28. bis 31. Juli 1991 ein. Neben Truppenbesuchen beim 21. Panzerregiment in Zatec, vormals Saas, ca. 70 Kilometer nordwestlich von Prag, und einem Fernmeldeausbildungszentrum am Fuße der Hohen Tatra in Poprad / Slowakei, vormals Deutschendorf, standen die politischen Gespräche mit seinem tschechoslowakischen Amtskollegen, Luboš Dobrovský, im Vordergrund (Bild 30).

Wesentliche Themen dabei waren:

- die sicherheitspolitische Lage in Europa und die weitere Entwicklung, vor allem auch unter Berücksichtigung der damaligen Situation im ehemaligen Jugoslawien
- Stand und weitere Ausformung der militärpolitischen Beziehungen und militärischen Zusammenarbeit zwischen Deutschland und der ČSFR
- Sachstand der Verhandlungen über den geplanten deutsch-tschechoslowakischen Nachbarschaftsvertrag. Dabei machte

Minister Dobrovský eingehend darauf aufmerksam, dass aus seiner Sicht wenig hilfreiche Äußerungen der sudetendeutschen Landsmannschaft Wasser auf die Mühlen antideutscher Propaganda der Kommunistischen Partei der ČSFR seien. – Andererseits wurden von Minister Dobrovský in diesem Zusammenhang mit keinem Wort des Bedauerns die unmenschlichen Ereignisse bei der Vertreibung der Sudetendeutschen aus der Tschechoslowakei erwähnt, wobei die gerade besuchte Garnison Zatec, vormals Saas, eine unrühmliche Rolle gespielt hatte

- die innenpolitische Lage in der ČSFR, über die Minister Dobrovský im Zusammenhang mit dem aufwachsenden Nationalitätenstreit zwischen Tschechen und Slowaken offen informierte. Im Mittelpunkt stand die aktuelle Forderung der Slowaken nach einer eigenen Heimwehr.

Alle Gespräche, ja der gesamte Besuchsablauf, brachten deutlich zum Ausdruck, wie sehr der tschechoslowakischen Seite an „normalen Beziehungen“ mit Deutschland und enger Zusammenarbeit auf militärischem Gebiet als eine der Grundvoraussetzungen für Stabilität in Europa gelegen war. Dies wurde auch deutlich während des Abendessens, das Minister Dobrovský am Montag, 29. Juli 1991, für die deutsche Seite gab und bei der Gegeneinladung durch Botschafter Huber am folgenden Abend.

Besondere Würdigung von deutscher Seite fand schließlich die gute militärpolitische und militärische Zusammenarbeit darin, dass dem damaligen Chef des Generalstabes der Armee der Tschechischen Republik, Armeegeneral Karel Pezl, auf Vorschlag des Generalinspekteurs der Bundeswehr, General Klaus Naumann, durch Bundesverteidigungsminister Volker Rühe das Ehrenkreuz der Bundeswehr in Gold verliehen wurde. Am 22. Juni 1993 wurde es ihm in unserer Botschaft durch Botschafter Dr. Hofstetter feierlich überreicht und ihm durch mich an seinen Uniformrock geheftet. Armeegeneral Pezl war damals der erste Offizier eines ehemaligen Warschauer Pakt-Staates, dem eine solche Ehrung zuteil wurde.

Mein Nachfolger, Oberst i.G. Franz Xaver Lauterer, besuchte übrigens von Januar 1992 bis Juni 1993 auf der Militärakademie der

ČSA in Brünn zunächst einen tschechischen Sprachkurs und dann einen einjährigen Generalstabslehrgang. Eine bei meinem Dienstantritt in Prag im Sommer 1988 noch unvorstellbare Entwicklung.

Prager Gegenwind in den militärpolitischen Beziehungen und militärischen Kontakten

Manchmal fiel allerdings auch ein leichter Schatten über unsere Zusammenarbeit. Zwei hochrangige Angehörige der politischen Leitung bzw. der militärischen Führung des tschechischen Verteidigungsministeriums äußerten sich 1993 bei Stabsgesprächen mit uns bzw. mit dem NATO-HQ mit nicht überhörbaren nationalistischen und wenig deutschfreundlichen Untertönen – offensichtlich aufgrund leidvoller Erfahrung während der Zeit von 1938 bis 1945 – sehr differenziert zu den Beziehungen und Kontakten mit der Bundeswehr. Beide tschechischen Repräsentanten waren keineswegs gegen die Zusammenarbeit und ihren weiteren Ausbau; sie hätten es aber lieber gesehen, wenn alle Beziehungen, Kontakte und deren praktische Auswirkungen über die NATO bzw. unter dem „Dach NATO“ gelaufen wären. Ihre irritierende Äußerungen, z.B. über eine angeblich angestrebte dominierende Rolle des wiedervereinigten Deutschlands in Europa, möglicherweise sogar im Zusammenspiel mit Russland, führten dann aber aufgrund meiner Berichterstattung zu erfreulich klarstellenden Worten durch Bundesverteidigungsminister Rühe während seines offiziellen Besuchs in Prag im Oktober 1993 in einer Besprechung mit dem damaligen tschechischen Ministerpräsidenten Vaclav Klaus, an der neben Botschafter Dr. Hofstetter auch ich teilnahm. Äußerungen dieser beiden Herren, die fortan unterblieben und auch von keiner anderen tschechischen Seite in den deutsch-tschechischen Stabsgesprächen wiederholt oder gar öffentlich aufgegriffen wurden, waren nach meiner Beurteilung in dieser Art Einzelfälle.

Deutlich wurde das auf manchen Gebieten immer noch spröde Verhältnis zu Deutschland auch durch die Tatsache, dass zu meiner Zeit die führenden Militärs im Militärbezirk WEST – gewiss mit Rückendeckung durch das tschechische Verteidigungsministerium – bei der Einweihung deutscher Soldatenfriedhöfe in Rakovnik (Mai 1991) und Karlsbad (Mai 1993) sich noch nicht dazu überwinden konnten, eine Ehrenformation und ein Musikkorps zu stellen. Ich muss allerdings vermerken, dass das Bemühen um ein militärisches Ehrengeleit stets direkt zwischen dem Volksbund Deutsche Kriegsgräberfürsorge und der tschechoslowakischen Partnerorganisation lief, und der Militärattachéstab stets erst unmittelbar vor der Einweihung der Kriegsgräberstätte informiert wurde.

Zivile Musikkapellen, in Karlsbad z.B. ein Schülerorchester, spielten das Lied vom Guten Kameraden und die beiden Nationalhymnen. Im Gegensatz zu den Entscheidungsträgern in Westböhmen handelte der Befehlshaber des Militärbezirks Ost / Slowakei, im Sine des Wahlspruches des Volksbundes Deutsche Kriegsgräberfürsorge „Versöhnung über Gräbern". Bei der Einweihung des deutschen Soldatenfriedhofs in Zborov, unweit Presov / Ostslowakei, im Sommer 1992, an der in meiner Vertretung mein Stellvertreter, Oberstleutnant i.G. Lothar Schreiber teilnahm, stellte dort die Tschechoslowakische Armee ein Musikkorps und eine Ehrenkompanie.

Manchmal konnte ich deshalb bei Gesprächen im Tschechischen Verteidigungsministerium und im Generalstab nicht umhin zu betonen, dass unsere militärpolitischen Beziehungen und militärischen Kontakte keine Einbahnstraße seien.

Auf meinen Antrag hin unterstützte der Volksbund Deutsche Kriegsgräberfürsorge den Militärattachéstab 1991 im Zusammenhang mit der würdigen Herrichtung einer Grabstelle für unbekannte deutsche Soldaten, die es seit Ende des II. Weltkrieges auf dem zivilen Friedhof Prag-Motol gab. Das Grab war bislang nur durch ein kleines unauffälliges Schild „Hier ruhen unbekannte deutsche Soldaten" gekennzeichnet gewesen und schon seit Einrichtung des Militärattachéstabes Prag im Jahre 1980 durch den jeweiligen Büroleiter des Militärattachéstabes gepflegt worden. Und jedes Jahr am Volkstrauertag legten dort Botschafter und Verteidigungsattaché in Anwesenheit der übrigen Botschaftsangehörigen einen Kranz nieder. Anfang 1991 wurde mir offiziell bekannt, dass der damalige Bundespräsident Richard von Weizsäcker vom 07. bis 11. Oktober auf Einladung von Staatspräsident Havel der ČSFR einen Staatsbesuch abstatten werde und während dieses Besuchs gerne auch der im II. Weltkrieg in der Tschechoslowakei gefallenen deutschen Soldaten gedenken würde.

Der Volksbund Deutsche Kriegsgräberfürsorge stellte finanzielle Mittel zur Verfügung für ein großes Birkenkreuz und eine das ganze Grab bedeckende Grabplatte mit dem Eisernen Kreuz und der Aufschrift „Hier ruhen unbekannte deutsche Soldaten“ (Bild 31). Beides wurde in Furth i.W. hergestellt und durch meinen Büroleiter, Hauptfeldwebel Schusser, von dort geholt. Bundespräsident von Weizsäcker legte am zweiten Tag seines Staatsbesuches in der ČSFR am 08.10.1992 an diesem deutschen Soldatengrab im Beisein der ihn begleitenden Delegation und aller Botschaftsangehörigen einen Kranz nieder. Ein militärisches Ehrengeleit des Gastgebers ČSFR aber fehlte.

Heute ist dies anders. Seit Jahren bereits stellt am Volkstrauertag nicht nur die tschechische Armee für die Kranzniederlegung am deutschen Soldatengrab auf dem Friedhof in Prag-Motol ein Ehrengeleit, sondern es nehmen auch ranghohe Vertreter der militärischen Führungsspitze des Landes an der Gedenkfeier teil.

Der „Grüne Frosch“

Mein Vorgänger als Verteidigungsattaché in Prag, Oberst i.G. Jürgen Kewitsch, sorgte während meiner Einweisung in die neue Aufgabe im September 1988 auch dafür, dass meine Frau und ich eine Prager Weinstube besonderer Art kennenlernten: „U Zeleny Zaby“, auf Deutsch „Zum Grünen Frosch“. Diese Weinstube unweit des Altstädter Rings nahm zunächst privat, später aber auch in der Pflege der militärpolitischen Beziehungen und militärischen Kontakte und während offizieller Besuche, u.a. von Bundesverteidigungsminister Stoltenberg und Bundesverteidigungsminister Rühe, des Generalinspekteurs der Bundeswehr, Admiral Dieter Wellershoff, der Inspekteure der Teilstreitkräfte und auch des Deputy SACEUR, General Dieter Clauß, eine besondere Rolle ein. Die ersten Aufzeichnungen über die Schenke im Haus, über dessen Eingang ein spätgotisches Hauszeichen, ein steinerner Frosch, eingelassen ist, gehen auf das Jahr 1403 zurück, als der damalige Besitzer, ein Arzt namens Jan Meykh, das besondere Privileg zum Ausschank auch ausländischer Weine erhielt. Mit den wechselnden Besitzern veränderte sich im Laufe der Jahrhunderte das Aussehen des Hauses und der Weinstube; Gotik, Renaissance und Barock hinterließen ihre Spuren. Es war stets ein großer Genuss, in dem nur mit rustikalen Tischen und Bänken ausgestatteten Kreuzgewölbe zu sitzen und das einzige Gericht des Hauses, Roastbeef und Topinkys, in heißem Öl getauchte Brote, zu essen und dazu einen Rotwein aus den Weinbergen von Velké Žernoseky, aus dem Elbtal nahe der Böhmischen Pforte, zu trinken, dessen Anbau auf die Gründung des Weingutes durch die Zisterzienser im 14. Jahrhundert zurückgeht.

Der „Grünen Frosch“ soll auch das Stammlokal des Prager Henkers Jan Mydlar gewesen sein, der allerdings stets in einem gesonderten Raum sitzen musste, der nur vom Hofe aus zugänglich war. Dieser Eingang war zu unserer Zeit durch eine Glasscheibe mit einem großen Schwert, einem sog. Zweihänder, verschlossen. Jan Mydlar soll lt. der Sage im „Grünen Frosch“ auch seinen Lohn vertrunken haben, den er für die Hinrichtung (21.06.1621) der in der Schlacht am „Weisen Berge“ (08.11.1620) unterlegenen böhmischen Adeligen bekommen haben soll.

Leider hat der „Grüne Frosch“ nach unserm Weggang aus Prag mehr und mehr sein Profil geändert und ist zu einem nur auf Touristen abgestellten normalen Restaurant geworden.

Abschied von Prag

Das Jahr 1993 verging wie im Fluge. Wie in den Jahren zuvor forderten zahlreiche Vorhaben auch im Jahr 1993, insgesamt waren es 84, den vollen Einsatz. Die jährlichen Generalstabsgespräche der Delegationen beider Armeen in Prag oder Bonn bzw. die regelmäßigen Treffen zwischen dem Generalinspekteur der Bundeswehr und dem Chef des Generalstabes der Tschechoslowakischen Armee seit 1990 waren zwar schon fast zur Routine geworden, gewannen aber nach der Teilung der Tschechoslowakei und ihrer Streitkräfte im Rahmen der Konsolidierung der Armee der Tschechischen Republik noch einmal an Bedeutung für beide Partner. Drei Besuche sollen deshalb in diesem Zusammenhang für 1993 auch besonders herausgestellt werden:

- der offizielle Besuch von Verteidigungsminister Baudyš in Deutschland (24.-26.05.1993), den ich begleitete, und der die

Delegation nicht nur nach Bonn brachte, sondern auch zur Führungsakademie der Bundeswehr nach Hamburg, zur Kampftruppenschule in Munster und zu dem mit MIG29 der früheren NVA ausgerüsteten Jagdbombergeschwader der Luftwaffe in Prerow

- der privatdienstliche Besuch vom Staatssekretär des BMVg Generalleutnant a.D. Jörg Schönbohm mit seiner Frau in Prag (08.-12.07.1993), der durch die intensiv geführten Gespräche über das deutsch-tschechische Verhältnis zwischen Schönbohm und Baudyŝ nach meiner Beurteilung nachhaltige Wirkung bei den Gastgebern erzielte
- der offizielle Gegenbesuch von Bundesverteidigungsminister Rühe in der ČSFR (07.-09.10.1993), (Bilder 32 u. 33), – nach Bundesminister Dr. Stoltenberg (28.-31.07.1991) bereits der zweite offizielle Besuch eines Bundesverteidigungsministers in Prag – in dessen Verlauf der Minister u.a. einen bemerkenswerten Vortrag „Europäische Einigung und transatlantische Partnerschaft – Perspektiven deutscher Außen- und Sicherheitspolitik" in der Karlsuniversität hielt. Verteidigungsminister Rühe stellte deutlich heraus: *„Kooperation der Streitkräfte Deutschlands und der Tschechischen Republik verdeutlicht in besonderer Weise den Willen zur politischen Gemeinsamkeit. Diesen Weg wollen wir gemeinsam gehen. Nur gemeinsam können wir die Risiken der Zukunft meistern, ihre Risiken mindern, ihre Chancen wahrnehmen. Die Tschechische Republik und Deutschland sind Partner im zusammenwachsenden Europa – einem Europa, dessen Sicherheit und dessen Zukunft unteilbar sind."*

Zahlreiche Vorhaben und die gleichbleibend faszinierende und interessante Tätigkeit als Militärattaché ließen mich fast vergessen, dass meine Tage in Prag gezählt waren. Am 29. November 1993 wurde ich 59 Jahre alt und musste aufgrund der damaligen gesetzlichen Bestimmungen einen Monat später in den Ruhestand treten. Mit dem Ende meiner Dienstzeit in der Bundeswehr endete auch meine Verwendung als Verteidigungsattaché und Leiter des Militärattachéstabes bei unserer Botschaft. An meinem Geburtstag wurde ich im Kuppelsaal des Palais Lobkowicz durch Botschafter Dr. Hofstetter und den

Generalinspekteur der Bundeswehr, General Naumann, der extra deswegen mit seiner Frau und seinem Adjutanten für einige Stunden nach Prag gekommen war, aus dem Dienst des Auswärtigen Amtes und der Bundeswehr verabschiedet. Anwesend waren zahlreiche Gäste, darunter neben dem Militärattachékorps und anderen Angehörigen des Diplomatischen Korps auch der damalige tschechische Verteidigungsminister Antonin Baudyš und der Chef des Generalstabes der Armee der Tschechischen Republik, Generalleutnant Jiri Nekvasil, mit fast der gesamten Führungsspitze. Umrahmt wurde der Abschied durch ein Konzert eines Quartetts des Stabsmusikkorps der Bundeswehr unter der Überschrift „Mozart in Prag", das der Generalinspekteur mitgebracht hatte, und durch ein Holzbläserquintett jugendlicher tschechischer Musiker, die Botschafter Dr. Hofstetter engagiert hatte und deren Auftritt er vor mir bis zuletzt geheim gehalten hatte. Mit besonderer Dankbarkeit erinnere ich mich dieses Abends und der großen Auszeichnung durch die Anwesenheit des Generalinspekteurs der Bundeswehr (Bilder 34 u. 35).

Am 12. November 1993 hatte ich bereits während eines „formal dinner" des Militärattachékorps in Gegenwart des tschechischen Verteidigungsministers Baudyš und des Generalstabschefs, Generalleutnant Nekvasil, meine Doyenship an meinen Nachfolger in dieser Funktion, Generalmajor Jevgenij Nikolajewitsch Chrisanov, Leiter des Militärattachéstabes bei der Botschaft der russischen Föderation, übergeben (Bild 36). Nach meiner Tischrede erhoben sich meine Kameraden auf Initiative des britischen Verteidigungsattachés, Oberst Bill Chesshire, der einst im Juli 1990 wenig freundliche Worte über die kommende deutsche Wiedervereinigung gegenüber dem DDR-Hauptmann Verner gefunden hatte, und sangen *„He is a very good fellow"*.

Botschafter Dr. Rolf Hofstetter, der achtzehn Monate zuvor Botschafter Huber abgelöst hatte, verabschiedete mich am 02. Dezember im Kreis der „Morgenrunde". Zwischen ihm und mir hatte sich sehr schnell ein gutes persönliches Vertrauensverhältnis aufgebaut. Aufgrund seiner im NATO-HQ gesammelten sicherheits- und militärpolitischen Erfahrungen verstand er mich in meinem Aufgabengebiet stets sehr gut.

Am 02. Dezember nachmittags gaben mir in ihrem Hause mein Nachfolger als Doyen, Generalmajor Jevgenij Chrisanov und seine Frau im Kreis der in Prag akkreditierten Militärattachés und ihrer Frauen noch einen weniger förmlichen Abschied. Zur Erinnerung überreichte mir Jevgenij Chrisanov im Namen aller Kameraden einen Offizierssäbel der Armee der ersten Tschechoslowakischen Republik.

Am Ende meiner Verwendung in Prag verließ ich am 10. Dezember 1993 ein kleiner gewordenes Land, die Tschechische Republik, ein Land mit einer stabilen Demokratie, das seit 1990 stetig aufwachsende Beziehungen auch im militärpolitischen und militärischen Bereich zur Bundesrepublik Deutschland unterhält und das seit 1999 Mitglied der NATO ist. Die dramatisch bewegte Zeit zwischen 1988 und 1993 war für mich ein erfüllter und faszinierender Lebensabschnitt.

Verdienstkreuz der Armee der Tschechischen Republik

Fünfeinhalb Jahre nach meinem Abschied von Prag verlieh mir der Verteidigungsminister der Tschechischen Republik am 12. Mai 1999 das Verdienstkreuz der Armee der Tschechischen Republik. Der Gesandte der Botschaft der Tschechischen Republik in Deutschland überreichte es mir in Anwesenheit eines großen Gästekreises, darunter zahlreicher Offiziere aus dem BMVg, an ihrer Spitze der damalige Chef des Führungsstabes der Streitkräfte, Generalmajor Hartmut Moede. Der Gesandte betonte in seiner Ansprache insbesondere meine Verdienste aus der Sicht der ČSFR als deutscher Verteidigungsattaché in Prag um die stets enge militärpolitische Zusammenarbeit und die guten militärischen Kontakte zwischen den Armeen beider Länder seit 1990, die wesentlich zum Beitritt der Tschechischen Republik zur NATO (12. März 1999) beigetragen hätten.

Dank

Die Verwendung als Verteidigungsattaché im Rahmen des Militärattachédienstes ist eine der herausgehobenen, interessantesten und schönsten Verwendungen in der Bundeswehr, die zunächst gründliche Vorbereitung – vor allem in Eigeninitiative – auf das Gastland und die Region und dann während der Tätigkeit ständig den vollen persönlichen Einsatz fordert.

Während meiner Militärattachézeit in Seoul und Prag habe ich aus Bonn und in unseren Botschaften von vielen Seiten, Vorgesetzten, Kameraden und Kollegen und den Mitarbeitern viele Anregungen und tatkräftige Unterstützung bekommen; dafür danke ich von Herzen. Vor allem danke ich auch meinen Stellvertretern in Prag, Oberstleutnant i.G. Rainer Fiegle und seinem Nachfolger, Oberstleutnant i.G. Lothar Schreiber. Oberstleutnant i.G. Fiegle, der später sogar noch zum Generalmajor avancierte, war von Anfang an nicht zuletzt wegen seiner unbedingten Zuverlässigkeit eine große Unterstützung und bestach u.a. durch sein umfangreiches Wissen über die Tschechoslowakischen Luftstreitkräfte. Auch Oberstleutnant i.G. Schreiber war ein guter Mitarbeiter, nachdem er sich die Besonderheiten des Militärattachédienstes zu eigen gemacht hatte und seine Auftragserfüllung zeitlich nicht eingrenzte.

In meinen Dank schließe ich aber auch meine Militärattachékameraden in Seoul und besonders in Prag ein. Nennen will ich in diesem Zusammenhang besonders meine beiden Sekretäre, die ich mir als Doyen des Prager Militärattachékorps ausgesucht hatte und die mir meine zusätzliche Aufgabe ab Juni 1990 bewältigen halfen: Oberstleutnant i.G. Henryk Budzynski, Stellvertreter des polnischen Verteidigungsattachés, und sein späterer Nachfolger als mein Sekretär, Oberstleutnant i.G. Patrick Tichit, Heeresattaché bei der französischen Botschaft.

Dem gestellten Auftrag in Seoul und Prag wäre ich aber trotzdem nicht gerecht geworden, wenn ich nicht die permanente und große Unterstützung und vor allem auch das Verständnis für meine Aufgabe von Irene, meiner leider Anfang November 2012 viel zu früh verstorbenen Frau und Mutter unserer drei Kinder, gehabt hätte. Ihr sind deshalb diese Erinnerungen in besonderer Dankbarkeit gewidmet.

Anlage 5:

Eid der Tschechoslowakischen Volksarmee der Tschechischen und Slowakischen Sozialistischen Republik bis Dezember 1989

„Ich, Bürger der Tschechoslowakischen Sozialistischen Republik, sich seiner vaterländischen Pflichten bewusst, schwöre vor der Kriegsflagge, dem von der Kommunistischen Partei der Tschechoslowakei angeführten werktätigen Volk treu zu dienen.

Ich schwöre, ein tapferer und disziplinierter Soldat zu sein, die Bestimmung der Militärordnung sowie die Befehle der militärischen Vorgesetzten konsequent und tatkräftig zu erfüllen und das Militärgeheimnis zu wahren.

Ich werde die Bedienung der mir vom werktätigen Volk anvertrauten Militärtechnik und Waffen mit Sorgfalt erlernen und mich auf den Kampf vorbereiten, damit ich auf Befehle des Präsidenten und der Regierung der Tschechoslowakischen Sozialistischen Republik mein Vaterland und seine sozialistische Gesellschaftsordnung gegen alle seine Feinde bestmöglich verteidigen kann.

Zum Schutz des Sozialismus bin ich stets bereit, in den Reihen der Verteidigungskräfte der Tschechoslowakischen Sozialistischen Republik an der Seite der Sowjetunion und der Armeen der übrigen sozialistischen Länder zu stehen und im Kampf gegen die Feinde des Sozialismus zur Erringung des Sieges selbst mein Leben einzusetzen.

Das schwöre ich!“

Eid der Armee der Tschechischen und Slowakischen Föderativen Republik bis zum 31.12.1992

„Ich, Soldat der Tschechoslowakischen Armee, sich seiner zivilen und vaterländischen Pflichten bewusst, erkläre hiermit feierlich, der Tschechoslowakischen Föderativen Republik treu zu dienen.

Ich werde ein tapferer und disziplinierter Soldat sein und die Bestimmungen der Militärordnung erfüllen. Ich werde die Bedienung von Militärtechnik und Waffen mit Sorgfalt erlernen und mich auf den Schutz der Freiheit und Unabhängigkeit der Tschechoslowakischen Föderativen Republik vorbereiten.

Zum Schutz des Vaterlandes bin ich bereit, auch mein Leben einzusetzen.

Das schwöre ich!“

Eid der Armee der Tschechischen Republik ab 01.01.1993

„Ich, Soldat der Streitkräfte, sich seiner zivilen und vaterländischen Pflichten bewusst, erkläre hiermit feierlich, der Tschechischen Republik treu zu dienen. Ich werde ein tapferer und disziplinierter Soldat sein und die Bestimmungen der Militärvorschriften erfüllen. Ich werde die Bedienung der Militärtechnik und Waffen mit Sorgfalt erlernen, mich auf die Verteidigung der Tschechischen Republik vorbereiten und dieses gegen einen Angriff von außen verteidigen.

Für die Verteidigung des Vaterlandes bin ich bereit, auch mein Leben einzusetzen.

Das schwöre ich!“

Anlage 6:

Bundesministerium der Verteidigung
Generalinspekteur der Bundeswehr

5300 Bonn, 16. August 1993
☎ (0228) 12- 92 00/01

An den
Botschafter der Bundesrepublik Deutschland
Herrn Dr. Rolf Hofstetter
Vlasská 19

125 60 Prag 1
Tschechische Republik

Sehr geehrter Herr Botschafter,
lieber Herr Dr. Hofstetter,

zum Jahresende wird Ihr Verteidigungsattaché, Oberst i.G. Adolf Brüggemann, aus dem aktiven Dienst in der Bundeswehr ausscheiden. Ich habe gehört, daß Sie beabsichtigen, Oberst i.G. Brüggemann am 29. November 1993 im Rahmen eines Empfangs zu verabschieden.

Oberst i.G. Brüggemann gehört aus meiner Sicht zu den besten Verteidigungsattachés der Bundesrepublik Deutschland und hat sich herausragende Verdienste bei der Herstellung der Beziehungen nach Ende der Ost-West-Konfrontation erworben. Vor diesem Hintergrund möchte ich Oberst i.G. Brüggemann bei seiner Verabschiedung in besonderer Weise würdigen, indem ich gerne selber zu Ihrem Empfang nach Prag käme und zu dieser Veranstaltung durch einen musikalischen Rahmen beitragen würde; ich denke dabei an eine Kammerbesetzung eines Bundeswehrmusikkorps.

Ich würde mich sehr freuen, wenn Sie meine Einschätzung zu Oberst i.G. Brüggemann teilen und meinem Wunsch entsprechen könnten.

Ich freue mich auf ein Wiedersehen mit Ihnen und verbleibe mit meinen besten Wünschen

Postanschrift: Postfach 1328, 5300 Bonn 1 | Telefon Vermittlung (0228) 12-1 | Telex 886575 | Telefax (0228) 12-5357 | Paketanschrift: Paketausgabe 5300 Bonn 1 noch Anlage 6

Durchschlag als Konzept

Der Botschafter

Prag, den 1. September 1993
B/gre

Gef. 1/9
Gel. ...
Abges. 2/9

An den
Generalinspekteur der Bundeswehr
Herrn General Klaus Naumann
Bundesministerium der Verteidigung

Bonn

Sehr geehrter Herr General, lieber Herr Naumann,
über Ihren Brief, für den ich vielmals danken möchte, habe ich mich doppelt gefreut:

Zum einen hat ~~Ihr Brie~~f Erinnerungen an eine aktive Phase der engen Zusammenarbeit geweckt. Zum anderen haben mich Ihre anerkennenden Worte über Herrn Oberst i.G. Brüggemann, der Prag zum Ende dieses Jahres leider verläßt, besonders gefreut. Ihre Einschätzung teile ich voll und ganz.

Ihre Teilnahme an dem Abschiedsempfang für Herrn Brüggemann ist nicht nur eine große Ehre für den zu Verabschiedenden, sondern eröffnet für mich die schöne Möglichkeit zu einem Wiedersehen mit Ihnen - und wie ich hoffe, mit Ihrer Frau Gemahlin.

Als Musikbegeisterte finden meine Frau und ich die Idee eines Konzerts des Kammerorchesters der Bundeswehr großartig. Der schöne Kuppelsaal, den Sie kennen, bietet sich da förmlich an. Experten sagen allerdings, daß die Akustik recht schlecht ist und es einen starken Nachhall gibt. Vielleicht könnte man es ja einrichten, daß das Orchester am Tag des Empfangs im Kuppelsaal noch einmal übt und sich so an die Gegebenheiten etwas gewöhnt.

Ich freue mich auf das Wiedersehen und grüße Sie und Frau Naumann sehr herzlich.

Ihr

gez. Hofstetter

2) MilAtt: einverstanden? Ja, vielen Dank!

Anlage 7:

Der Botschafter der Bundesrepublik Deutschland

und Frau Hofstetter

geben sich die Ehre

...

aus Anlaß
der Verabschiedung von Oberst i.G. Adolf Brüggemann
und Frau Irene Brüggemann
und
des Besuches des Generalinspekteurs der Bundeswehr,
General Klaus Naumann,
und Frau Naumann

zu einem Konzert und anschließendem Empfang

am Montag, dem 29.11.1993 um 19.00 Uhr einzuladen.

Es wird gebeten, die Plätze bis 18.50 Uhr einzunehmen.

Antwort erbeten bis 25.11.1993

Telefon: 24510323-8
App. 38

Palais Lobkowicz
Vlasska 19
Prag 1 - Mala Strana

Anlage 8:

Abschiedsworte von Botschafter Dr. Hofstetter anlässlich meiner letztmaligen Teilnahme an der sog. „Morgenrunde" am 02. Dezember 1993

„Herr Oberst Brüggemann,

als Sie am 28. August 1988 um 10.00 Uhr – die Uhrzeit ist aktenkundig – die deutsch-tschechoslowakische Grenze überschritten haben, konnten Sie nicht wissen, was in den nächsten fünf Jahren auf Sie zukommen, welch` wichtigen Aufgaben Ihnen übertragen würden. Sie betraten damals ein kommunistisches Land , das uns Deutschen nicht wohl gesonnen war, ja, das in den Deutschen einen potentiellen Feind sah. Sie verlassen jetzt ein kleiner gewordenes Land mit einer stabilen Demokratie, das enge Beziehungen auch im militärpolitischen Bereich zur Bundesrepublik Deutschland unterhält. Die dramatisch bewegte Zeit, die dazwischen lag, war für Sie und Frau Brüggemann eine erfüllte; eine Lebensspanne, auf die Sie mit Dankbarkeit und mit Stolz zurückblicken können.

Es ist ungewöhnlich und vielleicht auch etwa unangemessen, dass ein verdienter Offizier am Tag seines Ausscheidens aus dem aktiven Dienst von einem Zivilisten verabschiedet wird, und damit ohne militärisches Zeremoniell. Sie, Herr Oberst Brüggemann, hatten nicht nur hier in Prag, sondern zuvor schon in Seoul Gelegenheit, sich an die Eigenheiten des Auswärtigen Dienstes zu gewöhnen. Ich glaube, dass Ihnen das nicht allzu schwer gefallen ist. So kommt es, dass Sie heute nicht nur aus dem militärischen Dienst, sondern in gewissem Sinne auch aus dem Auswärtigen Dienst ausscheiden.

Es steht mir nicht an, Ihren Dienst als Offizier zu würdigen. Bereits aus Anlass Ihres 40jährigen Dienstjubiläums hat dies der Bundesminister der Verteidigung getan. Der Generalinspekteur der Bundeswehr, Herr General Naumann, ist eigens zu Ihrer Verabschiedung nach Prag gekommen. Das ist eine große Auszeichnung. Auf die Worte der Anerkennung, mit denen er Ihren Dienst in der Bundeswehr gewürdigt hat, dürfen Sie stolz sein. Die Ausführungen des tschechischen Verteidigungsministers Baudyš waren ein sichtbares Zeichen für die Anerkennung, die Sie in diesem Land genießen.

Unsere gemeinsame Zeit an der Botschaft Prag dauerte lediglich 14 Monate. Es war aus meiner Sicht eine gute Zeit. Ich habe gern mit Ihnen zusammengearbeitet. Bereits vor meiner Versetzung nach Prag hatte ich schon von Ihrem großartigen Einsatz bei der Versorgung und Betreuung der Tausende von Flüchtlingen gehört, die sich im Herbst 1989 auf dem Botschaftsgelände aufhielten. Mit großem Pflichtgefühl und Entschlossenheit haben Sie sich erfolgreich dieser großen logistischen Aufgabe angenommen. Sie haben damit einen aktiven Beitrag zu einer wichtigen Etappe der deutschen Wiedervereinigung geleistet.

Der Aufbau und intensive Ausbau der deutsch-tschechoslowakischen bzw. der deutsch-tschechischen Beziehungen im militärpolitischen Bereich ist im Wesentlichen Ihr Werk. Wenn man weiß, wie vielen Vorbehalten wir hier in diesem Land an manchen Stellen noch begegnen, kann man diese großartige Leistung richtig einschätzen. Ihr Einsatz war immer ein ganzer. Sie haben sich das Vertrauen aller Ihrer tschechischen Counterparts erworben, nicht durch Anpassung, sondern durch Aufrichtigkeit und Verlässlichkeit. Sie haben mit dem gleichen Pflichtgefühl sich der sicher nicht immer einfachen Aufgabe als Doyen des Militärattaché-Corps angenommen und sich auch in dieser Aufgabe großes Ansehen erworben.

Meine Aufgabe heute ist es, Ihnen für das viele, was Sie für die Botschaft, für unser Land und für die deutsch-tschechischen Beziehungen getan haben, Dank zu sagen. Ich tue dies gern und von Herzen. Sie, Herr Oberst i.G. Brüggemann, können in dem Bewusstsein Ihren aktiven Dienst verlassen, dass Sie Ihre Sache gut gemacht haben.

Unser aller guten Wünsche begleiten Sie in den neuen Lebensabschnitt. Ehrlich gesagt, kann ich mir Sie noch gar nicht als Ruheständler vorstellen. Was soll denn nun mit all dieser dynamischen Energie, dieser energischen Dynamik geschehen?

Der Abschied von Prag wird Ihnen und Frau Brüggemann, die Sie so tatkräftig und auf so liebenswürdige Art bei Ihren Aufgaben unterstützt hat, nicht leicht fallen. Von vielen werden Sie vermisst werden, auch als die ausgezeichneten Gastgeber, die Frau Brüggemann und Sie waren.

Ich hoffe, dass Sie und auch Ihre Frau Gemahlin sich in Ihrem neuen Domizil wohlfühlen werden.

Ich darf Ihnen ein kleines Abschiedsgeschenk der Morgenrunde überreichen, das Sie sich selbst ausgesucht haben. Wir hätten es nicht gewagt, Ihnen einen Spazierstock* zu schenken. Bis Sie den brauchen werden, wird noch sehr viel Wasser den Rhein und die Moldau hinab fließen.

Ich hoffe, dass die Beziehungen zwischen den Brüggemanns und der Deutschen Botschaft in Prag auch künftig nicht ganz abreißen und wir Sie hin und wieder hier begrüßen können.

Nochmals Ihnen und Frau Brüggemann alles erdenklich Gute."

* Es handelte es sich um einen repräsentativen Spazierstock mit Silberkrücke, den seine Sekretärin in Anlehnung an die Tradition der Reservistenstöcke unserer Wehrpflichtigen noch mit einem schwarz-rot-goldenen Band umwickelt hatte.

Botschafter Dr. Hofstetter überreichte mir dann noch als zusätzliches Abschiedsgeschenk eine sehr schöne, gerahmte alte Landkarte „Empire Francais 1812" im Original aus einem in der ersten Hälfte des 19. Jahrhunderts in Paris herausgegebenen Atlas. Auf der Rückseite folgende handschriftliche Widmung:

„Herrn Oberst Brüggemann zur Erinnerung an unsere gemeinsame Zeit in Prag.

02.12.1993

Ihr Rolf Hofstetter"

Anlage 9: Bildteil

15 Prag – Blick vom Petřin-Hügel auf den Hradčin

16 „Unser“ Haus in Prag 6, Slunná 17

17 Kameraden – Oberst i.G. Dorner, österreichischer Verteidigungsattaché, 2. v. li., Oberst Gluchov, sowjetischer Heeresattaché, 3. v. li.

18 Generaloberst Vorobjov, Befehlshaber der Zentralen Gruppe der sowjetischen Streitkräfte (ZGT) in der ČSSR, Mitte

19 Rückverlegung des PzBtl 280 der ZGT in die Sowjetunion

20 Palais Lobkowicz / Botschaft der Bundesrepublik Deutschland

21 Zuflucht suchende DDR-Bürger in unserer Botschaft im September 1989

22 Beginn der militärpolitischen Beziehungen und militärischen Kontakte zwischen der Bundesrepublik Deutschland und der ČSSR. Generalmajor Klaus Naumann, Stabsabteilungsleiter BMVg FüS III (Militärpolitik), 3. v. li., mit Delegation vom 08.–11.04.1990 in Prag

23 Treffen Bundesverteidigungsminister Dr. Gerhard Stoltenberg mit dem Minister für Nationale Verteidigung der ČSFR, Generaloberst Milan Vacek, in Fürth b. Nürnberg am 21.04.1990

24 Autor als Doyen des Militärattachékorps

25 Generalinspekteur BW, Admiral Dieter Wellershoff, zum ersten offiziellen Besuch in der Tschechoslowakei. Begrüßung durch Generalleutnant Slimák, Chef Generalstab

26 Generalleutnant Pezl, Chef des Generalstabes der tschechoslowakischen Armee, re.

27 Kranzniederlegung am 09.10.1991 durch Bundespräsident von Weizsäcker auf dem Jüdischen Friedhof am Krematorium im ehemaligen KZ Theresienstadt

28 Bundeskanzler Kohl, 3. v. l., am 28.02.1992 nach der Niederlegung eines Blumengebindes am Mahnmal für Jan Pallach auf dem Prager Wenzelsplatz, Botschafter Huber, 2. v. li.

29 Stellvertretender Oberster Befehlshaber der Alliierten Streitkräfte in Europa, General Dieter Clauß, Mi., in Prag

30 Bundesverteidigungsminister Dr. Stoltenberg und sein tschechoslowakischer Amtskollege Dobrovski

31 Deutsches Soldatengrab auf dem Friedhof in Prag-Motol

32 Bundesverteidigungsminister Rühe, 2. v. re., im Gespräch mit dem tschechoslowakischen Ministerpräsidenten Klaus, 2. v. li., 1. v. re. Botschafter Dr. Hofstetter

33 Mit Bundesverteidigungsminister Rühe am Mahnmal für Jan Pallach

34 Festveranstaltung anläßlich meines Abschieds von Prag im Kuppelsaal des Palais Lobkowicz. v. li. Frau Pezl, Armeegeneral a.D. Pezl / Sicherheitsberater von Staatspräsident Havel, Oberstleutnant Janušek von der Verwaltung für Auswärtige Beziehungen, meine Frau Irene, Autor, Chef des Generalstabes Generalleutnant Nekvasil, Verteidigungsminister der ČR Herr Baudyš

35 Verabschiedung durch den Generalinspekteur der Bundeswehr, General Naumann

36 Übergabe meiner Doyenship an den russischen Verteidigungsattaché, Generalmajor Chrisanov

Anlage 10: Bildnachweis

Autor: 15-21, 23, 24, 26, 31, 36
Bundesministerium der Verteidigung – Bildstelle: 33
Ministerium für Nationale Verteidigung ČSFR/ČR: 22, 25, 30, 32, 33
Bundesbildstelle: 27, 28
Hana Pacltová Prag: 34, 35

Carola Hartmann Miles-Verlag

Politik, Gesellschaft, Militär

Uwe Hartmann, *Innere Führung. Erfolge und Defizite der Führungsphilosophie für die Bundeswehr,* Berlin 2007.

Hans Joachim Reeb, *Sicherheitskultur als kommunikative und pädagogische Herausforderung – Der Umgang in Politik, Medien und Gesellschaft,* Berlin 2011.

Hans-Christian Beck, Christian Singer (Hrsg.), *Entscheiden – Führen – Verantworten. Soldatsein im 21. Jahrhundert,* Berlin 2011.

Eberhard Birk, Winfried Heinemann, Sven Lange (Hrsg.), *Tradition für die Bundeswehr. Neue Aspekte einer alten Debatte,* Berlin 2012.

Angelika Dörfler-Dierken, *Führung in der Bundeswehr,* Berlin 2013.

Cornelia Fedtke, Kai-Uwe Hellmann, Jan Hörmann, *Migration und Militär. Zur Integration deutscher Soldaten mit Migrationshintergrund in der Bundeswehr,* Berlin 2013.

Wolf Graf von Baudissin, *Grundwert Frieden in Politik – Strategie – Führung von Streitkräften,* hrsg. von Claus von Rosen, Berlin 2014.

Wolf Graf von Baudissin, *Der Widerstand. „... um nie wieder in die ausweglose Lage zu geraten ...“,* hrsg. von Claus von Rosen, Berlin 2014.

Marcel Bohnert, Lukas J. Reitstetter (Hrsg.), *Armee im Aufbruch. Zur Gedankenwelt junger Offiziere in den Kampftruppen der Bundeswehr,* Berlin 2014.

Phil C. Langer, Gerhard Kümmel (Hrsg.), *„Wir sind Bundeswehr.“ Wie viel Vielfalt benötigen/vertragen die Streitkräfte?,* Berlin 2015.

Jéronimo L.S. Barbin, *Imperialkriegführung im 21. Jahrhundert. Von Algier nach Bagdad. Die kolonialen Ursprünge der COIN-Doktrin,* Berlin 2015.

Reihe: Jahrbuch Innere Führung

Uwe Hartmann, Claus von Rosen, Christian Walther (Hrsg.), *Jahrbuch Innere Führung 2009. Die Rückkehr des Soldatischen,* Eschede 2009.

Helmut R. Hammerich, Uwe Hartmann, Claus von Rosen (Hrsg.), *Jahrbuch Innere Führung 2010. Die Grenzen des Militärischen,* Berlin 2010.

Uwe Hartmann, Claus von Rosen, Christian Walther (Hrsg.), *Jahrbuch Innere Führung 2011. Ethik als geistige Rüstung für Soldaten,* Berlin 2011.

Uwe Hartmann, Claus von Rosen, Christian Walther (Hrsg.), *Jahrbuch Innere Führung 2012. Der Soldatenberuf zwischen gesellschaftlicher Integration und suis generis-Ansprüchen,* Berlin 2012.

Uwe Hartmann, Claus von Rosen (Hrsg.), *Jahrbuch Innere Führung 2013. Wissenschaften und ihre Relevanz für die Bundeswehr als Armee im Einsatz,* Berlin 2013.

Uwe Hartmann, Claus von Rosen (Hrsg.), *Jahrbuch Innere Führung 2014. Drohnen, Roboter und Cyborgs – Der Soldat im Angesicht neuer Militärtechnologien,* Berlin 2014.

Einsatzerfahrungen

Kay Kuhlen, *Um des lieben Friedens willen. Als Peacekeeper im Kosovo,* Eschede 2009.

Sascha Brinkmann, Joachim Hoppe (Hrsg.), *Generation Einsatz, Fallschirmjäger berichten ihre Erfahrungen aus Afghanistan,* Berlin 2010.

Artur Schwitalla, *Afghanistan, jetzt weiß ich erst… Gedanken aus meiner Zeit als Kommandeur des Provincial Reconstruction Team FEYZABAD,* Berlin 2010.

Uwe Hartmann, *War without Fighting? The Reintegration of Former Combatants in Afghanistan seen through the Lens of Strategic Thought*, Berlin 2014.

Rainer Buske, *KUNDUZ. Ein Erlebnisbericht über einen militärischen Einsatz der Bundeswehr in AFGHANISTAN im Jahre 2008*, Berlin 2015.

Erinnerungen

Blue Braun, *Erinnerungen an die Marine 1956–1996,* Berlin 2012.

Harald Volkmar Schlieder, *Kommando zurück!,* Berlin 2012.

Reinhart Lunderstädt, *Aus dem Leben eines Hochschullehrers. Persönlicher Bericht,* Berlin 2012.

Wulf Beeck, *Mit Überschall durch den Kalten Krieg. Mein Leben für die Marine,* Berlin 2013.

Jan Becker, *Aufgewühltes Wasser,* 3 Bde., Berlin 2014.

Klaus Grot, *So war's, damals. Dienstchronik eines Pionieroffiziers im Kalten Krieg 1954–1991,* Berlin 2014.

Gustav Lünenborg, *Bürger und Soldat. Innere Führung hautnah 1956–1993, 1993–2015,* Berlin 2015.

Reihe: Standpunkte und Orientierungen

Daniel Giese, *Militärische Führung im Internetzeitalter – Die Bedeutung von Strategischer Kommunikation und Social Media für Entscheidungsprozesse, Organisationsstrukturen und Führerausbildung in der Bundeswehr,* Berlin 2014.

Dirk Freudenberg, *Auftragstaktik und Innere Führung. Feststellungen und Anmerkungen zur Frage nach Bedeutung und Verhältnis des inneren Gefüges und der Auftragstaktik unter den Bedingungen des Einsatzes der Deutschen Bundeswehr,* Berlin 2014.

Uwe Hartmann (Hrsg.), *Lernen von Afghanistan. Innovative Mittel und Wege für Auslandseinsätze,* Berlin 2015.

Hartmut von Schubert, *Integrative Militärethik. Ethische Urteilsbildung in der militärischen Führung,* Berlin 2015.

Fouzieh Melanie Alamir, *Vernetzte Sicherheit – Quo Vadis?,* Berlin 2015.

Uwe Hartmann, *Hybride Kriege als Bedrohung für Freiheit und Frieden. Zur Relevanz der Inneren Führung in Politik, Gesellschaft und Streitkräften,* Berlin 2015.

Monterey Studies

Uwe Hartmann, *Carl von Clausewitz and the Making of Modern Strategy,* Potsdam 2002.

Zeljko Cepanec, *Croatia and NATO. The Stony Road to Membership,* Potsdam 2002.

Ekkehard Stemmer, *Demography and European Armed Forces,* Berlin 2006.

Sven Lange, *Revolt against the West. A Comparison of the Current War on Terror with the Boxer Rebellion in 1900–01,* Berlin 2007.

Klaus M. Brust, *Culture and the Transformation of the Bundeswehr,* Berlin 2007.

Donald Abenheim, *Soldier and Politics Transformed*, Berlin 2007.

Michael Stolzke, *The Conflict Aftermath. A Chance for Democracy: Norm Diffusion in Post-Conflict Peace Building*, Berlin 2007.

Frank Reimers, *Security Culture in Times of War. How did the Balkan War affect the Security Cultures in Germany and the United States?,* Berlin 2007.

Michael G. Lux, *Innere Führung - A Superior Concept of Leadership?,* Berlin 2009.

Marc A. Walther, *HAMAS between Violence and Pragmatism,* Berlin 2010.

Frank Hagemann, *Strategy Making in the European Union,* Berlin 2010.

Ralf Hammerstein, *Deliberalization in Jordan: the Roles of Islamists and U.S.-EU Assistance in stalled Democratization,* Berlin 2011.

Ingo Wittmann, *Auftragstaktik,* Berlin 2012.